释放孩子的大脑

从网络成瘾到数字自由

[比] 特奥·康普诺利 (Theo Compernolle) —— 著

傅豪 —— 译

湖南教育出版社

· 长沙 ·

著作权所有，请勿擅用本书制作各类出版物，违者必究。

图书在版编目（CIP）数据

释放孩子的大脑：从网络成瘾到数字自由 /（比）特奥·康普诺利著；傅豪译．—长沙：湖南教育出版社，2024.2
ISBN 978-7-5539-9929-6

Ⅰ.①释… Ⅱ.①特… ②傅… Ⅲ.①互联网络—影响—青少年—研究 Ⅳ.① C913.5

中国国家版本馆 CIP 数据核字（2023）第 252907 号

©2022, Lannoo Publishers. For the original edition.
Original title: Ontketen het brein van je kind. Van schermverslaving naar digitale vrijheid.
Translated from the Dutch language
www.lannoo.com
The Simplified Chinese translation rights arranged with Lannoo Publishers through Rightol Media.(本书中文简体版权经由锐拓传媒取得 copyright@rightol.com)

湖南省版权局著作权合同登记章字：18-2023-274 号

SHIFANG HAIZI DE DANAO: CONG WANGLUO CHENGYIN DAO SHUZI ZIYOU
释放孩子的大脑：从网络成瘾到数字自由

出 版 人：	刘新民
责任编辑：	陈慧娜
特约编辑：	胡　晓
封面设计：	王媚设计工作室
出版发行：	湖南教育出版社（长沙市韶山北路 443 号）
电子邮箱：	hnjycbs@sina.com
网　　址：	www.jiaxiaoclass.com
微 信 号：	家校共育网
客服电话：	0731-85486979
经　　销：	全国新华书店
印　　刷：	湖南省众鑫印务有限公司
开　　本：	710×1000mm　1/16
印　　张：	18.25
字　　数：	200 000
版　　次：	2024 年 2 月第 1 版
印　　次：	2024 年 2 月第 1 次印刷
书　　号：	ISBN 978-7-5539-9929-6
定　　价：	59.00 元

本书若有印刷、装订错误，可向承印厂调换。

献给我的孙辈们：
拉斐尔、玛丽、奥迪尔、苏和奥尔加

在父母的悉心教导下，他们向世人证明：
他们可以不被屏幕束缚，获得数字自由。

目录

应父母的要求而写的一本书 …………………………………… 001

第一部分　电子屏幕：青少年的朋友还是敌人
电子屏幕，有趣且有益于青少年发展的一面 ……………… 014
硬币的另一面：屏幕使用对青少年成长的负面影响 ……… 021
屏幕成瘾，这真的可能吗？ ………………………………… 054
结束语：我们对未来的希冀——数字自由的儿童 ………… 064

第二部分　释放孩子大脑的七种方法
释放孩子的大脑 1：父母作为孩子的导师和榜样 ………… 071
释放孩子的大脑 2：让屏幕使用变成可以日常讨论的话题 … 081
释放孩子的大脑 3：唯一的解决办法——分时间模块安排活动
　　　　　　　　………………………………………………… 087
释放孩子的大脑 4：让大脑得到足够休息 ………………… 110
释放孩子的大脑 5：平衡孩子的压力 ……………………… 116

释放孩子的大脑 6：家里的安静角落和学校里的学习空间
………… 118

释放孩子的大脑 7：多做运动和运动的正确姿势 ………… 120

结束语：关于大脑崩溃，预防比治疗更容易 ………… 126

第三部分　我们的大脑是如何工作的

我们的大脑就像一个超级网络，有着相当于 1000 亿台计算机的计算能力 ………… 135

大脑灰质和白质 ………… 147

六个大脑网络影响我们使用屏幕 ………… 159

影响大脑的四个关键因素：注意力、睡眠、情绪和压力 ………… 197

第四部分　青春期的大脑是如何工作的

青春期大脑有什么特别之处 ………… 226

屏幕使用对男孩女孩不同的影响 ………… 240

第五部分　屏幕上瘾的社会成因和后果

高速发展的技术：从迷人到沉迷 ………… 256

从信息经济到注意力经济 ………… 259

从注意力经济到间谍经济 ………… 261

结束语：数字自由儿童的父母的特征 ………… 277

参考文献 ………… 280

致谢 ………… 283

应父母的要求而写的一本书

亲爱的家长:

你购买这本书多半是因为你有一个处于青春期的孩子。在这个年龄段,大多数孩子都拥有自己的智能手机、平板电脑或笔记本电脑,父母开始担心孩子会过度使用,毕竟,现在有些一两岁大的孩子就已经在使用手机。

这些电子屏幕在孩子和家庭的生活中占据着非常重要的位置,因此,你当然会想知道如何在家庭中以最积极的方式来应对,这样孩子的大脑才不会碎片化。

作为父母,你是否愿意为此做点什么?抑或你觉得自己无能为力或不知道能做些什么?有时你是否觉得孩子沉迷玩手机是你的错? 如果是这样,那么请继续阅读接下来的部分。

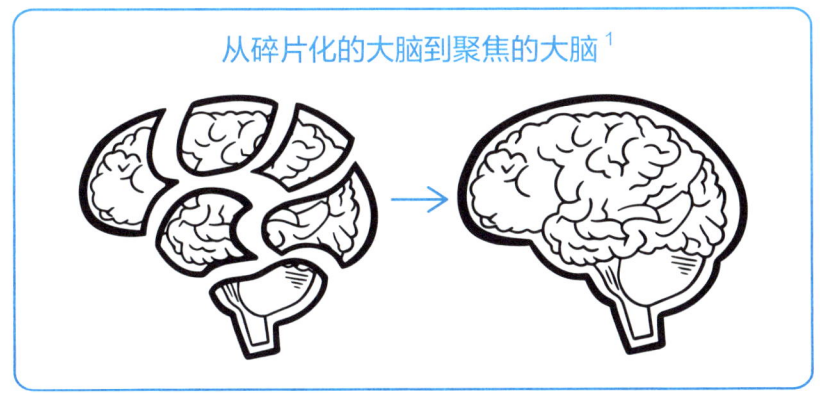

从碎片化的大脑到聚焦的大脑[1]

这是一本应父母的要求而写的书

我写这本书是因为在我的研讨会、课堂和讲座中，收到了很多来自家长们关于孩子使用电子屏幕的问题，还有来自那些读过我的两本书《释放你的大脑》和《如何充分利用你的大脑》的读者们提出的同样的问题。

这本书的目的是让父母知道如何帮助孩子以健康的方式使用电子屏幕，从而使他们的大脑发挥最佳功能，进而实现他们的个人目标。当然，孩子必须为此具备信息技术和数字智慧。如果他们被束缚在手机上，他们的成长就会变得很艰难。

"释放"这个词有着双重含义。字面意思是指：从枷锁中解放出来。形象地描述则是说：创造一些非常激烈的东西。

为了帮助你释放孩子的大脑，在本书第一部分，我解释了大量使用电子屏幕的好处和坏处。

在第二部分，我将解释如何克服过度使用电子屏幕产生的问题，从而释放孩子的大脑。

对于我上述建议背后的科学依据感兴趣的家长，我将在第三部分简要解释大脑是如何工作的，以及它是如何崩溃的。

因为很多家长都对青春期的孩子不太了解，也因为创造性地找出适合孩子和自己的方法是好事，所以我在第四部分解释了青少年大脑的特殊之处。

第五部分是关于我们错误使用电子屏幕的社会成因和后果。作为父母，你应该清楚地意识到，当你试图去解除电子屏幕对孩子大脑的束缚时，经常会被"邪恶"的社交媒体打败，这些媒体会竭尽全力绑住孩子的大脑。这就是为什么我在书中称它们为"反社会媒体"*。

这本书把给父母的实用建议写在前面,但如果你想了解这些建议背后的依据,也可以先阅读第三、四部分有关大脑功能和青春期大脑的理论部分。

在这本书之前,我,格杰娜·德克森(Gerjanne Dirksen)和格蒂·威瑞克(Gertie Verreck)为学校和老师写了《如何充分利用你的大脑》一书。但是如果没有家长的帮助,单靠学校是无法让孩子实现数字自由的。作为父母和学校老师,我们要尽最大努力让孩子的大脑摆脱电子屏幕的束缚,并告诉他们保持专注的重要性,但在这方面我们会受到科技公司的极大阻碍,他们会抓住孩子的注意力,然后再把这些注意力转化为收益。

如果无法理解反社会媒体公司如何通过破坏我们大脑的方式,最终控制我们的大脑,我认为我写这本书就是掩耳盗铃。就像有毒气体正在从公司中逸出,管理者却没有明确说明有毒气体的来源,只是简单粗暴要求人们关闭门窗,毒气却还在房间内,源源不断积累。

从事实上来说,大多数企业开发应用程序、数字媒体、搜索引擎和游戏的初衷都是为了让我们的生活更高效、更愉快。有用和有趣的信息突然变得很容易找到,并且可以在互联网上广泛使用,这对人们当然是有益的。但是,当程序开发者意识到利用我们的注意力可以赚很多钱时,许多公司的收入模式就开始偏离了轨道,这对我们的注意力、孩子的注意力以及我们的社会造成了严重的负面

---

*反社会媒体:利用互联网和人工智能吸引和留住用户注意力的技术平台,它们会收集和利用用户的各种信息,即使这样会对社会产生非常负面的效果。

影响。

然而，要让这些本来就使用不道德的方法和技术的公司承担责任，并采用对它们不利的措施是极其困难的。因为缺乏对技术的科学洞察，立法和法规落后于技术的发展。这些公司还投资数百万美元来影响立法者，推迟甚至阻碍更好的保护公民的立法。这与烟草业的情况几乎一样。在科学研究发现烟草的危害多年之后，烟草公司却可以使用各种合法、非法和不道德的手段，继续使人们对他们的产品上瘾，并继续自由销售。然而，烟草行业的例子又是一个让人充满希望的例子。在足够长时间的反烟草运动之后，我们还是成功改变了一些东西。在发达国家，吸烟成瘾率从90％降低到12％，典型的吸烟疾病也相应减少。

这本书适合以下父母

关心孩子电子屏幕使用情况的父母

如果你担心孩子使用电子屏幕上瘾，下面这些数据虽然不能带来什么安慰，但是你至少可以知道，你不是孤军奋战。

——50％的家长担心电子屏幕对孩子心理健康造成影响。

——45％的家长认为他们的孩子对电子屏幕上瘾，许多孩子认为他们的父母也一样。

——58％的孩子认为他们应该立即对手机信号做出反应。

——70％的孩子将手机带入卧室（正如许多父母所做的那样），其中80％的孩子上床后继续使用手机。

——40％的青少年每晚至少因为手机信号醒来一次（26％

的父母也会如此）。

——只有一半的8~15岁孩子可以区分信息和广告，超过一半的孩子在网络上至少有过一次负面经历。

如果你的孩子几乎不用手机，也不玩社交媒体或游戏，那么你不必担心，这本书不是为你准备的。

从小就花大量时间在屏幕前的孩子不会自然而然地掌握信息技术。相反，年龄越小，接触电子屏幕越多，孩子就越有可能沉迷，就越不可能真正具备信息技术素养和信息化头脑，这在学习方面则会对孩子产生更糟糕的影响。

这本书的主题是让孩子远离电子屏幕，实现数字自由。所谓远离，是指孩子能够在更长的时间内不仅从身体上也从心理上与电子

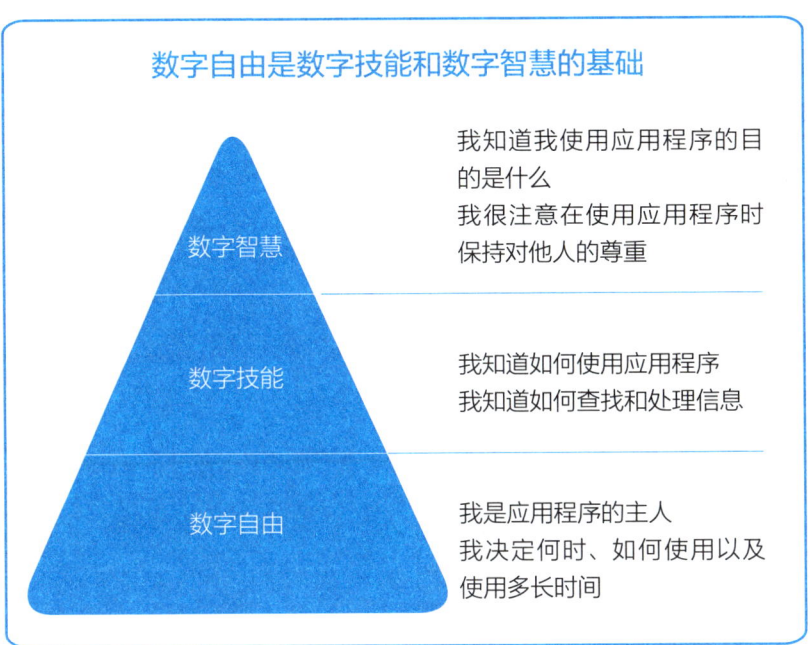

屏幕断开连接。我们知道，有时候即使孩子能放下手机，他也还是手机的奴隶，因为他的脑子里还是惦记着手机。

数字自由意味着孩子可以自行决定何时、何地使用手机以及使用多长时间。这意味着他成为自己注意力的主人，在不连接网络的情况下也可以非常自在。

我的观点是，如果你没有办法摆脱电子屏幕对自己的束缚，就不可能充分利用这些美妙的技术，更不能充分发挥你的大脑和电子屏幕之间的协同作用。如果你不能摆脱对电子屏幕的依赖，那么你美丽的大脑很有可能会被挤压成一个破碎的大脑。摆脱对电子屏幕的依赖，才有助于你重新集中注意力，充分发挥大脑的作用，以达到最佳的生产力、创造力水平，变得健康、满足和快乐，这是成为具有信息技术素养和数字大脑的人的必要条件。

认为信息技术发展太快，以至于自己没有足够的时间来学习如何正确使用这些技术的父母

让一个没有掌握信息技术的孩子玩手机，就像让一个没学过游泳的孩子在水中玩水球一样。大约一半的成年人认为技术发展太快，智能手机出现得太快，以至于他们自己都没有时间学习如何正确使用它，导致无法跟上孩子的步伐。

新冠疫情爆发时，四分之一的人还没有完全做好线上办公的准备（年轻人中则是三分之一）。许多成年人（有些研究调查显示高达70%的成年人）也担心自己的手机使用情况。年轻一代甚至比老一代更关心手机上瘾问题。当被问及"我担心社交媒体对我身心健康造成负面影响"时，15%的战后一代人（1925—1942年）给出了肯定的回答，婴儿潮一代（1943—1964年）为22%，

X 世代（1965—1979 年）为 37%，千禧一代（1980—2000 年）为 48%[2]。

随着信息技术的不断进化，手持终端变得越来越多，越来越方便，智能手机的普及速度之快，让人难以跟上。我们还没有学会如何正确有效地使用技术，技术就已经占据了主导地位，就像骑手失控，骏马脱缰而逃。

这是 20 世纪末和 21 世纪初的典型情况：我们变成了技术的奴隶。科技公司在巨额利润的驱动下想方设法让我们使用电子屏幕，它们甚至可以决定我们为什么而用，以及何时何地用，用多长时间。

你可能也会因为看了这本书而越来越意识到，成为技术的奴隶对我们的大脑智力和平衡压力的能力产生了严重的负面影响。21 世纪，我们需要解放自己，让自己成为技术的主人，并自主决定我们使用电子屏幕的理由、时间、地点和时长。

花太多时间在电子屏幕上的父母

47% 的孩子认为他们的父母花太多时间在电子屏幕上（2016 年为 30%），38% 的孩子认为父母沉迷于电子屏幕给亲子关系带来了负面影响。45% 的父母也认为自己对电子屏幕上瘾了[3]。

越来越多的孩子开始与父母谈论他们使用屏幕的问题。这有点像当系安全带成为强制性规定时，如果父母忘记系安全带，孩子会提醒父母系好安全带。

幸运的是，越来越多的年轻人、成年人、企业和学校，开始通过远离电子屏幕的方式来应对这个问题（希望在未来他们能成为影响他人的先驱者）。他们都是主动的学习者，从自己的经验中吸取教训，进行阅读和思考；他们清楚电子屏幕是把双刃剑，所以努力寻找一种新的、更高效、更安全且不易上瘾的使用方法；他们看穿了数字媒体和搜索引擎令人上瘾的狡猾把戏，将控制权重新掌握在自己手中。这是摆脱了数字束缚的真正的解放。

> 一群学生在一起学习，他们约定一开始就把手机关掉，放在一个盒子里，每小时只看一次。

> 约翰和朋友去酒吧，他们把手机放在桌子中间，约定谁拿起了手机就要付一轮酒钱。最后通常是同一个人在付账。

> 克里斯汀无法抗拒宿舍里电视和手机的诱惑。因此，她经常和两个朋友去图书馆学习。她们不带手机，断开笔记本电脑上的网络连接。她们坐在一起，互相监督，如果有人分心了就互相提醒一下。

关于这本书的作者

在职业生涯前三分之二的时间里，我是一名神经心理学家，为儿童、青少年及其家人提供服务。我通过与皮埃尔·卫美隆（Pierre Vermeulen）一起进行的一项关于高中生压力的研究获得了博士学位。作为一名学者，我的首要任务是寻找有效的心理治疗方法，激发学生对我的课题的兴趣，并将这些知识传播出去。为此，我走遍了全国，举办研讨会和讲座，并撰写了诸如《你的孩子可以自己做》《重点是坐着不动！》等书籍，以及你正在阅读的这本书。

我深信，我们可以通过两种方式把我们的孩子和互联网结合在一起：教会他们使用互联网获得有用的信息，教会他们使用互联网消费有趣的信息。我们所要培养的数字自由、数字技术熟练和数字明智的消费者有以下特征：

——他们使用互联网是为了有目的和专注地寻找、选择、处理、消化、理解和创造信息，并且享受由此带来的乐趣；

——他们掌控技术而不是被技术掌控，也就是说，他们有足够的理智，来决定用互联网来做什么，目的是什么，何时使用互联网以及使用多长时间；

——他们有足够的意志力、纪律和专注力来不受打扰地持续关注对他们来说很重要的事情，而不是一不小心就被互联网上的其他信息打断自己本来应该专注的事情。

与此相反，那些被互联网"劫持"，被反社会媒体掌控的孩子则表现为：

——他们的注意力不断地被技术所劫持。他们毫无意识、漫无目的地被无穷无尽的诱人但无关紧要的、有趣但有时是错误的有害信息所误导。

——技术决定了他们关注什么、为什么、什么时候以及关注多长时间。此外，我们将看到数字媒体如何吸引他们的反射脑并搁置他们的思考脑。

——他们成为数字媒体的无薪雇员，每天"工作"3个多小时，他们在无意间收集了许多关于自己和周围其他人的私人信息，最终，这些信息被卖给了出价最高的人。

正如我们将要看到的，即使是简单的电子邮件也会让人上瘾，而科技公司会通过深思熟虑，开发出狡猾和令人上瘾的产品，这些产品绝不是开发出来帮助孩子获取成功的。

记住，享受纯粹的上网冲浪甚至完全沉浸其中，这本身不是问题，只要你知道自己在做什么，控制住它，你就能驾驭它。

21 世纪是大脑与技术协同作用的时代

2004 年 3 月 2 日，欧洲航天局（ESA）发射了罗塞塔太空探测器。其目的是在丘留莫夫-格拉西缅科（Churyu mov-Gerasimenko）彗星上放置一个探测器，这颗彗星是一块平均直径约 4 公里的冰块，以约 40 000 公里每小时的速度穿过木星附近的星云。科学家将此比作试图降落在导弹上的苍蝇。飞船用了 10 年的时间，完成了约 65 亿公里的总距离，然后将菲莱着陆器以 100 米的精度在预定地点着陆。

这一成功任务的背后是一个由 2000 个聪明人组成的网络，如果没有计算机，他们将永远无法完成该任务。反之亦然，如果没有这个由 2000 个才华横溢的人类大脑组成的网络，世界上所有的计算机都不可能做到这一点。

新一轮技术革命的核心是现代技术与人类大脑独特的思维能力相结合，由此可以产生单靠技术或人脑都无法获得的洞察力、知识和成果。技术的进步能够助力大脑能力提升。反过来，大脑的"通用智能"可以帮助具有技术智能的计算机完成它可能永远无法独立做到的事情。然而，每天频繁地使用电子屏幕，尤其是手机，会削弱而不是增强大脑能力。

最后，你不必应用本书中的所有建议

应那些认真阅读过本书早期版本的人的要求，我对实用的建议和技巧做了相当多的扩展。这本书更像是自助餐，作为父母，你可以选择你和孩子需要的、适合的内容。然而，无论如何，有一种最简单的方法，对于解放孩子的大脑是绝对不可或缺的：教孩子将他们的时间安排成不受干扰的时间模块。确保在单独的时间模块中，他们可以不受干扰地进行需要专注的活动。

如果你的孩子不学会将他的屏幕使用限制在某几个时间模块内，他将永远无法实现数字自由。

简而言之，未来在于人脑与技术的协同作用。在这方面，我们刚刚开始非常有趣和充满希望的研究。本书的核心理念是：我们的头脑一次只能关注一件事，而持续的注意力是我们充分利用我们独特、非凡、创造性的人类头脑所需的最重要的技能之一。如果能释放孩子的大脑，对大脑发出合适的操作指令，他们的大脑和技术之间协同作用的可能性将是无穷无尽的。

第一部分 电子屏幕：青少年的朋友还是敌人

电子屏幕，有趣且有益于青少年发展的一面

对那些仍然持怀疑态度的人来说，新冠大流行已经完全清楚地表明，我们的现代技术，尤其是随时随地连接图像和声音的能力具有很大的优势。疫情给很多孩子带来了沉重的打击，也给他们的学习带来了巨大的影响。如果我们没有互联网运行的应用程序，让青少年与他们的朋友和老师进行视觉互动，情况会更糟。幸运的是，大多数青少年具备使用电脑或手机的基本技能。

我们的孩子天生就是"拇指族"，他们伴随着屏幕成长。许多孩子甚至在学会走路之前就开始观看电视、使用智能手机或平板电脑。他们从来没想过一个完全没有电子屏幕的世界是什么样的。成年人也很难想象他们的世界观与我们有何不同。

在许多领域，孩子们很好地利用了这种与生俱来的能力，最好的例子之一是他们通过社交媒体，一周又一周地动员数十个国家的数千名年轻人关注人类在气候变化中的作用，并取得了可观的成就。在新冠疫情期间，孩子们通常比老师更容易从线下课堂切换到线上课程，尽管他们也知道，在现实中与老师和朋友进行交流互动是多么重要。

一般来说，大多数孩子在互联网上都能够感受到积极的情绪体验。现代技术不仅有趣和令人兴奋，它还提供了塑造自我的机会。

为此，我们最好是从孩子开始接触屏幕的那一刻起，就在家里和学校对他们进行数字教育，教他们学习以健康和安全的方式使用电子屏幕。

如果能够做到数字自由和数字技能的结合，对青少年而言，保持与互联网的连接是利大于弊的，也正因为如此，这本书主要讨论了拥有数字自由和数字技能的必要条件：实现日常生活习惯中的数字自由。

保持与互联网的连接有利于孩子的自我发展

如果您认为孩子的兴趣、才能和热情都是深埋在内心深处，或者被尘土覆盖，必须被不断挖掘才能找到这些宝藏一样的天赋，那就错了。自我发展是孩子天生具备的能力，他们可以自主地挖掘自己的才能、优势、动机和抱负，并为之不断练习。为此，我们需要一个能为孩子成长提供机会、挑战和激励的社会环境。

上个世纪，孩子的眼界往往局限于家庭、亲戚、朋友和学校。

而今天，孩子可以通过互联网接触到来自世界各地的人和新鲜事物，这不仅对学习本身有用，对学习之外的音乐、运动、旅游、艺术等兴趣爱好的培养也非常有用。在互联网上，孩子可以与志趣相投的年轻人建立联系并分享经验。对一些比较特殊的孩子，特别是对有先天性缺陷或残疾的孩子来说，他们可以在互联网上找到更全面的支持和理解，使自己不再孤单。

保持与互联网的连接有助于孩子查找、处理和共享信息

孩子最美好的品质之一就是他们拥有强烈的好奇心。互联网使他们能够即时访问任何主题的有用信息——不仅仅是一些琐碎的信息，还包括了解和学习一件事情所需要的重要信息。这个信息宝库包含文字、数字、图表、图片和视频等。

保持与互联网的连接有助于促进孩子社交

生理上，青少年的大脑比成年人的大脑更敏感，尤其对社会背景、社会地位以及社会惩罚和奖励的敏感度更高。社交媒体提升了他们的归属感，因为这使得他们更容易与熟悉的亲人朋友、老师同学、社区邻居保持联系。他们通过线上协作，学习提供反馈和接收反馈，这有助于他们与无法在现实中见面的人保持友谊，哪怕对方远在世界的另一端。

对精通数字技术的青少年来说，这无疑是一个很重要的优势。这些社会联系可以使具有数字技能的年轻人更加注重人际关系，并有助于培养他们的同理心。在第五部分中，我将描述反社会媒体如何煽动个人和人群相互攻击并破坏人们之间的友好讨论。然而，没有落入这个陷阱的年轻人可以利用这些现代技术，跨越家庭、学校和朋友圈的界限，弥合差异，促进人际关系和合作。互联网就是蕴含着这样不可思议的力量。

保持与互联网的连接有利于促进学习和师生关系

据教师和其他教育工作者的反馈，现在的大多数教育资源仍然原始得令人失望，而现代应用程序能方便孩子与学校和教师保持互动。通过这些应用程序，孩子们可以实时了解课程表和作业内容的调整。这些应用程序还使教师和家长之间的沟通变得更加容易。

虽然虚拟课程不是完美的，但是试想一下，在我们无法到学校上课的时候，若没有互联网或者虚拟课堂的技术支持，那将是怎样的场景？

保持与互联网的连接有利于了解他人的想法和价值观

青少年强烈的好奇心会促使他们通过互联网向熟悉圈子之外的人学习。现在，精通数字技术的青少年比以往任何时候都能接触到更广泛的思想、音乐、电影、文化、意识形态、信仰、习俗等。

数字媒体使人们更轻松地了解新闻和时事，并更容易参与兴趣团体和运动团体。通过这种方式，可以培养青少年的数字技能和数字素养，提高青少年对政治和社会议题的兴趣，这反过来又有助于青少年的政治和社会参与。

通过互联网，青少年可以获取很多在家里和学校找不到的信息，拓宽眼界。患有疾病或残疾的特殊儿童以及有特殊兴趣或对自己的宗教和身份有疑问的儿童，不仅可以在网上找到有用的信息，还可以从同龄人那里获得支持。

但是，孩子的数字技能和数字素养不是与生俱来的，他们不会自然而然就能找到真实而可靠的信息。查找、选择、处理和核实信息以及避免误入歧途是非常重要的数字技能，所有孩子应该从很小的时候就在学校和家里学习这一技能，从而避免被不良信息误导。

保持与互联网的连接可以促进特定认知技能的提升

除了学习如何通过数字媒体获取信息外，时刻保持跟互联网的连接还可以促进孩子特定认知技能的提升。孩子们在参与动作类的电子游戏（如射击游戏）时，随着游戏的复杂性和社交互动的增加，特别是孩子们因此反复练习时，积累了快速从错误中学习、处理失败、记忆和分析的技能，还练习了空间洞察力、解决问题的能力等认知技能。游戏是一个很好的话题，围绕它不仅会产生虚拟关系，还会产生真实的联系，例如孩子们在课间休息期间交流虚拟游戏中的经验和乐趣，就是从虚拟关系延伸到真实关系的很好例子。顺便说一句，反过来，大多数青少年更喜欢和他们在现实生活中也认识的朋友一起玩游戏。

保持与互联网的连接有助于开展新的创造性活动

与传统媒体相比，数字媒体不仅可以用来接收信息，而且可以与人交互，比如青少年不仅可以在评论区、博客和网络社区中学会表达自己的观点，他们还可以通过观看YouTube（欧美视频网站）上修理自行车或漏水的水龙头的视频来学习解决实际的问题。

如果孩子们乐于接受挑战，敢于创造属于自己的内容，那现代媒体的这种参与性还能激发他们的创造力——运用文本、照片和视频分享音乐、舞蹈、绘画、魔术、手工、乐高和Minecraft（"我的世界"游戏）项目并获得反馈。他们还可以学习如何处理愚蠢和刻薄的评论。

保持与互联网的连接有助于为孩子在 21 世纪的生活做好准备

毋庸置疑，数字技术将在未来发挥越来越重要的作用。如果我们能够教会孩子合理使用数字技术，从某种意义上说，这相当于为他们进入未来世界提前做好准备。在"决定屏幕使用是有利于成长还是阻碍成长的 7 个因素"一节（见第 45 页）中，我将描述合理使用屏幕的更多好处。如果利用得当，这些无限的知识来源，以及建立联系和合作的简单方式，可以给孩子带来巨大的优势和力量。

在关于数字素养的讨论中，人们经常谈论孩子未来需要掌握的技能，简要列举如下[4]：

1. 沟通：能够传达和理解特定的信息。
2. 协作：共同实现目标，并能够配合和支持他人共同实现目标。
3. 解决问题的能力：认识问题然后找到解决问题的方案。
4. 创造力：为现有问题寻找新的或不寻常但适用的办法。
5. 批判性思维：独立做出深思熟虑和有根据的思考、判断和决定。
6. 社会和文化技能：与来自不同种族、文化和社会背景的人有效学习、工作和生活。
7. 基本数字技能：了解计算机和互联网如何工作以及使用

它们所需的知识和技能。

8. 信息技能：能够识别和分析信息需求，并在此基础上搜索、选择、处理和使用相关信息。

9. 媒体素养：有意识地、批判性地和积极地与媒体打交道所需的知识、技能和心态。

10. 以计算机为导向的思维：能够以一种使用计算机或其他数字工具解决问题的方式来表述问题。

11. 自律：基于自己的能力，在特定情况或环境下独立行动并承担责任。

始终保持与互联网的连接是培养这些 21 世纪所需技能的非凡且取之不尽的灵感来源。

硬币的另一面：
屏幕使用对青少年成长的负面影响

基于上述列出的数字技术的优势，你可能会立即想到：是的，但是……硬币确实有另一面。能够始终保持与互联网的连接是非凡的，取之不尽、用之不竭的灵感来源，有助于培养 21 世纪需要的技能。然而，始终保持在线也是发展 21 世纪所需技能的最大障碍。问题的症结在于，如果不停止冲动地使用电子屏幕，就根本不可能培养孩子的这些技能（参见第 23 页，屏幕使用对学习的负面影响）。

断网是我们的孩子能真正开始思考的必要条件，也是应对无休止的、不断增加的信息流所需要的反思的必要条件。断网还能让孩子们学会区分有意义和无意义，分辨什么是轻松有趣的内容，什么是反社会媒体强加给他们的，以及什么东西对他们未来很重要。

时刻保持连接也是青少年的核心问题

总能与朋友保持联系，总能快速找到任何信息，总能与远方保持联系，总能密切关注新闻，这不是很好吗？那为什么 40%～70% 的孩子认为，他们的父母花太多时间在屏幕上，而 50%～80% 的父母认为孩子总是被粘在屏幕上？

始终在线确实不错，但如果我们真的一直在线，从未真正断开与屏幕的连接，那将是一场彻头彻尾的灾难。

在美国，人们平均每天拿起手机 95 次。大约 26% 的父母在睡觉之前，全神贯注于手机或平板电脑，青少年这一比例为 40%；大约 25% 的父母会在醒来后 5 分钟内拿起手机，青少年这一比例为 32%。

所以现实情况是，无论是年轻人还是成年人，他们与屏幕的关系都已经从"随时随地都可以做"转变为"必须随时随地做"。选择的自由消失了。年轻人觉得随时随地都要上网。这种"必须"很少是真正从外部强加的，而是来自逐渐养成的自己内在的习惯。

"始终在线是不错，但是在更多的情况下，这是一场灾难。"

定期、在选定的时间和有限的时间内上网，对孩子来说很好，但是始终保持连接则会导致问题不断。

1. 始终在线会诱使或迫使孩子不断地同时处理多项任务，正如我们将在第三部分中解释的那样，这是大脑无法做到的事情。大脑必须转换，这将会消耗能量，降低智力生产力，尤其是学习、记忆和创造力，并导致错误。
2. 它会导致不必要的压力和负面情绪。
3. 它会破坏或减少休息时间，并导致睡眠不足。
4. 它会削弱孩子们的真实社交联系。
5. 它会减少孩子们的好奇心，缩小其知识范围。

6. 如果养成了获取及时反馈的习惯，孩子们的毅力就会下降。

青少年的成功，并不取决于他们获取信息的能力，而是取决于他们处理和生产信息的能力。这当然不是每隔5~10分钟拿起手机就能够培养的能力。如果他们经常被手机打扰，他们的思考脑就得不到思考所需的持续注意力，他们的存储脑就没有机会处理和存储信息，他们的原始反射脑就会因过度劳累而失去选择和决定的余地。

很明显，始终在线、不断响应手机信号会对注意力产生负面影响。

大型（将近11 000名儿童）和纵向（差不多10年）的研究表明，限制屏幕使用的孩子在所有领域的表现都更好，在情感和认知上表现更突出，语言和记忆方面的能力也更强。

研究表明这种联系是因果关系，例如，恢复睡眠时间、重新进行身体活动或暂时停止使用数字媒体，可以明显减轻压力，改善健康、福祉和学业成绩。

始终保持连接会对青少年的学习产生负面影响

关于始终保持连接是否会影响青少年的学习，答案是很明确的：是的，始终在线会对青少年的学习产生负面影响。

禁止在课堂上使用智能手机，学业表现最差的学生获益最多，这可能是因为他们也是使用手机最频繁的学生。禁用手机后，孩子们碎片化的大脑得到修复，他们在学习上变得更专注。

简而言之，始终保持连接会导致大脑受损，会分散孩子的注意力，削弱他们的思维能力、创造力和记忆力，并增加他们的压力。同时，孩子们的睡眠时间和睡眠质量也会受到负面影响，使情况变得更糟。

始终保持连接也会妨碍孩子数字技能的学习或数字素养的养成。回顾上面的 21 世纪所需技能清单：沟通、协作、解决问题、创造力、批判性思维、社会和文化技能、基本数字技能、信息技能、媒体素养和自律，如果没有持续、不间断的注意力，孩子真的无法学习上述任何一项技能。

滑动与阅读不同，滑动是由十二种令人上瘾的机制驱动的，我将在下面进行描述。冲动的滑动是由我们寻求多巴胺刺激的反射脑驱动的，它们会短暂地引起一种愉快的感觉，但那点愉快的感觉太短了，以至于我们会不停滑动以获得更多的多巴胺。分享文字、照片或视频也能让人兴奋。然而，对这些即时快感的需求是如此之大，以至于许多孩子在没有阅读或完整观看的情况下就开始分享文字、照片和视频，因此没有意识到他们有时会分享完全无意义的内容。要认真观看视频，我们必须专注。你可能不会立即获得多巴胺刺激，但当你学到新东西时，你会感到满足。这是一种持续更长时间的美好感觉。

始终保持连接对大脑的影响是不可逆的吗？不，我们可以从负面影响中恢复过来。虽然我们确实需要付出努力、意志力才能改掉网络成瘾的坏习惯，再次拥有不间断、不受干扰和持续的注意力。通过主动努力，越来越多的人成功地恢复了保持专注的能力，并将专注的习惯保持到高等教育阶段，甚至保持到人生第一份工作开始的时候。

冲动的高黏性的屏幕用户也更有可能选择相信他们在数字媒体上阅读或看到的内容。他们倾向于只看第一个点击，即他们在互联网上获得的第一个答案。这与其说是缺乏数字技能导致他们学得更少或学错了东西，不如说是缺乏数字自由的表现，他们不再能够脱离屏幕，对他们所读、所看到或所做的事情进行独立思考。

青少年强烈的好奇心和求知欲是他们最美好的品质之一，我们应该尽可能地培养和鼓励这种品质。然而，由于反社会媒体的算法，很容易让人陷入认知陷阱，即只确认他们认为自己已经知道的东西，即使那是完全错误的。大数据算法的主题标签也可能会缩小他们的兴趣和好奇心，这样的后果是，孩子们习惯性地将内容归类，并遵循他人设计的关注点前进，从而失去了保持对自己真正的兴趣点专注的能力。

很多青少年始终保持连接，所以他们总是一心多用，在任务之间不断切换，从而导致时间、创造力和记忆力的大量损失，以及负面压力的增加。

简要地说：

——由于在任务之间不断切换，每个单独的任务都会占用更多时间。

——每个学习任务都需要更多的时间，并且过程变得更慢，因为工作记忆必须被清除干净，并为下一个任务做好准备。

——这显著降低了他们的学业质量。

——由于在工作记忆和长期记忆之间不断穿梭，很多信息会永远无法被储存。

——他们专注的能力下降，以至于需要付出越来越大的能量来保持专注。

——导致更多愚蠢的错误。

——扼制了他们的创造力，而这是青春期最大的优势之一。

——导致不安全的行为，无论是在学校、路上骑自行车还是在家里。

——使彻底的学习和真正的对话变得不可能。

——在其他人在场的情况下，注意力不集中会导致遗漏沟通者的信息，并因为沟通的不完整，使得他们的交流态度显得粗鲁无礼。比如你在跟一个人聊天，而他却一直在看着手机，这多少是一种不尊重。

——带来更多的压力。

始终保持连接会增加出现心理和社会问题的风险

我们真的不应该再怀疑了：适度控制屏幕使用是有好处的，始终在线会增加出现心理和社会问题的风险。网瘾越重，风险就越大。反社会媒体比电视和游戏具有更多、更深的负面影响，尤其是对女孩。

始终保持连接与心理健康之间存在明确相关

当我在2008—2014年间，为我的另外一本书《释放你的大脑》查找文献资料时，让我感到非常震惊的是，大量研究显示长期使用屏幕与幸福感下降、健康状况不佳和社会心理发展不佳之间存在明显联系。青少年花在屏幕上的时间越多，他们的心理问题就越多。而在社交互动、运动、家庭作业、纸质阅读以及俱乐部活动等非屏幕活动上花费更多时间的青少年出现相关问题的情况则更少。

这种相关性在女孩中尤为明显。其他研究甚至表明长期使用屏幕与严重抑郁症和自杀风险之间存在明显联系。

随着手机的普及，人工智能的应用增加，以及反社会媒体的流行，全世界年轻人的心理问题出现了明显增长。正如研究数据所表明的，在2012年这个时间节点，几乎每个人都开始拥有手机，所有反社会媒体都开始使用人工智能来吸引用户，也就是在这个时候，恐惧、厌恶和愤怒的情绪在学生中也随之大量增加。

研究人员发现，根据每三年一次的全球国际学生评价项目（PISA）中的关于学校孤独感的课题，如果对比所有的测试结果，所呈现出来的结果看起来就像下一页中这个非常引人注目的图表，即人工智能的发展、手机终端的普及和学生们孤独感的增加之间有着非常显著的相关性[5]。

一方面，我们很清楚，社交媒体在一定程度上有利于建立良好社交联系。但是另一方面，我们也清楚，恰恰是因为拥有良好的社会支持能对我们的适应力、幸福感和健康产生最重要的积极影响，一旦我们失去良好社交的支撑，就会带来相反的效果。青春期的孩子对社会环境最为敏感，一旦因为社交媒体拥有了好的社交联系，然后又失去了这样的社交支持，这种情况所带来的孤独感对孩子的影响是大于成人的。

这个道理不仅适用于孩子们的孤独感受，还适用于女孩的抑郁症状和成人的倦怠症状。症状的严重程度，例如抑郁症状或饮食失调，也会随着互联网使用强度的增加而变得更为严重。

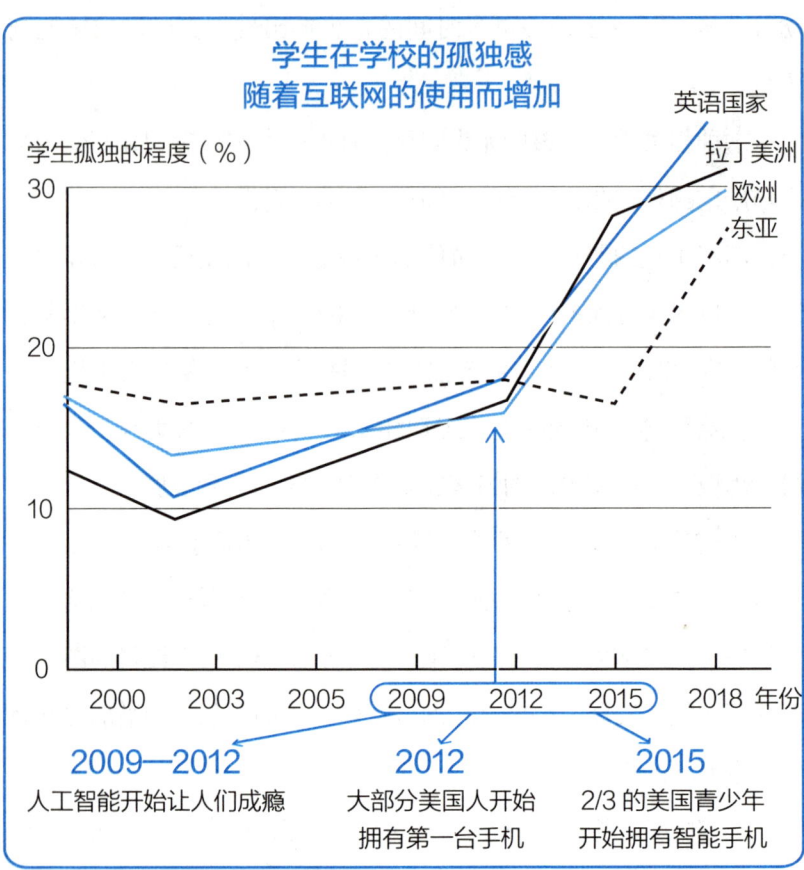

来　源：Artikel uit de New York Times, 31 juli 2021. Bron: J. M. Twenge, J. Haidt, A. B. Blake, C. McAllister, H. Lemon, A. Le Roy. Worldwide increases in adolescent loneliness, Journal of Adolescence, 2021

错误的屏幕使用习惯是导致心理问题的原因

上述研究结果令人印象深刻，但对科学家而言，仅凭相关研究并不足以令人信服地将屏幕使用视为问题的根源。也许恰恰相反，孩子的抑郁症是导致屏幕使用更频繁的原因，因为那些抑郁的孩子对屏幕的需求更大。根据上图的情况，我们认为也许2012年左右世界范围内发生的其他跟屏幕无关的事情，也会有助于解释屏幕使用的增加与孤独感、抑郁、饮食失调和疲惫之间的关系。

幸运的是,现在有研究人员能够在实验研究中证明这种因果关系。在一项针对压力很大或有抑郁症状的年轻人的研究中,研究人员让他们减少花在社交媒体上的时间。事实证明,他们的抑郁症状有所减轻。下图显示了一名学生的压力水平如何通过减少手机的使用从非常高降低到正常水平[6]。

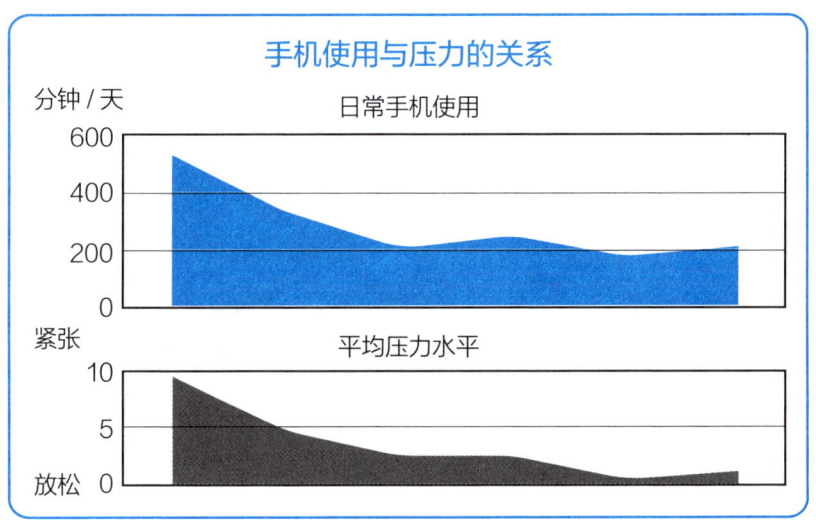

有人做过更大规模的研究。他们召集了2844名大学生,要求其中一半停止使用Facebook(脸书,社交软件)四个星期,另一半作为对照组继续使用。结果很明显:实验组的大学生每天多了3个小时的空闲时间,有了更多的社会接触,关注的社会新闻减少,读到的两极分化的极端观点更少,经历的愤怒、焦虑和抑郁等负面情绪更少,并且感觉更快乐[7]。

众所周知,充足的睡眠对我们的心理机能极为重要。研究睡眠的科学家中,有90%发现屏幕使用与睡眠不足之间存在联系。有些科学家能够证明屏幕使用和睡眠不足之间存在因果关系,即晚上看屏幕会导致睡眠不足,而不是认为睡眠不足会使人们更多使用屏幕。

而我们所说的屏幕使用不只是手机，卧室里的电脑电视都属于上文说的屏幕使用范围，因为各种各样的屏幕的存在，30%的学龄前儿童和学龄儿童已经开始缺乏睡眠。

除了睡眠问题，互联网还会导致一些其他的负面事件发生。这些情况虽然发生的概率不高，可是一旦发生就会造成严重后果。因此，数字自由是孩子们必须拥有的技能，如果我们教会孩子数字技能，这些问题通常可以避免。让我们来看一些具体的例子：

欺凌无时无刻不在。在社交媒体广泛应用之前，欺凌虽然也很糟糕，但仅限于一个小圈子。对于想要对此做点什么的家长和学校来说，这是可控的。但是网络欺凌不一样，侮辱、排斥和虚假信息会以闪电般的速度扩散。孩子们可以通过社交媒体拍摄和传播不健康的照片和视频，还可以使用应用程序，将同学的脸PS（修图、处理）到一张裸照上。这一切做起来都不难。

"巨魔"（不良社交媒体、反社会媒体）试图故意挑起争论、分歧或其他负面情绪，以制造混乱和激怒人们。例如，他们通过辱骂或伤害性评论扰乱聊天室的讨论，甚至在涉及死亡等敏感问题的网页上也要挑起争论，通过激起冲突和讨论，"巨魔"达到吸引注意力，增加流量，使孩子们更多停留在屏幕上的目的。

青少年可能会通过在线发布或分享不当照片或内容来羞辱他人，例如发布不当的色情信息，某些成年人可能会借此试图与年轻人建立不合适的关系。

有时，危险的甚至危及生命的挑战会成为新闻，青少年看到之后可能会模仿做一些奇怪的有风险的事情。

经常看色情片的青少年，尤其是男孩，有时对性有非常不切实际的想法。然后，当他们自己尝试性时，更多地将其视为一种成就，而不是亲密关系的一部分。从长远来看，这是否会对他们的性生活产生负面影响，我们还不知道。认为色情无处不在还为时过早。但我们已经知道，这种因为观看色情内容导致的性驱动力，会持续对年轻人的认知和感受产生影响。

观看暴力色情内容会助长性骚扰和暴力强迫性行为，尤其是在暴力环境下长大的青少年。

最后，看起来无害的应用程序并不总是像最初出现的那样无害[8]。

屏幕使用不当会对孩子的注意力产生负面影响

无论正在做什么，如果总是被智能手机打断，孩子们的专注力就会被破坏。如果你从未专注于一项任务超过五分钟，你会发现保持更长时间的专注就是更不可能的任务了。即使在最佳的学习条件下——你的手机在另一个房间，且没有其他干扰时——你的注意力也仍然无法集中。

如果注意力训练得不好，它会消耗更多的能量，孩子们将很难在整个课程中都集中注意力，也很难阅读一篇很长的文章或一本书。

如果注意力训练不足，青少年甚至有可能不阅读，更不用说思考他们通过数字媒体收到的信息。他们的关注点局限在标题、关键词、开场白、表情包上，总是立即点赞或直接转发，结果也"不假思索地"助长了有时甚至是危险的信息甚至谣言的传播。

这不仅与他们使用屏幕做什么有关，还与他们不再通过屏幕做什么有关。

一位《纽约时报》的记者问硅谷一些大型科技公司的高管，为什么他们不允许自己的孩子在屏幕上花费大量时间？例如，为什么他们会把孩子送到昂贵的私立学校，那里没有新技术，只有一些可称之为过时的教学方法。有些科技高管表示，他们不太关心孩子们用屏幕做了什么，而更关心孩子们因为太忙于屏幕而不再做什么。这些高层人士说的没错，它也符合研究人员有时所说的注意力转移理论，过多的屏幕使用会导致孩子们的注意力从重要的需要专注的事情上转移到屏幕上。

屏幕使用正在取代许多事情，其中一些很重要的习惯也被取代了，这些习惯包括：

——良好的睡眠。孩子们经常感到太困，早上起不来，无法在学校保持良好的学习状态。睡眠不够也会让孩子更情绪化、易怒。

——练习持续不间断的注意力。

——锻炼和运动。

——学习如何使用可靠的媒体平台以及如何批判性地处理互联网上的消息。

——与他人特别是现实世界中的年轻人建立和发展良好的社会关系。

——学习事物的动力，如背记知识的动力——如果能通过互联网轻易查到，为什么要背下来？

——做作业。教师表示，由于使用社交媒体，孩子们花在家庭作业上的时间比他们应该花的时间少。

——做一些不好玩但有必要做的事情。孩子们逐渐变得只想做有趣的事、听有趣的老师讲课。

——培养毅力。孩子们更倾向于尽快糊弄完作业，以回到屏幕前做刺激好玩的事。

——读书。特别是男孩不再读书，阅读相比于其他许多事情都重要得多，它的重要性不仅体现在阅读技巧上。

有毒的乐观：网络乐观情绪的负面后果

这里首先要解释一下什么是"有毒的乐观"。

大量研究表明，积极思考自己的处境及自己和他人的关系，再加上良好的社会关系，对人的幸福和心理健康都有好处。我们称这种设身处地为他人着想换取幸福的方式为"幸福交易"。"幸福交易"经常被夸大，专家和培训师甚至研究人员告诉我们，这个交易是我们的想象，而不一定是真实情况。那么，只要你保持积极思考，你就真的能拥有幸福和健康心理吗？

在虚拟的世界中，青少年会不断受到照片和视频中肤浅的积极情绪的轰炸，这些照片、视频无一不是由快乐、开朗、身材完美、美丽、健康的人发出，他们面带微笑、幽默风趣——这会导致一些真正的问题：一方面，随着年龄的增长，正常的消极情绪会自然而然产生，但社交媒体带来的自由感和对于外在世界的想象，会让青少年在现实生活中感到束缚，从而产生消极情绪；另一方面，表面的乐观情绪对孩子们来说并不是全部，他们需要真正的快乐，这会让孩子们有一种应该去追求真实世界快乐的强迫感。这种不能获得网络上那种自由的束缚感和应该去获得网络以外的真实快乐的强迫感，会引起孩子的压力和失望。对别人失望，尤其是对自己失望。

因此，一些研究人员将网络带来的这种被夸大的积极性称为"有毒的乐观"。

我们从研究中得知，谈论负面情绪有利于处理它们，尤其是当你可以得到善解人意、值得信赖的人的倾听时。如果在现实世界中你没有可以一起讨论怀疑、不安全感、恐惧、愤怒和悲伤等负面情绪的人，但是你又想拼命地试图塑造一个快乐的形象，你应该如何处理这些正常的负面情绪？我们认为，如果你不承认并尝试去认知这些负面情绪，最终只会感觉更糟糕。

青少年需要学习的一件事——最好是从童年开始，在与成年人定期谈论他们在网上的经历时——就戳破快乐的虚拟世界的虚假泡沫，并了解所有的情绪都是正常的，即使是消极的。负面情绪是没有错的，它们是我们生命的一部分，每个人都可能会时不时产生负面情绪。

结语：无需恐慌，只需积极警惕

因此，有明确迹象表明，屏幕使用不当会导致或加剧心理问题。但是，我们不应忘记这种影响是双向的。青少年经历的问题或精神障碍也可能导致屏幕使用的更多问题。这会导致更糟糕的循环，一方面，电子屏幕的错误使用，加剧了孩子可能的心理问题或心理混乱，另一方面，心理脆弱和混乱会使得屏幕的使用更成问题。

那么我们是否需要为此感到恐慌呢？当然不必。从长远来看，绝大多数孩子不会因屏幕使用而受到严重伤害。但是，当你知道滥用屏幕会加剧青少年正常的、短暂的发育问题以及不确定的心理脆弱问题时，我们何必还要让自己的孩子去经历这样的风险呢？如果你知道它可以放大孩子现有的精神脆弱性或加剧心理障碍，例如抑郁症、进食障碍、睡眠障碍、沟通障碍、多动症和焦虑症，作为父母，我们不应该在没有教孩子合理使用数字技术的情况下，就把他们扔进互联网的深渊。

如果你不想冒任何不必要的风险，你就需要温柔而坚定地教导、谈论、引导和管理孩子正确使用屏幕的习惯，这样到青春期结束时，你就可以让孩子在监督减少的情况下独立自主地生活。

始终保持连接对青少年的身体健康有负面影响

研究人员研究了始终在线对肥胖和其他身体问题的负面影响。例如，欧洲儿科医师学会做过一项大型研究，这项研究向欧洲卫生当局提出的建议中明确指出，网络社交媒体的过度使用会助长儿童肥胖。这些研究者为广大父母提供了明确的指导方针，告诉父母可以采取哪些措施来遏制肥胖症的流行：限制屏幕使用、鼓励锻炼、教孩子如何应对诱人的不健康食品广告，并教他们识别微妙的、隐藏的软性广告。

始终保持连接会导致负面压力

总是保持连接的孩子可能会经历更多的负面压力,因为他们会始终保持警惕从而确保自己不会错过来自手机的所有信号:通过反射脑无意识地和思考脑有意识地时刻警惕来自手机的信号。

然而,家长和老师有时会觉得,当他们带着手机时,孩子会更平静,而当手机不在身边时,孩子带给他们的压力会更大,因为手机可以转移他们自己的注意力,从而稀释带孩子带来的压力,也能让他们始终跟孩子保持联系,从而更安心。手机看起来更像奶嘴或安抚毯。这一结论是有科学研究支持的,该研究表明始终保持连接不仅仅是打开或关上智能手机,而且是一种情感束缚,一种无法摆脱的依赖[9]。

时刻保持对手机信号的警觉会让孩子晚上睡不好:30%的青少年经常因手机信号而在夜间醒来。而睡眠不足显然不利于健康的压力平衡。更糟糕的是,时刻在线并不能减轻孩子对被排斥或错过重要事情的恐惧,还增加了面对引起恐惧、厌恶、愤怒和仇恨等负面信息的机会。网络欺凌、诱惑、勒索和骇人听闻的色情内容等负面内容很多都是手机带来的,虽然发生的概率不高,但是问题一旦发生却是很严重的。

始终保持连接也会给孩子大脑造成压力,因为持续的多任务处理会让孩子在做家庭作业时效率低下,他们在作业上花费的时间更长,犯的错误更多,记忆力也更差。

正如我之前提到的,压力也可能是由他人在网上用不断夸大、理想化、快乐、轻松的方式造成的。网络可以放大你的快乐,也会或多或少放大压力和痛苦。

始终保持连接会破坏休息和睡眠：总是入迷，总是疲倦

暂停按钮

稍后我将描述我们的思考脑如何消耗大量能量并变得疲倦，因此大脑需要定期休息以补充能量。我还解释了我们的存储脑是如何使用我们的思考脑所不具备的处理能力的。在关于压力的章节中，我将谈到休息对平衡压力的重要性（见第212页）。休息不是浪费时间，而是对平衡压力以及学习、理解、记忆和创造的良好投资。

令人遗憾的是，由于总是在关注手机消息，青少年的休息质量会大大降低。首先也是最重要的，并不是只有坐着休息才是有益的，运动对孩子的大脑和其他身体部位的发育也非常有益。其次，因为屏幕一直诱导孩子们关注，他们经常会一个人一直盯着自己的屏幕而减少社交和运动。一半的青少年在和朋友一起时，也是长时间默默地盯着自己的智能手机。

在本书第四部分，我阐释了社交互动对于儿童大脑发育的重要性。我是谁，我在这个社会或群体中占据什么位置，我的身份从何而来？孩子也许可以在互联网上找到上述问题的答案，但最好的办法莫过于与朋友和家人进行现实的积极互动。家长们不仅要与孩子一起做作业，还要与孩子一起休息。虽然大人们不一定非常愿意，他们也希望好不容易陪孩子们做完了作业，自己可以休息一下。但是跟孩子一起打发时间，做一些功课以外的事情，对于他们的自我认同也是有用的。而且，理想情况下，一起打发时间的过程，也会让孩子和大人同时得到休息。

青少年睡眠太少

大多数青少年患有慢性睡眠剥夺症和嗜睡，他们平均每天只睡 7 个小时。而研究表明，青少年的平均睡眠时间最好应保持在 8～10 个小时，这不仅有利于孩子的身体健康，也有利于他们的心理和情感保持在最佳的状态。

充足的睡眠可以提高孩子的智力生产力、记忆力和创造力，让他们更健康、更快乐、更少抑郁、更少情绪化和更乐观。

晚睡和孩子使用电子屏幕之间存在明显的因果关系。因为他们花太多时间在屏幕上，所以他们睡得太晚。此外，三分之一的人在夜间至少查看一次手机。用他们自己的话来说，甚至可能是三分之一以上。根据世界卫生组织和美国疾病控制与预防中心的数据，青少年睡眠不足是一场像流行病一样的健康危机。

睡眠不足的后果很严重

睡眠不足会扰乱协调身体所有过程的生物钟，从而增加许多疾病的风险，包括糖尿病、肥胖症和发育迟缓。睡眠不足会导致学习成绩下滑，因为几乎所有已有研究都表明睡眠不足不仅会降低一个人的执行力，还会导致认知能力受到影响。

研究人员发现青少年的记忆力、注意力和积极性因为睡眠不足而显著下降。然而，睡眠不足造成的后果远不止于此，例如，他们的耐心、风险评估能力、预测能力、对反馈的开放性、对细微差别的感觉、洞察力、判断力、决策能力、创造力都会降低，幸福感、对他人的吸引力、热情、洞察自己的长处和短处的能力、有效沟通和对可实现目标的期待等，都会因为睡眠不足而产生负面的影响。

睡眠对于情绪管理也很重要。睡眠不足会导致情绪不稳定、冲动、喜怒无常、抑郁和饮食失调。

简而言之，为了让孩子们的整个身体，尤其是他们的大脑发挥最佳功能，我们必须确保青少年有充足的睡眠。

为什么青少年睡眠太少？

青少年睡眠不足，也许不只是因为他们及其父母不知道他们需要更多的睡眠，也可能有另外两类原因导致他们难以按时上床睡觉：生理压力和社会心理压力，两者相互作用，形成恶性循环。下图很好地说明了这一点。

由于不同的影响相互增强对孩子们的影响，一个很小的生理变

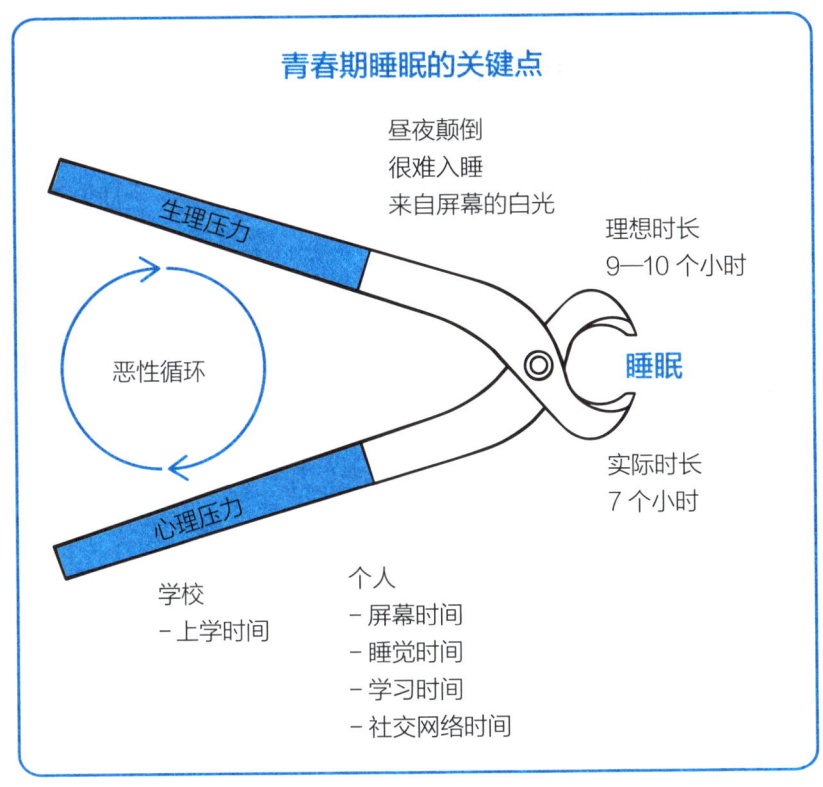

化可能会不断相互加强，最终导致入睡延迟。而他们又必须早起去上学，耽误的两到三个小时的睡眠，会导致他们上课时精神不好。

在关于睡眠的章节（见第 202 页）中，我将描述生物钟如何使我们的昼夜节律向前或向后移动，就像适应时差时发生的那样。这正是发生在青少年身上的事情。因为这对我们的大脑和身体其他部分造成的后果是相似的，科学家将其称为"社会时差"：一种由社会因素引起的时差。然而，在青少年中，它不仅仅与社会因素有关，还涉及生物学因素。

以下部分有点偏理论，但无论如何我都没有将它们视为可跳过的部分，因为它们是理解我在本书后面描述的解决疲倦问题的重要信息。

生物因素对睡眠时间的影响

在青少年体内的激素转变过程中，一些生物因素会推迟就寝时间。这其中有五种生物影响因素：昼夜节律周期、体内平衡周期、身体疲劳、光和激素。

我们的昼夜节律周期始终在运行。我们不能缩短或延长我们的生物钟，但我们可以改变它。昼夜节律周期的运行与我们的睡眠需求无关，但它确实会影响睡眠。事实上，我们体内的所有激素和神经递质，以及我们器官中的附属生物钟，都受到昼夜节律周期的影响。"昼夜节律"来自拉丁语，意思是"大约一天"或大约 24 小时。实际上是 24 小时 11 分钟。

青少年经历与成年人相同的昼夜节律周期，但青少年的入睡稍晚一些。结果是，晚上该睡觉的时候他们感觉不那么困，早上必须早起时则仍然很困（见下图）。

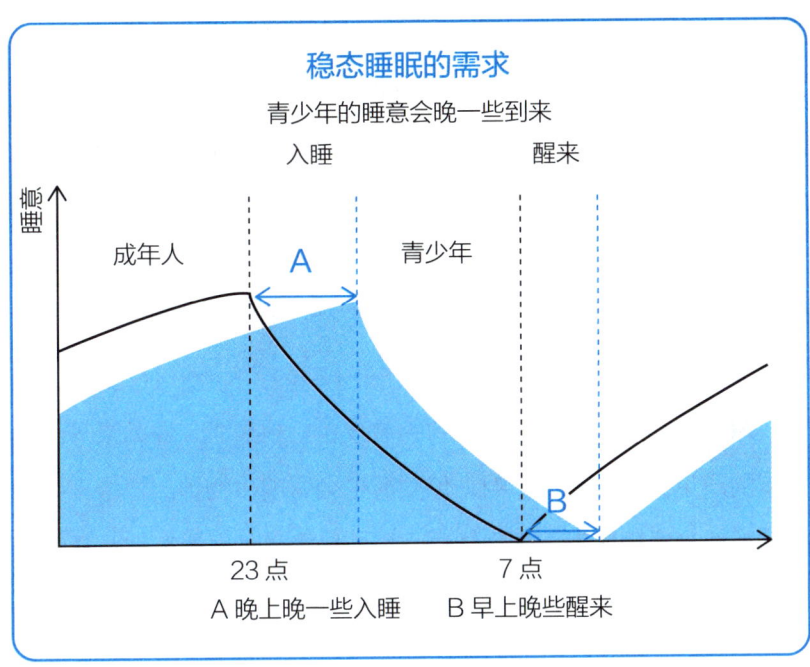

这看起来很复杂，但值得花点时间看看这幅图。A 代表轻微的变化，导致青少年睡意的高峰来得晚一些，醒来的时间也会晚一点。在青春期动物中我们也发现了这种特点。但在青少年（以及越来越多的成人）身上，由于人类特有的生理结构，微小的差异导致的影响会变得越来越大。

睡眠周期在青少年中被延迟了，青少年晚上想要入睡的欲望降低了，随之影响了昼夜节律周期，这导致孩子的睡意来得更慢，因此，昼夜节律周期的变化影响就被放大了。

身体疲劳也是一个时间指标。如果青少年运动量不足，他们的身体疲劳程度就会不够，并且很容易导致入睡困难。白天的大量运动则会让他们的身体感到疲倦，从而帮助他们入睡。

我们所接触的光的持续时间、强度和波长是一个时间指标，对我们的昼夜节律有双重影响。太阳的昼夜循环直接影响生物钟。我们将在后面关于睡眠的部分中更详细地解释，导致睡意的褪黑激素如何产生，如何受到环境中光线的强烈影响，以及我们眼睛中的特殊传感器如何接收光线（见第 208 页）。

在性激素突然增加的影响下，青少年的大脑比幼儿或成人的大脑对光线更敏感。当然，屏幕光线对生物钟的负面影响也适用于成年人。

激素的影响。我们这里说到的激素包括褪黑素、性激素等。褪黑素的产生受生物钟的影响，但同时也会影响生物钟。性激素则使生物钟对光线更敏感。生物钟也会影响性激素的昼夜节律，晨勃就是一个例子。

青少年的生物钟受睡眠影响更大

生物钟的一个重要指标是我们的日常生活作息规律，我们都在其中工作、休息、吃饭和睡觉，或多或少地适应了 24 小时昼夜循环。

许多青少年（包括很多成年人）形成了不同的昼夜节律，因为他们使用电子屏幕到很晚，像飞蛾被光吸引一样被令人上瘾的社交媒体吸引，生怕在无穷无尽的信息流中遗漏某些东西，或者因为打游戏而非常兴奋，这些行为都会导致青少年生物钟周期的改变。

我们不能让青少年自己决定使用屏幕的时间，这对他们来说太难了。看看对成年人，甚至对你自己来说，控制晚上看屏幕的时间是多么困难。11～14 岁的孩子如何能够做到如此自律？他们对自己的掌控能力，在青少年期远远没有成熟。所以说，孩子的睡眠是父母的责任。

很多青少年甚至被允许带着手机上床睡觉，保持手机铃声和振动开启，这就导致一旦有信息，他们肯定会立即被唤醒，并且可以立即回复消息，他们会害怕错过什么，害怕在手机社交中被排斥。有些父母在孩子太小的时候就让他们自主决定就寝时间和睡眠习惯，最后导致孩子睡得越来越晚。

有时青少年也会因为作业或学习任务没有完成而睡得太晚，这通常是手机不离身、不断被打扰和不断同时进行多项任务的结果。

那么到底先有什么？鸡还是蛋？

昼夜节律的变化是否是因为青少年睡得太晚并且盯着屏幕看的时间太长？或者他们睡得太晚是因为青春期导致昼夜节律推迟？

有些科学家坚决捍卫生物学原因是主要因素的观点，因此坚持认为学校应该更晚开始上课。但越来越多的人认为这需要权衡。一方面，青少年和许多成年人一样，他们的昼夜节律周期会很敏锐地受到作息时间的影响，一旦青少年因为学校规定更晚上课而开始"晚睡晚起"，他们的昼夜节律周期就会被进一步推迟。另一方面，来自动物研究的结果表明，青少年确实有一种轻微的生物学倾向，即警觉时间更长，困倦时间更晚，一部分原因是可能他们对光线更敏感。

这形成了一个相互加强的反馈螺旋，一个小小的反馈不断升级，最后将入睡的时间越推越晚：昼夜节律周期的微小生物转变＋社会心理压力（更长时间盯着屏幕）→更大的昼夜周期变化→盯着屏幕到更晚的时间→更大的昼夜周期变化→然后盯着屏幕到更晚的时间→更大的周期变化→更进一步→更进一步……

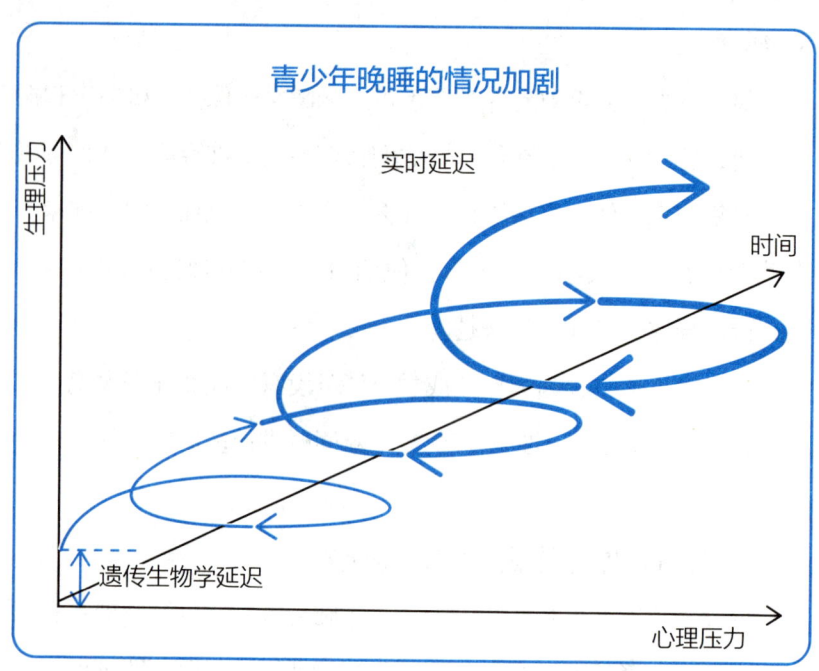

实验研究表明,晚上的光线对成年人的影响也比我们想象的要大得多。有研究显示,在傍晚暴露在光线下九天后,正常褪黑激素的产生受到抑制,昼夜节律发生显著变化。这种转变可以由比原先想象的弱得多的光线触发。550勒克斯(大约三个长荧光灯的光强度)就足以产生质的变化,而区区200勒克斯就已经抑制了褪黑激素的产生。

不过,反过来说,爱丽丝·费舍·柴尔博士(Elise Facer-Childs)表明[10],利用这项研究的成果,我们可以重置睡得很晚的成年人的生物钟!仅在短短六周内,通过把昼夜节律提前两个小时,我们就能够保证许多青少年精神抖擞地去上学。

通过这种重置,受试者不仅早上感觉不那么困了,而且抑郁和压力也减轻了。他们的认知和身体表现也有显著改善。该方法主要是通过利用光照(早睡和早起)、定时进餐、下午3点后避免摄入咖啡因以及将锻炼时间保持在早上等方法来实现。

简而言之，解决青少年早晨困倦的方法说起来简单，但做起来并不容易。如何让孩子改变他们的睡眠模式，使他们的时间规律与大脑、健康和学校生活所需的时间同步，而不是让他们的模式与仍在使用数字媒体的同龄人同步，是该方法的关键。

孩子需要多少睡眠？

有75%的可能你的孩子需要至少比现在更多的睡眠。我们认为，正常情况下孩子需要9~10个小时的睡眠。

显然人与人之间存在差异，那么我们怎么判断孩子是否拥有充足的睡眠呢？

——如果你的孩子早上在餐桌上不再困倦，那么他就有足够的睡眠。

——如果你的孩子一天不喝含咖啡因的饮料也不会昏昏欲睡，那么他就有足够的睡眠。

——如果你的孩子不需要在周末睡更长的时间（除非在聚会之后），那么他就有足够的睡眠。

决定屏幕使用是有利于成长还是阻碍成长的7个因素

使用电子屏幕是否有利于青少年的发展取决于多种因素的结合。要找到答案，你可以问自己7个问题：

——使用屏幕多长时间？

——如何使用屏幕以及时间花在什么内容上？

——什么样的孩子？

——父母是否有屏幕使用的问题？

——什么时候使用屏幕？

——和谁一起使用屏幕？

——付出哪些成本？

使用屏幕多长时间？

家长和老师最常问的问题是：青少年看屏幕的时间多长是健康的？对大多数孩子而言，答案是"更少"。所有研究都指向同一个方向：屏幕使用的负面影响取决于"剂量"。然而，如果我们像许多研究人员那样将所有屏幕时间混为一谈，那我们就错了。积极的、社交的和创造性的屏幕时间与被动的、孤独的、消费主义的屏幕时间之间存在重要区别。

大多数青少年自己也认为他们花太多时间盯着屏幕了。在美国，超过一半的儿童认为自己对屏幕上瘾，他们每天花 6～9 个小时盯着屏幕（包括看电视）。大多数青少年儿童认为他们的父母也花太多时间盯着屏幕了。

最好定期与孩子讨论一下一天中的时间安排，并就此达成一致。几个国家的儿科医生和心脏病专家专业协会根据科学研究指出，青少年每天需要 9～10 个小时的睡眠和 1 个小时的运动，2 个小时的屏幕使用（不包括学校上课的屏幕时间）应该足够了。当然，这只是一个非常粗略的指标。

事实上，许多儿科医生和心脏专家都参与并宣传了相同的标准，这是因为长时间在屏幕前不动会对儿童的心脏和血管产生严重的负面影响。

适度使用电子屏幕对真实的社交接触和学习表现有积极影响。

而要做到适度使用，在很大程度上取决于父母如何引导孩子使用屏幕，并教会孩子们为什么要控制屏幕使用以及如何控制。

无论如何，重度屏幕用户是产生心理问题的风险群体。这导致了抑郁、攻击性、犯罪、网络欺凌等社会问题。有时仅仅减少屏幕使用就足以作为解决方案，我们也需要一些额外的政策来防止复发。

另一个问题是：孩子每次能使用手机多长时间？长时间不间断地盯着屏幕的孩子，比经常脱离屏幕进行其他活动的孩子，面临更大的风险。

如何使用屏幕以及时间花在什么内容上？

如果你的孩子是一个被动用户：无休止地滚动浏览消息、文本、图片和视频，唯一的动作可能是点击图标或类似的东西并立即转发（通常甚至没有阅读文本），那么父母就应该适当干预。因为被动使用屏幕的孩子在学习和健康方面更容易受到负面影响。

需要注意的是，青少年被动接受内容的情况比你想象的要多得多。他们盯着手机屏幕的时间越来越多，而且经常被动卷入反社会媒体的阴谋中。

许多青少年还喜欢"网络闲逛"。那种在互联网上漫无目的的游荡，相当于以前没有这些电子设备的时候，人们喜欢做的"瞎逛荡"。偶尔"瞎逛荡"没有错，但如果占用大量时间，就可能会带来风险。

孩子都充满好奇心，在这方面，互联网就像是一座金矿，回应着孩子们的各种好奇心。例如，你的孩子可以学习在屏幕上创建一个博客，为其编写文本、编辑视频、插画、寻找信息以将某些东西放在一起、寻找对他在学校不完全理解的事物的解释，或只是了解更多自己想知道的内容、创作音乐、与朋友排练舞蹈、与其他孩子一起用 Minecraft 构建东西、开发自己的应用程序、学习魔术，等等。如果这些事情是与其他孩子一起做就更好了，理想情况下，如果孩子在现实世界中看到与这些内容相关的东西，他们也会谈论这些。

你也可以和孩子一起做。例如，准备一次家庭旅行，计划一次徒步旅行，参观博物馆，然后与其他家庭成员一起制作家庭博客或相册。如果你们一起做，还可以借此机会向孩子解释互联网上容易泄露隐私的问题。互联网上的所有信息就像一张公开的明信片，你永远无法确定是否有人在无意中看到它，有没有看到不适合的内容。

一个积极参与互联网活动的孩子，偶尔会花时间阅读整篇文章、自己写点东西、做手工、制作自己的视频或应用程序、玩游戏并与他人讨论虚拟世界，也有真实的朋友。积极主动地使用社交媒体和交换信息，会对孩子的身心健康和学校表现产生积极影响——前提是它不会占用太多时间。

另一种积极使用的形式是数字技术的应用，它越来越成为学校用于获取、处理和呈现信息的常规教学工具的一部分，新冠大流行加速了这一过程，它的优点以及缺点和局限性变得更加清晰。

在家里用笔记本电脑做作业并将其与其他媒体结合使用对学习来说是非常糟糕的。一般来说，同时忙于几种应用程序的孩子更容易分心，学习能力和记忆力都比专注于一个应用程序的孩子差。研究人员有时称这种情况为"双屏"，也指在同一个屏幕的多个窗口中同时使用不同的应用程序。

给年幼的孩子布置需要使用笔记本电脑或手机的家庭作业正变

得越来越普遍。然而，老师们很容易忽视，我们既要保证孩子们能够在家里使用笔记本电脑完成家庭作业，也要保证孩子们不会被与网络连接相关的许多诱惑分散了注意力。大多数年龄较小的孩子还不能做到完全自律，抵制诱惑，他们需要指导。年长一些的孩子则必须学会在不受网络干扰的情况下工作，因为大多数孩子不会自动学会这一点。

老式、简单的电脑游戏被批评为一种令人上瘾的浪费时间的游戏，孩子们从中什么也学不到。但是现代复杂的游戏绝对属于主动、创造性屏幕使用的范畴。当然，重要的是玩游戏不能以牺牲其他活动和睡眠为代价。

> 一个假日，天下着倾盆大雨，我的五个孙子（年龄在7～13岁之间）挤在地毯上，他们的头靠在一起，看着地板上一部手机的屏幕。
>
> 偶尔会有欢呼声。我以为他们在看电影，但仔细一看，原来他们正在一起玩一个简单的游戏，由屏幕四个按钮控制。四个孩子各有一个按钮，第五个孩子做裁判，他们轮流上场，轮流欢呼。过了一会儿，他们停了下来；四人开始玩经典派对游戏，而第五个孩子继续搭建自己设计的纸板玩具屋。

当然，他们也有可能在网上接触到他们不理解或尚无法处理的内容，例如令人震惊的假新闻，网络欺凌，以及含有暴力、引诱和色情成分的信息。如何处理这个问题关乎数字技能和数字智慧。最好的办法是让屏幕使用的话题成为家庭内共同讨论的主题。告诉他们，他们在互联网上经历的一切都是可以沟通的，并不会导致家长暴力、愤怒的反应。对于年龄较小的孩子，安装家长控制的应用程序是有帮助和必要的。这样家长就可以准确地了解孩子在网上做什么。这不是暗中监视。（关于具体如何做到这一点，见本书第74页）

简而言之，如果你想微调孩子的屏幕时间，请从减少他们的被动屏幕时间开始。你不仅要考虑活动的持续时间和程度，还要考虑活动内容。

什么样的孩子？

孩子也是一个重要的变量。他的倾向、个性、年龄、独立程度、生活环境如何？研究表明，不正确地使用屏幕对自身或生活环境存在问题的儿童尤其危险。

不正确的屏幕使用，会进一步加重孩子原本存在的问题，形成恶性循环。哪些孩子的情况值得特别注意？

——已经上小学且经常在无人监督的情况下使用屏幕的青少年。

——仍然不太独立的青少年。尤其是在他们的自控力尚未得到充分发展的情况下，父母就开始让他们使用屏幕。

——在性格测试中有些项目得分高的青少年，比如敏感、冲动和神经质的孩子。

——由于自身倾向或环境而抑郁的青少年。

——对自己或他人评价不高的青少年，对自己身体形象不是很自信的孩子。

——对于缺乏自律的青少年,从小练习有节制地使用屏幕,是锻炼自律的一个很好的方法。

——非常害羞,很难与同龄人进行真正互动的青少年。

——受多动症或其他影响而难以集中注意力完成学业的青少年。

——倾向于冒险的青少年。他们更容易受到挑战、色情内容或性勒索的威胁。

——缺乏社会支持的青少年。当屏幕上发生某些事情时没有知己可以倾诉,他们比能够并且敢于与父母、兄弟姐妹、朋友和老师讨论此事的青少年面临更大的风险。

——感到孤独的孩子。他们不仅有可能因为不正确地使用屏幕而加剧孤独感,而且还有可能通过互联网遭到霸凌。

男孩和女孩之间存在重要差异。例如,女孩比男孩更多地通过手机短信保持社交联系,而男孩更有可能发现技术本身很有趣,从而更多地把它当成一种玩具,一种互相较量的手段。

我们发现,除了游戏成瘾外,对女孩来说,受互联网的影响更频繁也更严重。值得注意的是,女孩拿到第一部手机的年龄越小,越不利于她们13岁以后的自我认知和发展。此外,小学生和贫困青少年会更难正确面对反社会媒体。

父母是否有屏幕使用的问题?

父母对孩子的屏幕使用有重大影响。如果父母本身有屏幕使用的问题,他们的孩子比被父母控制屏幕使用的孩子,面临的风险更大,所以如果有必要,一定要用有爱且坚定的态度来管理孩子使用屏幕的习惯。

虽然适度使用屏幕可以改善家庭关系，但过度使用屏幕则会在家庭成员中产生负面影响。

由于父母自己从未了解过什么是健康的屏幕使用，这就导致问题的出现。学校是否可以更积极地鼓励他们，让他们的孩子远离屏幕、熟练掌握数字技术和数字智慧？作为家长，你可以呼吁学校不时组织相关主题的座谈会。

什么时候使用屏幕？

在一天中的任何时间，特别是晚上都会被手机打扰的青少年，比能够关闭手机来进行更重要、有创意或活跃的无屏幕休闲活动的青少年，面临更大的风险，也更缺少足够的睡眠。

和谁一起使用屏幕？

大部分时间独自面对屏幕的孩子比与家人或朋友一起玩的孩子面临更大的风险。独自花几个小时玩游戏的孩子风险更大。

那些与真正的朋友玩同一个游戏，然后在学校课间休息时与同学讨论的孩子面临的风险则相对小一些。

如果你偶尔和孩子一起在互联网上做一些事情，包括玩游戏，那么这也是你了解孩子的好机会。

付出了哪些成本？

对大多数孩子来说，智能手机就像一只布谷鸟幼崽，不停地叫着要食物，让其他的蛋再也没有机会发育成小鸟。使用屏幕取代其他对身心健康发育很重要的活动的儿童，比花足够时间在玩耍、锻炼、阅读、（团队）运动、睡觉、俱乐部等事情上的儿童面临更大的风险。对孩子来说，（团队）运动、学校工作、和真正的朋友以及家人在一起才是有益的。

过度使用屏幕对身心健康造成负面影响的一个重要部分，似乎是通过挤占对青少年发展很重要的其他活动时间而间接产生的。因此，这不仅是错失机会的问题，而且还包括缺乏真正的社会交往、锻炼和睡眠等，这会增加健康受损和学业成绩下降的风险。

美国儿科医生专业协会已将这一想法开发成一款应用程序。在输入年龄以及家庭作业和社交活动所需的时间后，该应用程序会自动添加建议的锻炼和睡眠时间，并一步计算出孩子在屏幕前玩乐的最长时间。

屏幕成瘾，这真的可能吗？

什么是上瘾？

在我的研讨会和讲座中，我有时会问参与者："你还记得你只读了一封电子邮件，然后立即回到你的任务中的情况吗？"这种情况几乎不再发生了。如果有人打开一封电子邮件，紧接着就会打开另外15封电子邮件，在25%的情况下，这个人不会返回他们原来正在处理的任务。

为什么只看一条消息、一封电子邮件、一个视频如此困难？我们真的会沉迷于应用程序吗？答案是响亮的"是"，即使我们只能发短信、接电话、收电子邮件，就像一些父母曾经用过黑莓手机一样，用户们也会忍不住一直停留在电子邮件上而不是很快回到他们原来的任务上。

即使你只能在黑莓手机上阅读电子邮件，你仍然可能会对手机上瘾，即使仅仅因为它能随时随地接收电子邮件，而且会一直试图吸引你的注意力，并尽可能多地获取你的信息。

尽管 Everquest（无尽的任务，一款角色扮演游戏）是一款相对原始的游戏，没有使用 Candy Crush（糖果传奇，一款消除游戏)和现代射击游戏的高级成瘾技术,但是玩家们也将这个游戏称为"持续破解"游戏,玩家们在持续通关游戏的过程中渐渐上瘾。非常复杂的游戏也越来越朝着故意让人上瘾的方向发展。比如元宇宙,元宇宙是全网互连的虚拟 3D 空间,用户可以在其中环顾四周,进行互动,这使得现实与虚拟分离变得更加困难。

对很多人来说,不断伸手去拿手机是个坏习惯,一项调查表明了当人们找不到手机时的感受:73% 的人感到恐慌,14% 的人感到绝望,7% 的人感到不适、恶心,6% 的人感到如释重负[11]。在英语中,这称为 Cellphone Separation Anxiety(手机分离焦虑)。

坏习惯和成瘾之间的区别在于,一旦成瘾,你就不再可以自由选择,你已经失去了控制。此外,你不能停下来,即使消极的身体、心理和社会后果是显而易见的。这种行为已经成为自动的、反射性的和强迫性的,不再受思考脑有意识的控制。成瘾者自己通常会否认这一点,即使他们周围的每个人都认为他们的行为已经算是成瘾行为。我在关于我们大脑中的快乐、动机和奖励回路的章节中解释了这种成瘾是如何在大脑中产生的(见第 192 页)。

2011 年,为了写作《释放你的大脑》一书,我对 1152 名管理人员和专业人士进行了一项调查,我在调查中借用了一些心理学家用来快速评估某人是否对药物上瘾的问题,并将原问题中的药物名称替换为"上网"。填写问卷中 20% 的人实际上可以说已经有了成瘾症状。

那些并不愿意承认自己上瘾了的人会说:"这取决于你对成瘾的定义。"好吧,让我们保持简单的定义:成瘾是一些人无法停止的行为,即使他们知道这会对自己和他人造成严重的不利后果。将成瘾视为一种行为很重要。上瘾不在于产品,而在于我们获得它的行为。此外,并不是每个人都会上瘾。这取决于个性和环境。

自2011年以来,我向许多团体提出了这些问题。十年中,我定期询问公司中负责工厂生产和安全的经理们,来确认上瘾的情况。结果显示,以统一的上瘾的标准衡量的成瘾者人数增加到略高于30%。无论你称之为成瘾还是很难改掉的坏习惯都没有关系,正如其他人的研究表明的那样,这个问题肯定在恶化[12]。

顽固成瘾的12个原因

我们经常做一些明明知道是有害的事情,这与我们大脑的工作方式有关。当反射脑让我们对刺激做出反应时,思考脑必须对此进行理性的制止。第一个大脑说"现在就做",第二个大脑说"停止"。反射脑比思考脑反应更快。虽然它只快了几分之一秒,但这足以让反射脑领先一步做出决定。

在第四部分中,我们将看到青少年更容易上瘾的原因:他们的思考脑的发育落后于反射脑。

此外,青少年一旦迷上电子屏幕就很难摆脱它的束缚,因为奖励网络会改变大脑的化学反应,使他们渴望上网。这就导致他们不断地响应所有信号,这些像幽灵一样的信号使他们不断拿起手机或登录游戏。

唯一的解决办法是培养新的习惯,建立新的反应,这些新习惯的建立和新的反应能力的培养也的确是可以实现的。1958年,90%的男性仍然吸烟,而到今天只有25%的男性吸烟,从这个事实可以看出,新习惯的建立是可行的。尼古丁是最容易上瘾的药物之一,而烟草业几乎不受任何道德约束,烟草企业投资数十亿美元用于宣传——让人们习惯抽烟。但在政府的帮助下，大多数吸烟者还是成功戒烟了，今天，更多人已经可以免受坏习惯和烟草企业宣传的影响。以 Facebook（现在已更名为"Meta 公司"）为典型例子的反社会媒体，其实也在做着和烟草企业一样的事情，他们完全不关心人与社会的发展和健康，投入大量资本宣传社交媒体的好处，以此吸引用户的注意力，诱使用户对这些社交媒体像抽烟一样上瘾。

为了吸引用户的注意力并最大限度地提高点击行为，应用程序和游戏的开发人员使用了数十年来心理学、行为疗法和社会心理学

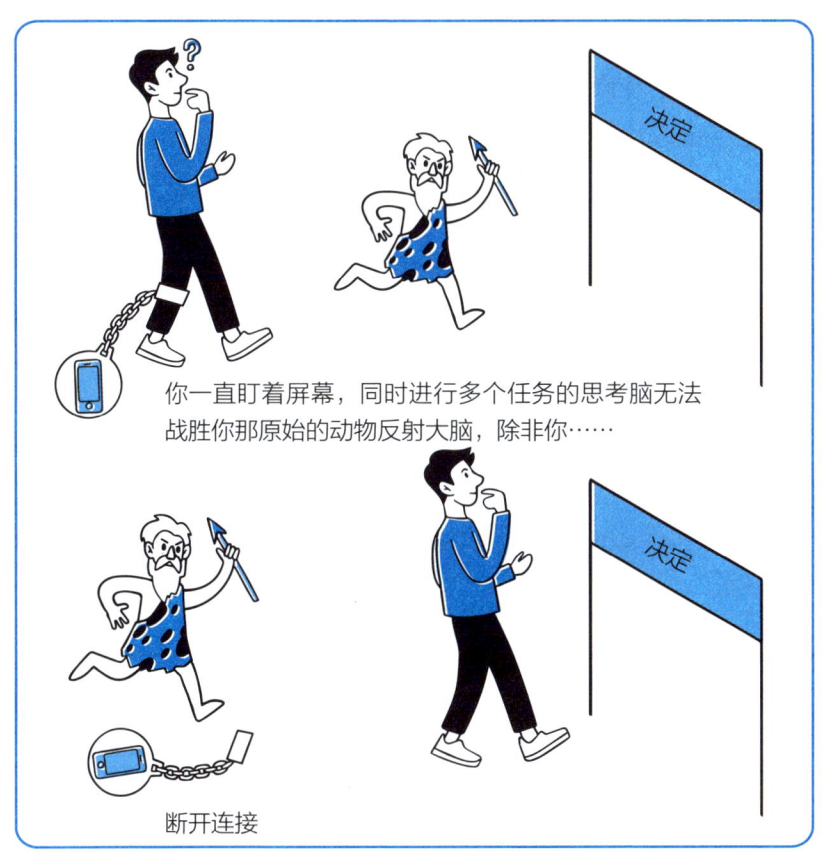

你一直盯着屏幕，同时进行多个任务的思考脑无法战胜你那原始的动物反射大脑，除非你……

断开连接

的优秀科研成果，以及现代前沿的神经心理学研究结果。他们的做法是如此狡猾，以至于他们的用户有时一天会拿起手机超过 200 次。在美国，平均每个人每天拿起手机 100 次。我们拿着手机，使用社交媒体，就是在信息上反哺社交媒体，这无异于免费替他们工作。用户平均每天免费为社交媒体公司工作 3 个小时，这些公司从数十亿次连续免费点击中获得信息，这些信息使得这些公司可以从中赚取数十亿美元。

青少年及其父母都面临着屏幕上瘾的风险。因为我们的习惯主要是由这些习惯所产生的直接后果决定的。定期刷牙成为一种习惯的方式就是一个显著的例子。多年来，牙医一直试图让人们相信每天刷牙的重要性，并以合理的论据告诉人们，通过刷牙才能长期保持一口健康的牙齿，但这一切都是徒然，这样的宣传并没有让更多的人养成刷牙的习惯。直到有一天有人想出了在牙膏中加入薄荷的天才点子，营销人员克劳德·霍普金斯用加入薄荷的牙膏征服了世界，成功做到让每个人都刷牙。带着薄荷香气的口腔和呼吸所带来的直观感受，达成了所有可能的理性论证都无法达到的效果。

1. *我们自然而然地追求即时满足*。始终在线可以持续提供即时满足——从你对新事物的需要，对行动、乐趣、被需要、个体感受等的需要，给予即时满足。

延迟满足是我们必须学习和训练的一种控制技能（见第 234 页）。延迟满足对人们的成功和生活幸福很重要。在一项举世闻名的实验中，研究员沃尔特·米歇尔令人信服地证明，能够在 4~6 岁左右做到延迟满足的儿童会更容易成长为成功人士，他们的学业成绩更高，肥胖、毒瘾和离婚的风险更低[13]。还应该提到的是，多年后的纵向研究也表明，许多在蹒跚学步时无法做到这一点的孩子后来也学会了延迟满足。所以，作为父母，你要知道延迟满足是可以通过适当的教育让孩子学会的。

2. 任何立即给我们带来短暂兴奋感、刺激感和激发活力的行为，都可能导致不良后果，如果我们固执地继续追求这种感受，就会导致坏习惯或上瘾。在远古时代，寻找战利品的多巴胺冲动帮助我们的祖先生存了下来。然而，多巴胺激增并不会带来彻底的满足感，所以我们对兴奋的追求也就不会自行停止。我们可以继续追求那一时的快感，但是这种追求的结果其实是负面的。

3. 失去即时奖励会削弱我们的注意力。当你全神贯注于一项任务时，你不会再得到那种即时满足的多巴胺的刺激，然后你就会感觉自己缺少这种刺激，你会想念它们带来的感受。长时间的专注需要比即时满足更大的个人努力，但是当你很好地完成一项任务时，你会感到满足，而且这种感觉比即时满足持续的时间要长得多。即使多年以后，当你回想起自己当年取得的辉煌成就时，你仍然可以感受到它。

然而，问题在于眼前的短期快乐通常胜过以后的长期满足。如果你选择短期快乐，你往往不会选择那些在过程中充满困难与挑战，但最终能够带来长期满足感的艰苦工作，你只会寻找更快的短期快乐，然后你就会陷入长期即时享乐——我们称为"享乐跑步机"的状态。

如果青春期的孩子努力工作并全神贯注于他的家庭作业，他们的多巴胺水平在短时间内就不会上升，这对习惯于持续多巴胺刺激的人来说会感到无聊。就是这种很无聊的状态，可能是积极休息的好时机。然而，当他在休息的那几分钟拿起手机时，多巴胺开始涌动……半小时后他还在玩手机。

4. 我们自然会养成并保持一些习惯。养成习惯的好处是，好的习惯会让我们的生活变得更轻松，习惯养成后，我们可以在各种情况下都减少用脑，不用思考就可以直接准确执行。

5. 持续与屏幕保持连接已逐渐成为一种习惯，这个习惯的养成过程常常被人忽略，以至于使其变得难以改变。

巴甫洛夫的狗不仅在食物出现时开始分泌唾液，而是只要实验室助理出现，它们就认为自己会从助理那里得到食物，然后它们就开始分泌唾液了，这就是所谓条件反射的结果。巴甫洛夫后来假设，任何与食物一起出现的东西都会引起这种反应，即使根本没有食物。比如，如果在提供食物时伴随响铃声，随着时间的推移，即

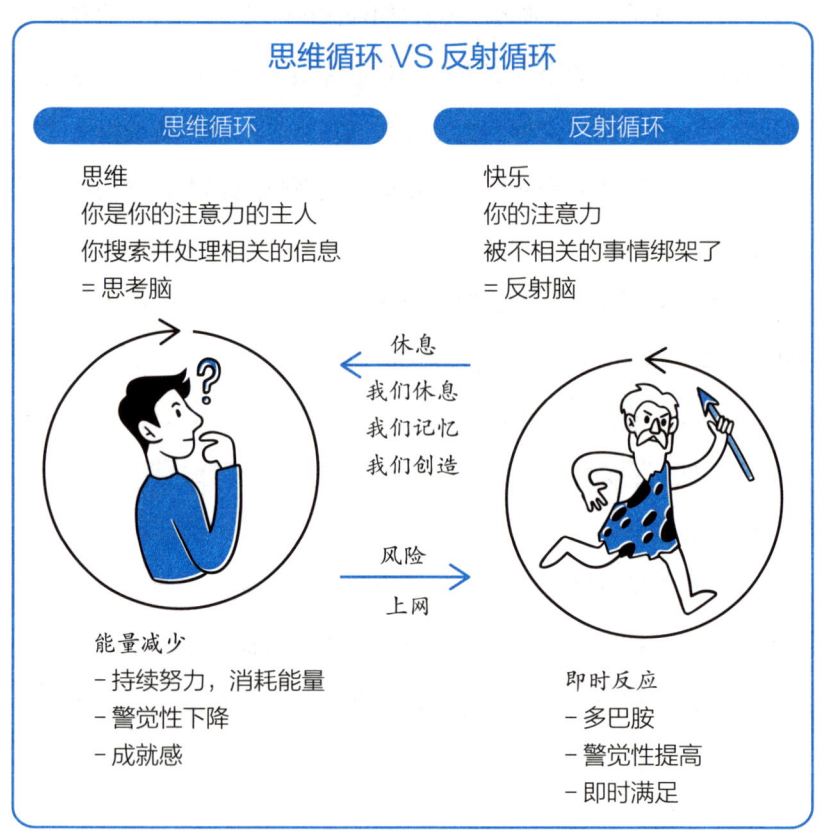

使没有食物，狗也会在铃响时开始分泌唾液。同样的事情也会发生在手机铃声响起的时候，或者当你感到无聊的时候。这种刺激让你不顾一切地停止自己正在从事的活动并拿起手机。一项重要的工作、一次谈话、一项家庭活动——简而言之，现实生活——不会阻止这种巴甫洛夫反应，除非你通过养成一种新的、更好的相反的习惯来解除这样的应激反应。

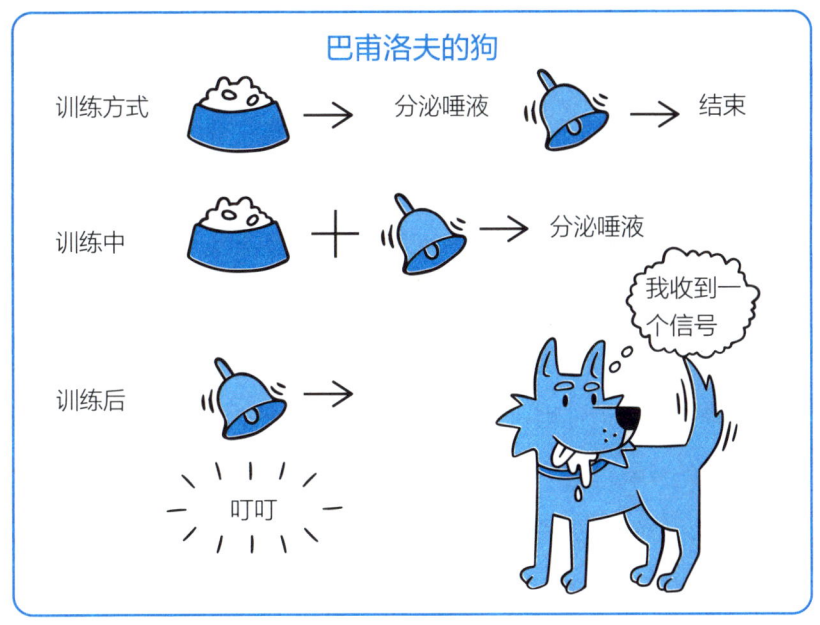

6. **我们天生地通过反射脑快速做出反应，而不是用思考脑做出深思熟虑的反应。**当我们的史前祖先在大草原上与剑齿虎面对面时，如果需要经过深思熟虑才能决定如何应对，那结果将是致命的。在21世纪的丛林中，我们的成功取决于我们的脑力劳动和学习，情况与史前恰恰相反。

7. **我们天生就会发现危险。**危险的信号比和平与安静的信号更能吸引你的注意力。如果你总是保持在线，你就会时刻保持警惕和警觉。每当我们收到一封令人痛苦的电子邮件或消息——或警告我们即将发生危险的消息——它都会增强我们查看电子邮件的意愿。越着急，你就会越频繁地查看手机。时刻保持警惕和警觉会导致慢性及长期有害的低强度的压力。

8. *我们的好奇心与生俱来。*从进化的角度来说，探索新事物是一种反射脑驱动的特征，不需要付出很大的努力。好奇心对生存很重要，关于满足好奇心的探索，大脑可能有自己的特定回路，发现新事物会给你的大脑注入多巴胺。

9. *人类自古以来具有团体协作能力，希望被自己认为重要的人接受和重视。*这是完全正常的，没有人愿意被拒绝。然而，如果你没有安全感，即使是遭到最轻微的拒绝，你也会因强烈的焦虑而反应过度。你会害怕被排除在外——特别是在社交媒体上，有人可以通过单击与你"解除好友关系"。你没有办法让自己脱离社交媒体，而是更加强迫性地检查、徒劳地寻找更多的接受——然后增加了被拒绝的风险。

总之，营销人员和应用程序开发人员利用这种痛苦的恶性循环导致的恐惧感，诱使青少年长时间使用社交媒体。他们非常清楚这种恐惧感在青少年中更为强烈，并且很好地利用了这一点。

10. *我们希望随时了解他人在社交环境中所做的事情。*人类正常的抱团需求，再加上我们天生的好奇心，也会导致对错过的过度恐惧。然后，你会一直担心其他人在你不知道的情况下正在享受积极有趣的体验。在无穷无尽的信息流中，你总会错过一些东西。当你没有安全感时，它会加剧你的恐惧。由此，你自然而然就会想一直在线并知道其他人在做什么。营销人员和应用程序开发人员巧妙地利用这一点来让你与其产品保持联系，这样你就可以始终"陪伴"他们的产品。

11. **我们的虚荣心也在竞争中发挥作用**。让我们看起来比别人更漂亮、更有同情心、做更多令人兴奋的事情、拥有一只更漂亮的猫、跳更漂亮的舞蹈、拥有更多有趣开朗的朋友……然后，为了保持这种状态，我们必须不断地检查自己的手机屏幕，看看有多少人关注自己、给自己点赞。此外，我们甚至愿意牺牲自己的隐私来成就聚光灯下几秒钟光鲜亮丽的自己。

12. **当进行真实的社交联系太困难时，虚拟社交世界可以提供一条逃生路线**。主要由社交媒体和搜索引擎组成的人工智能，旨在找出哪些内容最能吸引用户的注意力，并引发最冲动的反应——点击行为。然后人工智能引导下的大数据算法会自动提供越来越多类似的内容。如果你对关于猪的视频感兴趣，你将在 YouTube 上看到越来越多关于猪的视频。你会立即获得多巴胺的"奖励"，并且每次观看都会出现一系列新的视频，获得更多的"奖励"。内容的供应是无穷无尽的，你可以一直看下去……每次你都会立即得到你要的与猪有关的内容的奖励（因为它已经确定你对这个内容感兴趣，就会一直推送有关内容）。

当人工智能发现愤怒、恐惧等负面情绪增加了你的点击行为时，呈现的内容也变得越来越极端，你的负面情绪也越来越被激起。这样，被操纵的情绪、意见分歧和无厘头的阴谋论就被强化和放大。

结论：这些神经心理和社会机制不会决定你的反应，但会影响你的心理发展。在尝试改变孩子的行为之前，你可能需要先尝试将自己与屏幕分开。如果你习惯了一直在线，就很难停下来——尤其是刚开始时。但请放心，越来越多的人成功减少了对屏幕的依赖。

结束语：我们对未来的希冀
——数字自由的儿童

我知道这听起来有点迂腐，但作为父母，我们有责任释放孩子的大脑，因为适当"保持在线"，也就是我们说的保持与互联网的连接，是有利于孩子们的成长的，但是一直都"保持在线"则物极必反，反而不利于孩子的成长。解决的方案不在于让孩子过上没有屏幕的生活，而在于让孩子拥有面对屏幕的数字自由。

我们对未来的希望不在沉迷于社交媒体的消费者手中，因为他们不是数字自由的，他们也无法拥有数字技能或数字智慧。

我们对未来的希望寄托在孩子们身上，期待他们在未来能够释放自己的大脑，真正摆脱数字成瘾，并且具备数字技能和数字智慧；孩子们不是技术的奴隶，而是技术的主人。因此，在21世纪，他们将意识到，惊人的大脑和奇妙的技术之间的协同作用所带来的更多潜力。要充分发挥这些潜力，唯一的条件就是让孩子和家长更好地了解和遵循大脑的指令，打破大脑的束缚。

第二部分
释放孩子大脑的七种方法

现在，越来越多的家庭开始关注孩子在网上做什么、上网多长时间、上网会影响孩子在现实生活中哪些积极的活动，以及上网会如何影响家庭氛围。越来越多的家长和学校定期向孩子提供信息，告诉他们如果在互联网上遇到不好的事情该怎么办。他们不仅严格限制孩子使用互联网，同时还教导孩子如何真正摆脱数字成瘾。随着时间的推移，孩子们会自主限制屏幕使用，大人们也会渐渐从限制孩子上网的任务中解放出来。

越来越多的父母正在与他们的孩子讨论如何积极利用互联网的巨大优势：不仅可以学到很多东西，还可以做一些有创意的事情，同时建立和保持社交联系。

我们最终的目标是让孩子摆脱数字成瘾，能够自主地与美妙的技术（包括社交媒体和游戏）协同工作，充分发挥自己的潜力。

艾姆克（Imke）和安东有三个青春期的孩子，两个男孩和一个女孩，年龄在 14～19 岁之间。安东本人是一位创意技术爱好者。他曾就读于代尔夫特理工大学，是《结果管理》一书的作者。他写道："在我们这里，Wi-Fi 会在 22：30 自动关闭。然后孩子们会自动从恍惚中走出来。手机必须在楼下或卧室门外充电。我们有一台 iPad，但它不会离开客厅。无论如何，电子产品不允许进入卧室。如果孩子们很早开始玩游戏，之后他们就不会做任何其他事情了。然后他们的多巴胺含量很高，以至于再也没有乐趣了。23：00 后就不能使用任何电子产品，但孩子们仍然被允许在床上看书。在客厅里孩子们不能戴耳机，否则无法交流。当然，餐桌上也不能玩手机。先做作业再玩游戏。下午 5 点以后才可以玩游

> 戏。游戏是完成作业后的奖励，而不是休息。休息时间在外面，不能带手机。或者在楼下喝杯茶。有趣的是，孩子们一开始当然很生气，但后来我听到他们说："我朋友的父母甚至不会阻止他整天玩游戏。但是我不喜欢我朋友这样，因为现在他除了打游戏什么都不做。"或者："真糟糕，和那一家人在一起，他们一直都在玩手机。有时候跟他们待在一起真的很无聊。"

你必须抵制社交媒体、应用程序和游戏，它们日夜不停地抓住孩子的注意力，与你作对。历史上从来没有父母遇到过如此有影响力的对手，这使得他们很难引导孩子的行为和注意力。与当今父母正确管理孩子的屏幕使用所面临的艰巨任务相比，引导婴儿潮一代的孩子戒除电视成瘾简直就是小菜一碟。但是，一些父母已经用行动证明了这是可以做到的。作为父母，你拥有对手所没有的优势，尤其是如果你在孩子拥有自己的屏幕之前就开始直面这个对手。

作为父母，你并不孤单。青少年对屏幕的使用完全可以受到家长和学校的监督。正如一些学校正在做的那样，在学校完全禁止使用手机无疑有利于学校的管理，也有利于青少年，但前提是学校也要教会青少年如何以智能、健康和高效的方式使用智能手机。如果学校没有做到这点，所有责任就落在了父母的肩上。因此，在我看来，最好的办法是学校与家长一起解决这个问题。也有学校有自己的方法来解决孩子们的这些问题，他们年复一年地持续开展数字素养学习活动，让年长的学生参与更年幼的学生的课程，并定期组织相关主题的家长会，来不断提高孩子们的自律。这些学校充分承担起了自己的责任。

最初我以为新一代的"数字原住民"会是我们未来的希望，因为他们从小就沉浸在数字世界中，并且会快速自发地学习如何与数字世界互动，也许能比前几代人学得更快更好（后者都是在晚年才学习）。然而，我的研究中最令人失望的发现之一是，大多数"数字原住民"根本无法通过自己的努力拥有数字素养，反倒是网络成瘾的高风险者。"数字技能"一词说明了一切：它是一种技能，而技能只有通过大量练习才能获得。然而，想要向没有数字自由的孩子传授数字技能是毫无意义的。因此，第一步是释放孩子的大脑，让他们重新集中注意力。我称之为"解放"，即摆脱数字束缚，然后掌握并充分利用数字技术。当然，越早让孩子摆脱数字束缚越好。作为父母，你可以做的就是我所说的"释放大脑的七种方法"。

"束缚"在字面上的意思是：通过捆绑、锁链来限制某人的自由；在我们的语境下，形象地说，是指通过吸引你的注意力把你的思维局限在特定范围内。

电子屏幕及其可以做的事情非常令人着迷。危险的是，它是如此迷人，以至于限制了我们的自由，甚至限制了我们的身体自由，使我们变得一动不动，有时甚至一连几个小时被"锁"在屏幕前。

在我们开始讲述七个方法的原理之前，我想提醒你一下，就像脑筋急转弯看似简单其实很难用到实际生活中，我们的建议本身也很简单，但执行操作起来却并不容易。

对于那些看起来很复杂、困难的挑战，我们迈出的第一步往往并不容易——这些技能总是要经过艰苦、持续的学习，才能最终变得轻松容易——对你和你的孩子都是如此。

学习的过程不要气馁，这些过程将一步步进行，通过反复试

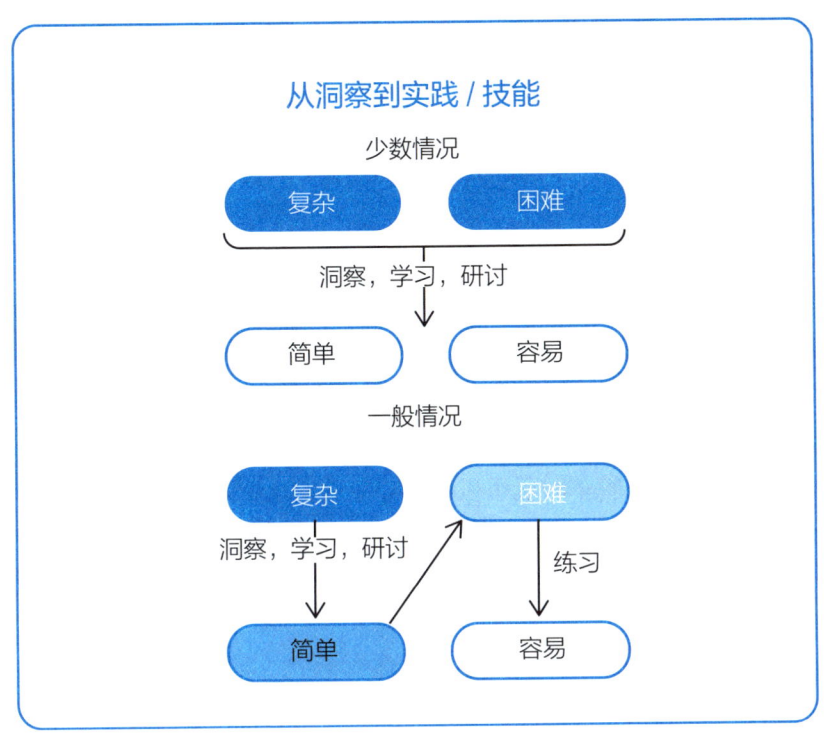

验,或者更确切地说,通过试验、试错、思考,你尝试了一些东西,它或多或少起作用了,你从中学习,调整你的方法然后再试一次。如果某件事失败了,通常并不意味着你做错了什么,而是有些地方需要调整,比如步骤太快或未来的奖励太遥远。

"我发现在所有的执行困难中……设定边界是其中之一,比如我们约定,在提前打开定时器的情况下,每个孩子都可以使用电脑30分钟(在学校和家庭作业之外)。但是真的到了执行的时候,哎呀,每天都在挣扎,尤其是和我们的多动症儿子在一起。有时候,他要求和某个好朋友一起玩,因为在那个好朋友那里,他可以玩一下午电脑游戏。然后,他带着瞪得大大的眼睛回到家,神情激动。这其实并不是好事，问题是，他那个朋友也喜欢和我们的儿子一起玩，他们也会玩很多有益的游戏，跟电脑游戏无关的游戏，比如在户外踢足球，发现壁橱里有什么样的玩具然后一起玩耍。

弥加·达蒙，巴郎·提布口述

最后，关于释放孩子的大脑，我们可以总结如下：将他们的大脑释放到模块化的任务里、思考、存档、发挥创造力、放松（恢复）、对抗压力和倦怠、停止信息过载、真实接触、真正享受、安全骑行（即不在骑车时玩手机，遵守道路安全）。

我们可以在关于大脑的第三部分和关于青少年大脑的第四部分中找到这种方法的理论基础。

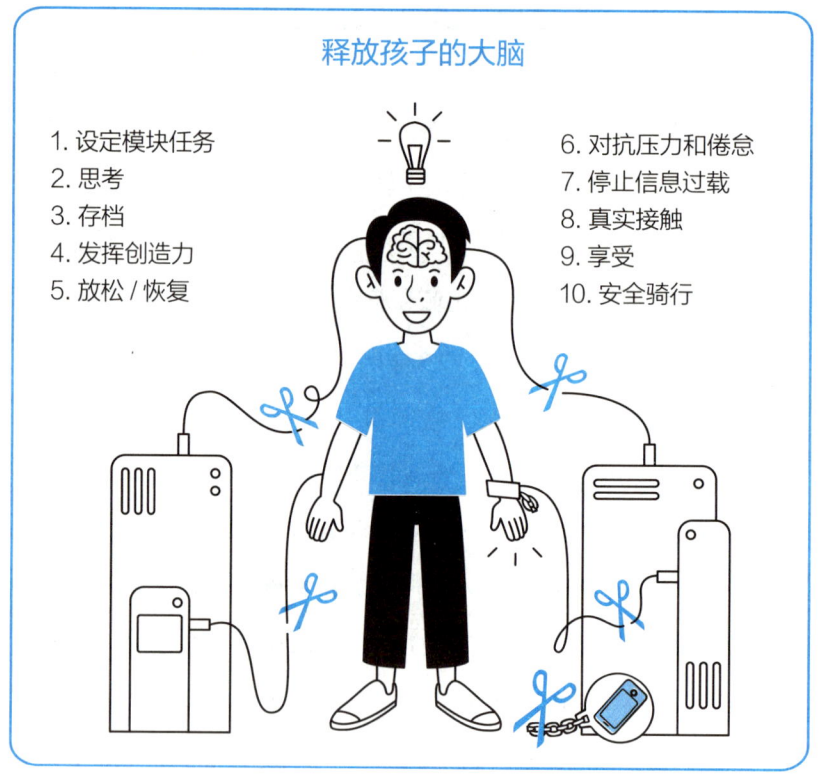

释放孩子的大脑 1：
父母作为孩子的导师和榜样

树立榜样

在关于青春期大脑的章节中，我谈到同龄人对孩子的思维和行为的影响越来越大，但是作为家长你应该相信，在未来很长一段时间内，你将继续对孩子的行为、习惯和价值观（其中就包括屏幕使用）产生重大影响。

你的孩子真的会密切关注你，从你的行为中学习，这远比你的说教要有意义多了。你是否经常使用手机，即使孩子就在你身边？你是否会在手机铃声响起的时候立刻拿起手机，即使孩子在跟你说话？当你和他们一起散步时，你在玩手机吗？当你们坐在一起用餐时，你们在看电视吗？还是因为当他们放学回家时你把手机收起来了，孩子从你那里了解到自己比你的虚拟朋友更重要？孩子是否从你那里了解到家庭聚餐很重要，因为当你们一起坐在餐桌旁时，你会把手机调成静音？他们是否看到了你没有把手机带进卧室？为什么不问问你的孩子对你的屏幕行为有何看法？他们希望看到什么不同？

当然，从长远来看，你对青少年行为的影响要小于对儿童的影响。当孩子们还小的时候，你要充分发挥作为父母和导师的榜样作用，这对你自己也是有好处的。尽管本书内容主要针对的是青少年，但你也可以借此机会实现自我成长，成为孩子的良师益友。

两年前，我与一位在幼儿园教师培训方面有丰富经验的教育家交谈过。她告诉我，她从幼儿园老师和家长那里收到越来越多关于3~6岁儿童的问题，孩子们在不被允许使用平板电脑或手机时发脾气，例如当他们不得不停止使用电子设备，或当父母在用完之后把他们的平板电脑收起来的时候，他们就会发脾气。进入教室后，他们就会无精打采地趴在桌子上。

大约五年前的一次电视节目中，我们将4台平板电脑带到了一个通常不使用平板电脑的8个孩子的幼儿园班级，并向孩子们解释了4个简单的教学游戏是如何玩的。他们很快就学会了。15分钟后，一个女孩觉得很无聊，一遍又一遍地敲敲这敲敲那，以听到一些旋律（通常小朋友无聊了就是这样），然后开始玩玩具屋。一个男孩放弃了，开始用乐高搭建东西。其他人继续玩平板电脑。当他们不得不停下来时，其中两个孩子非常生气（他们已经开始有一定的上瘾症状了），一个男孩甚至因为没有立即拿到平板电脑而愤怒地用牙齿咬了同伴。

当屏幕被强行拿走时，很多孩子会对他人产生上述的攻击行为。有些孩子会哭泣，无法思考手机以外的娱乐活动。如果出现上述迹象，则表明孩子已经失去了数字自由，并且可能已经沉迷于应用程序提供的多巴胺刺激。你可以将这些剧烈反应视为戒断症状。

这不是灾难，而是一个警告信号，表明你需要通过坚持限制屏幕使用，以及鼓励和奖励，来改变孩子的习惯。

如果父母能够在孩子很小的时候就监督他使用屏幕，并与其进行讨论，使屏幕使用的时间成为"优质时间"的一部分，那么他们在使用屏幕时出现问题的风险要小得多，或者他们成为互联网滥用受害者的可能性就小得多。如果你也诚实地告诉孩子们，即使是大人，有时也很难控制自己使用屏幕，这对孩子理解控制屏幕使用也是很有帮助的。

三分之一到一半以上的孩子认为他们的父母花了太多时间在电子屏幕上，甚至有点沉迷于此。当孩子发现自己还没有爸爸妈妈的手机重要时，年幼的孩子会讨厌手机。在黑莓手机时代，参加过我的讲座和培训的人有时也会告诉我，孩子对父母使用黑莓手机的反应非常激烈和情绪化，有些孩子甚至将父母的黑莓手机藏起来，甚至是毁坏。

如果父母经常使用屏幕，那他们的孩子就更容易出现与玩手机有关的行为问题和情绪问题。研究人员为此创造了"低头族"一词，意思是更多地关注手机而不是周围的人。它是"手机"和"低头"两个词的组合，表达的意思是：冷落（蔑视）。这是因为低头族往往以为线上的朋友比身边的人更重要，由此他们常表现得缺乏尊重、蔑视他人。

对于尚没有拥有自己手机的儿童来说，他们尤其会抱怨自己的父母沉迷于手机；而一些青少年则会选择放弃，不再尝试打破由手机筑成的、横在家庭成员之间的"隔阂之墙"，他们也会由此感到更孤独。一旦孩子有了自己的手机，父母很可能会尝到他们自己种下的恶果，他们不会再受到孤独或沮丧的青少年的关注，因为青少年的注意力都转向屏幕了。如果你自己不使用数字设备并且还在家里分时间模块工作（详见"释放孩子的大脑3"），这对于孩子的数字管理是很好的榜样。孩子知道有些时间模块父母是不允许他们打扰的，除非有重要或者紧迫的事情。孩子会认为这不是问题，因为这样他们就可以很容易地在这些时间模块之外，跟你沟通和相处。

父母的监督让一切变得不同

作为父母，如果你知道孩子在互联网上做什么，那么在孩子的管理方面出错的可能性就会小得多。这与许多其他行为问题没有什么不同。研究人员还发现，引入家长的持续监督通常会迅速改善青少年酗酒和吸毒的情况。这些管理，需要父母双方的承诺以及投入特别的精力。

你无法通过谈话解决所有问题，更遑论说教了。尤其是对青少年。作为父母，你必须坚持自己的立场，敢于提出要求并承担结果，无论是积极的结果还是消极的结果。例如，你可以安排时间让孩子适度使用屏幕，但这取决于家庭作业的完成质量，也可以取决于孩子在其他"无屏幕时间"活动中的表现。不要忘记，互联网是名副其实的丛林，没有规则，没有价值观，也无法保护孩子的脆弱性和隐私。没有准备和无人陪伴的儿童可能会在这个没有规则的丛林中迷路并面临严重风险。

然而，对准备充分和受到良好监督的孩子来说，互联网是一片美丽的荒野，他们可以在这里发现和学习很多东西，体验令人着迷的冒险。

如果不想冒任何风险，就需要对孩子进行灵活、理智的监督和引导。你最好和孩子进行一次良好的对话（在这场对话中，你的角色是这么分配的：80%的倾听和20%的交谈），然后渐渐成为孩子在这一方面的导师；有时，你必须做一个严格的家长，设有界限，监督孩子并在必要时采取措施保证规则被遵守。

有许多所谓的家长控制程序可让你监控孩子在网上的行为。这可能是一个很好的工具，特别是对于没有经验的青少年。多媒体网络公司多媒体之家（Media Nest）的一项研究表明，法兰德斯大约有一半的父母正在使用监控程序[14]。你可能会说：不，我从不监视我的孩子！但你错了。如果你对成年人进行监控，并将监控程序安装在他们的手机上是违法的。但是对孩子不是这样，你根本不是秘密地做这些，而是提前与孩子进行良好的协商，告诉他们你安装监控程序是为了共同健康地管理屏幕的使用。

所以，现在最好和最简单的办法就是将相关应用程序安装到孩子的智能手机上。但你要向孩子解释为什么这样做，并且保证你不会一直这样做，而只是在跟孩子一起学习如何养成正确使用手机的习惯的这个阶段才这么做。你可以将这一行为比作初学骑自行车的孩子需要装上练习轮、初学游泳的孩子需要游泳老师的在场陪伴以及使用浮板等。规则会根据孩子使用手机的习惯进行定期和逐步的调整。

同时，监控意味着你与孩子定期讨论他在互联网上做什么、如何做以及持续多长时间。这也意味着一旦你觉得孩子知道互联网上什么是被允许的，什么是不被允许的，遇到问题能够采取相应的措施，并最终建立起良好的网络使用习惯，你就应该逐渐停止监控。

跟孩子的商谈需要做出一些明确的约定，比如孩子们在不经协商的情况下，是不允许安装新的应用程序的。顺便说一句，就像成年人一样，当青少年在监控程序上看到他们实际在屏幕上花费了多少时间以及使用它做什么时，他们常常会感到震惊。但如果你对孩子过度监视，长期关注孩子的隐私，他们就会想方设法骗过你。

通常，根据孩子的年龄和实际情况，你可以在讨论者、监督者、指导者和辅导者等不同角色之间不断切换。需要注意的是，即便角色转换非常顺利，家长也不可以马上撤离，让孩子放飞自我。你可以逐渐给他自主的责任，并逐步减少监管，但不要撤得太快。当同龄人、应用程序，尤其是社交媒体都在将孩子引向其他方向时，负责任地使用互联网对每个孩子来说都是一项特别困难的任务。

当父母扮演监督者的角色时，你要与孩子谈论他在互联网上做什么、他喜欢什么、他发现或经历过什么有趣的事情。这样，如果出现意外情况，孩子就有了可以求助的私人顾问。例如，如果你有一个使用Instagram（"照片墙"软件，以分享图片为主的社交应用程序）的女儿，并且她认为自己的身体形象欠佳，但她完全没有办法控制自己，还是会在社交媒体上展示自己，这种情况下还是直接禁止女儿继续使用该软件为妙。这甚至可以让孩子松一口气，因为这样她就不会因为自己没有参与网络上的自我展示而感到丢脸，她的借口可以非常直接："因为我那愚蠢的父母不允许我上网。"

对小学生来说，我们的准则是：没有充分的理由让孩子在小学期间就拥有智能手机，虽然执行起来并不是那么容易。事实上，学界有许多非常有说服力的理由证明在这个年龄不要拥有手机的合理性。因为年幼的孩子过早拥有智能手机，会让他们面临一些严重的风险。如果你真的需要让孩子能够随时给你打电话，并且保证你随时能够联系到孩子,请给他们一部只能打电话和发短信的简单手机。

然后,当孩子们可以拥有手机时,绝对不要让他们在一天中的任何时候都可以使用。按照约定时间限制使用,到了时间他们就要将手机交给你或其他监护人保管。这一点,你可以通过自己的手机进行控制。请尽快教他们时间模块的方法(见释放孩子的大脑3),让他们在使用社交媒体之前安装监控程序,不要让他们把手机带进卧室。

有些父母不喜欢听到关于父母监督的建议,并说:"我对我的孩子完全有信心。"这往往是无知的结果,有时甚至是一种懒惰。他们没有充分考虑孩子们经验的缺乏和反社会媒体的狡猾程度。我们建议最好谨慎行事,和孩子定期谈论屏幕使用,并达成良好的协议,然后明确如果违规会有什么样的后果;你可以通过安装必要的监控程序来管理孩子的手机使用,并在必要时采取友好但非常坚定的行动。

当孩子学游泳时,你是不是带着"我完全信任你"的口吻立即

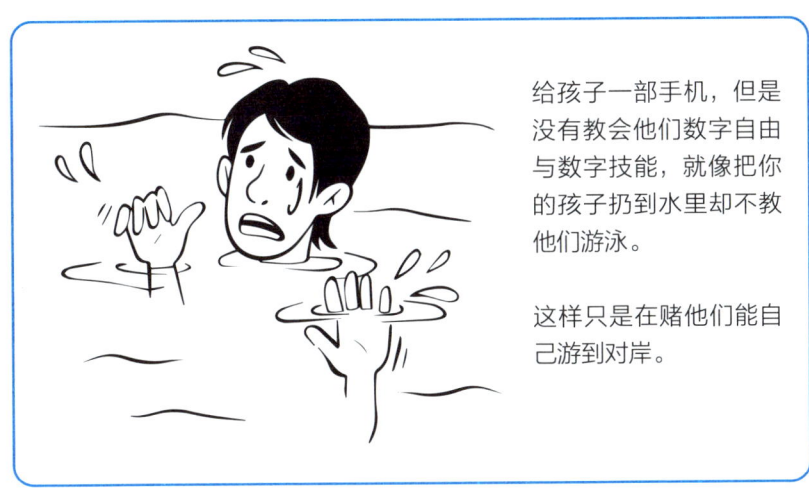

给孩子一部手机,但是没有教会他们数字自由与数字技能,就像把你的孩子扔到水里却不教他们游泳。

这样只是在赌他们能自己游到对岸。

将其投入深水区？你肯定不会，你会让孩子系着救生圈从浅水区开始游泳，然后逐渐尝试取下救生圈在浅水区游泳，最后直到他学会了自己游泳。以此类推，如果孩子会在心理或情感上被淹没或受到伤害，你为什么要让孩子毫无准备地跳入不可知的互联网？

让屏幕成为你的保姆而不是成为让你上瘾的毒贩

偶尔使用手机或平板电脑替代保姆工作，让孩子保持安静，这是没有问题的，例如当你必须工作或在餐厅吃饭时。事实上，在新冠大流行中，你被迫比以前更频繁地这样做，或者比你实际认为的刚刚好的标准，还要更频繁一些地去这样做，这也没有问题。关于到底什么时候必须这样做，并没有固定的标准。只有当孩子使用屏幕成为日常习惯，而不是偶尔由屏幕来充当保姆角色时，才会成为真正的问题。我知道这听起来很矛盾，但这种行为有点像毒贩给孩子喂一种可能上瘾的药物。它还可能导致年幼的孩子被束缚、产生依赖，如果他们没有拿到平板电脑或智能手机，或者在短时间后不得不停止使用，他们会做出极端反应。英国研究人员甚至为此创造了一个术语："tablet tantrums"（tablet 平板电脑，tantrums 发脾气，指不能玩电子设备导致的情绪不好）。电子设备可以成为幼儿的虚拟安抚奶嘴，如果把他们的电子设备抢走，则可能导致幼儿情绪低落甚至失控。

寻求帮助

与我们的认知相反，相比于孩子，成年人并没有更擅长管理自身与屏幕的关系。因为他们自己成长的过程中，电子屏幕是不存在的，所以他们也从未了解过数字自由的重要性，以及自己应该如何去实现数字自由。在与孩子同龄人的父母沟通中，如果你发现大家认为孩子可以使用电子屏幕的理由只是"我孩子班上的所有孩子都被允许……"，那这样的沟通其实没什么用。家长们可以考虑建立一个家长群，在群里就相关话题互相咨询，也可以在家长会上提出这个话题，共同讨论。

学校也在不断探索，有些学校非常了解与家长之间的合作对释放学生的大脑是多么重要。

在一所学校，孩子们与父母一起参加亲子活动，讨论屏幕使用的话题。孩子们可以向自己的父母咨询有关使用手机的技巧和窍门。他们在便条上写下了给自己父母的建议和想法，那些便条放在一个盒子里。活动期间，每个孩子随机抽取一张纸条并读出来。结果很有教育意义，也很搞笑，有时这些建议甚至是矛盾的。

当孩子们被要求想象跟父母交换角色的时候，他们发现自己比父母要严厉得多。例如，他们将允许最多一小时的屏幕时间，禁止将手机带到卧室，用餐时也不能使用手机，射击类游戏也被禁止。

中学第一年，学校的老师在家长会上，尝试就他们认为某个年龄段的"正常"屏幕时间在班级里达成共识，并表达自己的看法，结果是：

——他们同意只使用课程应用程序。老师也被添加到群里，以便他可以在必要时对孩子们进行管理。这样做并没有什么用，因为孩子们会创建其他的没有老师的群，而有些家长仍然希望有一个严肃的、不会有课程以外的信息的群。

——他们还试图就结束时间达成一致。例如：晚上9点之后，不再使用WhatsApp（聊天软件，类似微信）打电话，或者执行"手机就寝时间"，然而这些并没有什么用，孩子们都会违反这个时间限制的规定。

我认为老师从一开始就应尝试与家长一起约定，18：30到19：30之间是学习时间，在此期间大家都不使用电子设备，这样每个人都可以安静地学习。如果是在家里，就确保这个时间段孩子们拿不到手机。

一些家长会互相分享他们发现的有趣的教育应用程序，并且努力地保证如果他们的孩子在一起玩，即使是下雨天，也不会凑在一起看屏幕，而是进行一些积极的其他活动。（P. 奎斯特，加尔文学院）

释放孩子的大脑 2：让屏幕使用变成可以日常讨论的话题

青少年天生好奇，渴望学习。你要尽早开始与他们讨论那些以后会占用他们大量时间的技术和小工具。

对青少年和儿童来说，简单地禁止或限制屏幕使用有时是必要的。但重要的是，这个话题可以公开且定期被讨论。父母的角色是提出开放性问题并倾听。显然，你与孩子谈论事情的次数越多，交流这个话题也就越自然和容易。

与成年人谈论屏幕使用情况的儿童，在数字时代更自由，更安全

我怎么重复都不为过：如果父母从小就指导孩子使用屏幕，并使其成为积极优质时间的一部分，那么他们面临的风险就要小得多。家庭聚餐是讨论各类活动的理想时间，因此，家长有必要确保用餐时间内孩子们不会接触屏幕，并学会在餐桌上更多地讨论工作和学校的日常活动。如果你不习惯，你可能需要一些时间来适应。

没有知己倾诉的青少年，比那些敢于直面屏幕上发生的事情并且愿意与父母、兄弟、姐妹、朋友或老师讨论的青少年，面临更大的风险。错过此类学习的孩子不仅会冒着错误使用屏幕的风险上网，也会加剧他们的孤独感，而且他们还会成为互联网上各种不良

行为的受害者。

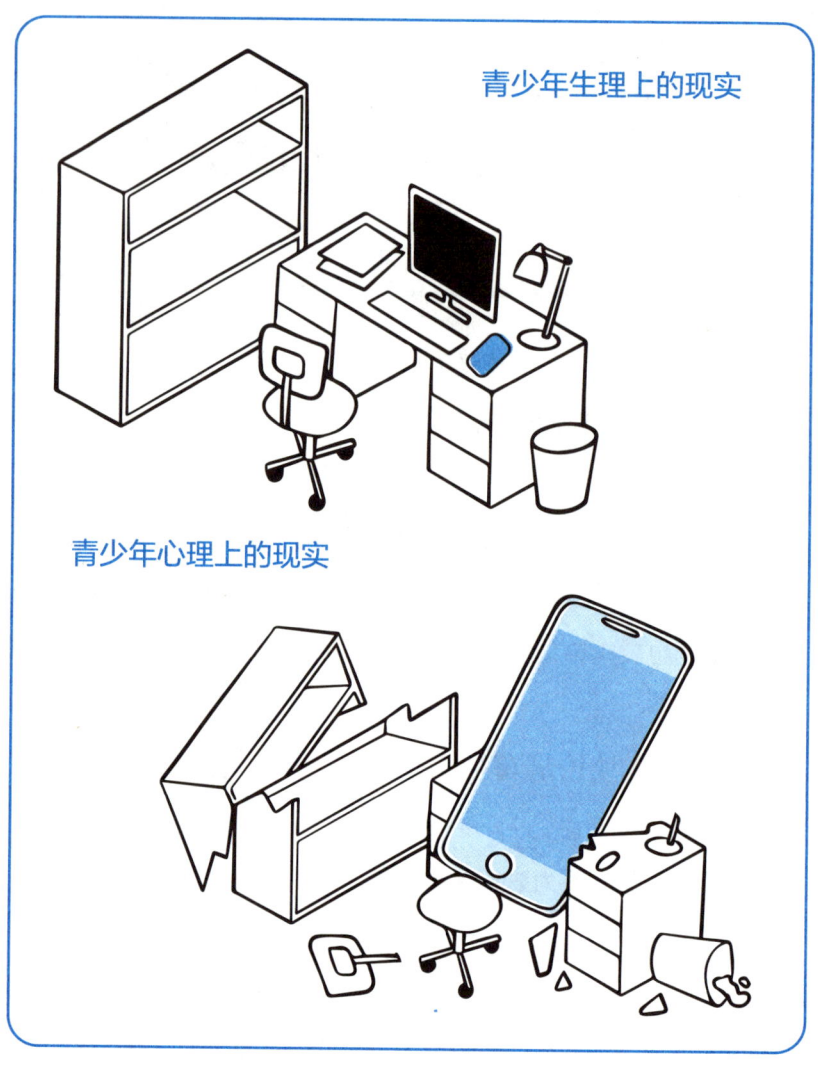

父母和孩子定期进行对话，不仅要讨论屏幕使用时长，还要特别讨论如何使用屏幕。孩子是在与他人互动，还是只是被动地浏览和滚动屏幕，这两者之间有很大的不同。如果孩子没有与同龄人进行真实社交的机会，则滥用屏幕的风险会更大，例如在新冠疫情期间，年轻人看屏幕的时间就会激增。

与孩子讨论社交媒体和其他应用程序的使用及其可能的优点和缺点，他们获得了什么？他们是被动的还是互动的？如果不能使用智能手机，他们会变得焦躁不安甚至焦虑吗？他们注意到自己面临什么陷阱了吗？网络为他们提供了什么好处？他们是否熟悉剥夺思想自由的权威陷阱现象（见第 266 页）？

除此之外，我们还要与孩子讨论互联网上较为严重的问题行为，例如网络欺凌、引诱、色情短信、钓鱼网站、勒索和骇人听闻的暴力内容，以及面对这些行为时该怎么做。如果你在孩子必须自己处理之前就公开谈论它，那么当孩子真的遇到这种情况时，他们也更有可能敢于和你谈论这件事。

大脑的一些基本工作原理

搞清一个人为什么想或不想做一件事，对于孩子们管理自己的行为很有帮助。孩子们总是想知道为什么。仅仅知道为什么还不足以让其改变行为，但这是改变行为习惯的第一步。希望你能在本书接下来的内容中找到很多灵感。

青少年需要了解的关于大脑的最重要的几点是：

1. 我们的思考脑不能同时处理多项任务；你一次只能关注一件事。
2. 当你尝试同时处理多项任务时，大脑必须不断地在任务之间切换。
3. 这些切换会降低你的专注力、记忆力、效率和创造力，简而言之，会降低你的智力生产力，并且会增加你的错误和压力。

4. 清醒、缓慢、容易疲倦、脆弱但精致的人类心灵，需要得到很好的照顾。否则，无意识的、快速的、不知疲倦的、强壮的但原始的、动物性反射的大脑将做出太多糟糕的重要决定。

5. 你的存储脑可以与你的思考脑相媲美。因此，要记住事情，你需要充足的休息和睡眠。

6. 由于大脑持续的"警觉"，始终在线会导致长期的压力。

7. 经常上网意味着缺少运动，充足的运动其实对大脑有好处。

8. 如果家庭中的一个房间里，家庭成员们忙着完全不同的事情，或是开着外放的收音机、电视机，那这样的房间就不适合做家庭作业。想要在这样开放式的空间集中精力，你可以让孩子做一些其他类型的任务——比如将涉及交流、协作、行动和放松的任务灵活地组合在一起。总之，这样的环境肯定不适合安静学习这类的思考性工作。

越年轻聪明的孩子，越能通过与屏幕的不断互动了解他们的大脑真正发生了什么，他们就越有可能在 21 世纪比他们的父辈更自由、更熟练、更聪明地使用数字技术。

告诉孩子互联网是一个潜在的陷阱

需要指出的是，互联网是陷阱这个话题，属于数字技能范畴，而不是数字自由范畴。但若不充分了解此话题，则可能妨碍孩子的数字自由和思想自由。

互联网是现代化快速查找信息的唯一场所，而知识和洞察力唯一存在的地方是人类大脑的长期记忆，在那里，我们的思考脑可以与存储脑密切合作，用它做有趣、美妙和富有创造性的事情。

互联网不是中立的信息来源。很多时候，当孩子在互联网上提问时，他们会被大量错误、无知、无用、欺骗的信息所轰炸。

我自己测试了这一点。早在新冠流行之前，我就提出了一个问题："疫苗危险吗？"经常有一些人，如果他们无法通过理性的讨论说服别人，他们就会迅速诉诸辱骂，或将新冠和各种疯狂的阴谋论联系起来。

当我寻找那些毫无根据的意见和彻头彻尾的谎言的来源时，发现这些原来是完全无知的名人的意见——与基于科学研究的意见相比，它在互联网上的传播速度快数千倍，传播范围更广。顺便说一下，如果你问"为什么要接种疫苗？"，你也能从广受尊敬的研究机构得到一些答案，但这像是在大海中捞针一般费力，而且这都是几年前的事了。

对所有青少年来说，重要的是要学会提出正确的问题，并评估信息的可信度，尤其是信息的来源。然而，为了能够应用这些数字技能，首要条件就是要做到数字自由。没有数字自由，他们将永远无法戒除网瘾、集中注意力和耐心阅读更长的文本。他们也无法判断不断闪过的信息的矛盾之处，以及信息的真实性和可靠性。

所以，掌握以良好的方式处理互联网信息的数字技能，可以减少孩子陷入各种信息陷阱的可能性。

向他们解释"反社会媒体"如何劫持我们的注意力

我们需要向孩子解释为什么互联网如此令人上瘾,为什么始终保持连接并不是一个真正自由的选择。反社会媒体的恶性影响如此之大,我将在第五章用一整章来说明。

释放孩子的大脑 3：唯一的解决办法——分时间模块安排活动

你真的别无选择，如果你想充分利用自己和孩子的大脑，你们都需要学会将工作分成几个部分。这项工作需要持续不间断的注意力。你必须为使用屏幕设定单独的时间模块，以此来确保在其他时间模块里，能够专注于工作和学习。你还应该腾出时间进行无屏幕休息、无屏幕替代活动和锻炼。这听起来显得有点迂腐，但实际上我们别无选择。

最难坚持的是保持持续不间断的注意力

你的孩子在 21 世纪的成功取决于他们能够在多大程度上长时间专注于一项活动。这是迄今为止我所有研究中最重要的结论。

为了变得更健康、更有效率和更有创造力，青少年必须学会保护他们美妙但脆弱且容易疲劳的思考脑，使它免受无休止的干扰，这些干扰激活了原始、不知疲倦的反射脑的注意力，使他们的思考脑的注意力靠边站。

让孩子充分利用大脑的唯一方法（即使不是唯一的方法也是最好的方法之一），就是每天做好时间模块的规划，让他们在每个时间模块里完全专注于特定活动。只有这样，他们才可以尽可能多地减少干扰对其专注力的影响。这不仅适用于学习，也适用于其他活动，如从事一些兴趣爱好活动、运动、与朋友和家人在一起等。

做好日常功课是孩子在学校取得成功的重要因素。如果孩子在保持注意力方面没有得到足够的训练，那引入专注力训练的时候可能就会非常困难。注意力训练就像肌肉训练一样需要坚持，就像我们不会在一夜之间就能跑马拉松。当孩子第一次学会在安静的环境中不受干扰地玩积木时，他们可能只会持续 10~15 分钟。没关系，我们可以从孩子能够轻松处理的级别开始，然后逐渐增加时间。

我们可以使用铃声响亮的老式定时器，确保每前进一步都会得到奖励。当孩子在有限的时间内完成专注力的训练，闹钟响起之后，你可以用屏幕时间或游戏作为奖励来激励孩子。当然，有比玩手机更好、更健康的休息时间，我将在稍后讨论。我们首先关注最重要的事情，那就是训练持续不间断的注意力。

在之前的解释中，我解释过仅仅讨论是不够的，尤其是当涉及幼儿和青少年时，你必须采取行动，将控制权掌握在自己手中，并通过明确的约定来训练他们的注意力，对他们的屏幕使用产生直接影响。最好让青少年在做作业时把手机交给你。

训练持续注意力的原理很简单。然而，这个简单的原则却很难实现，因为存在着一个巨大的障碍：始终保持在线。所以我们需要通过将屏幕使用限制在特定时间模块中的方法来解决这个问题，这对屏幕使用上瘾的孩子来说尤其困难。

每天只有几个使用屏幕的时间模块

你还记得伊拉克战争之前有大规模杀伤性武器吗？好吧，我们的孩子也面临着大规模注意力转移武器：各种应用程序向他们发送源源不断的诱人信息、照片和视频，以吸引并保持他们的注意力。在第五部分中，我谈到技术如何以及为什么将我们的注意力从对我们重要的事情转移到对他们重要的事情上，为此科技公司每年花费数十亿美元。

这种无穷无尽的有趣但不重要的信息流本身并没有错，前提是我们自己决定何时使用、使用什么及使用多长时间。然而，对我们绝大多数的孩子（和成人）来说，情况并非如此，铃声、提示音和警告音决定了他们关注什么以及关注多长时间。我们真的很难掌握控制屏幕使用需要的自律。那些令人上瘾的社交媒体让人持续分心，对我们的学习、创造性、放松、运动、生活构成了很大威胁。这就是为什么你的孩子有必要把那些无穷无尽的、有趣但不重要的信息分时间模块处理，这样他才可以完全专注于其他活动。

屏幕时间以外的活动比屏幕时间重要得多，这是数字自由的基础。如果孩子能做到这一点，他就可以完全专注于一项活动而不会受到打扰，并再次成为自己注意力的主人。如果孩子能做到这一点，他们就算是为迎接未来做好了准备。未来的成功人士不是花大量时间在屏幕上的孩子，而是那些可以毫不费力地限制屏幕使用时间的孩子，因为他们是屏幕的主人，而不是屏幕的奴隶。

这对孩子的未来是最重要的，但也是最艰难的。也许你自己都无法做到这一点，所以建议你先亲自尝试本章中的建议。当父母对自己存在的问题能够非常开放地去面对和改正，以及当通过努力，父母和其他家庭成员都能释放自己时，孩子们会很乐意加入这样的努力中来。

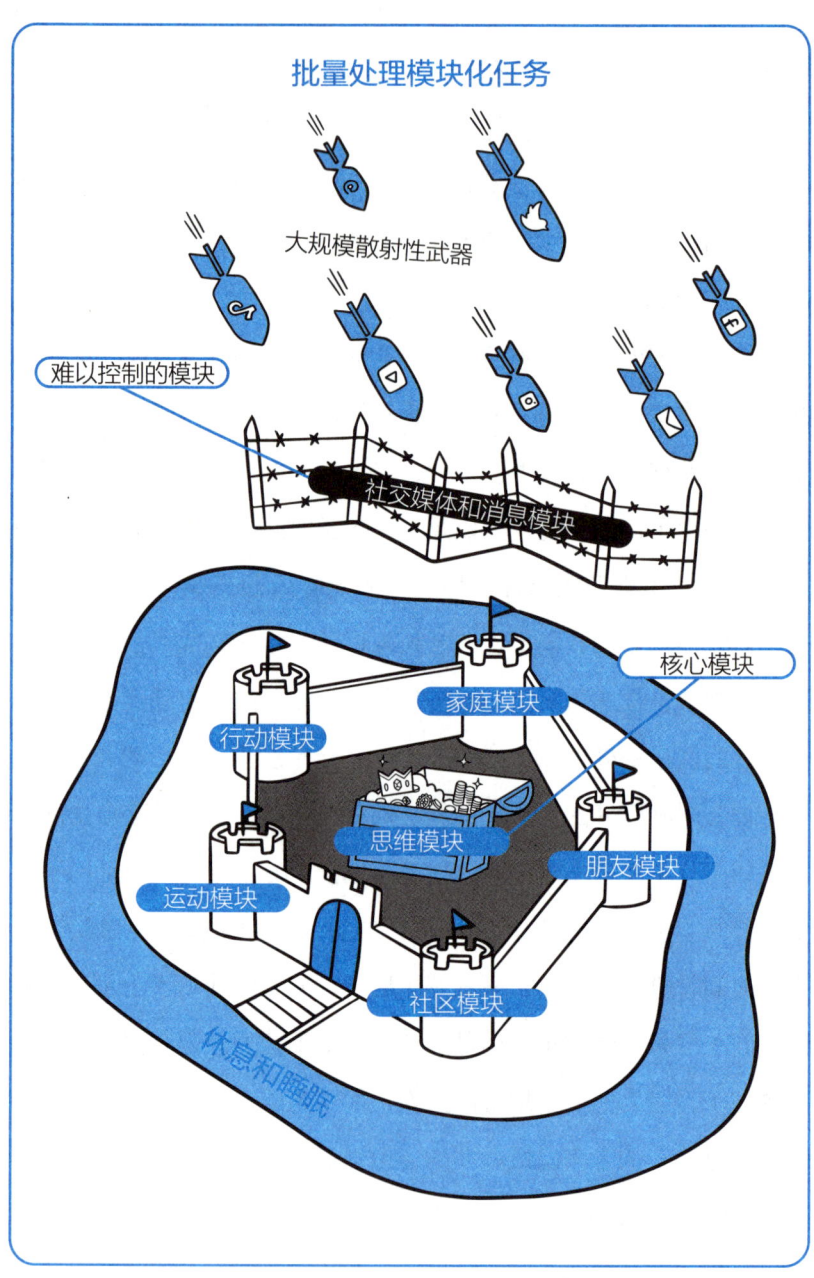

> 我朋友的女儿艾琳（Eline）和她的丈夫以及他们的两个儿子，还有她的哥哥和他的三个儿子一起去度假。每个人都焦躁地盯着自己的智能手机。后来艾琳拿了一个纸箱，在一天中的某些特定时间——当然一般是在晚上，在上面用大写字母写下了"手机旅馆"（让大家的手机在里面休息的旅馆），然后每个人，无论是孩子还是大人，都必须将手机放在纸箱里面。

大一点的青少年自己有时会非常清楚他们的屏幕行为如何干扰或完全阻止其他重要活动，所以他们也会互相寻求支持。

> 一位参加我研讨会的家长讲述了他的儿子皮特的故事。皮特经常在夏天和他的朋友们一起去运河边游泳（这也是被禁止的），有时他们还带着啤酒和薯片，但这种情况下他们都不会带手机。他们每人都买了一台只有电话和短信功能的廉价手机。他们将 SIM 卡装在手机里以便家长们可以联系到他们，但他们不再让智能手机不断干扰他们舒适的聚会。

我认为他们自己发现了与互联网断开连接可以提高他们聚会的质量，这真是非常天才的发现。

有时，父母希望孩子一直在线，他们一直给孩子发短信，有时甚至在上课时间打电话给孩子，这让孩子很为难。这也是一个坏习惯。如果父母希望在一天中的任何时间都能联系到孩子，那么他们就是在强迫孩子一直与外界保持联系。如果你确实感到担心和焦虑，需要联系孩子，给孩子打一个电话或发一条短信，但一定不要使用智能手机。父母如果能使用避免通过与孩子始终保持线上联系的方式去关心孩子，对孩子的发展会更好。

有时，学校也会阻碍孩子的数字自由。学校向孩子的手机发送作业和其他通知信息，让连续不断的信息流向孩子，并默认孩子需要在校外总是能接收到学校的信息，可以及时阅读家庭作业和上课时间的一些信息。如果这样，不妨试图与学校商讨一下。学校应该对此有明确的规定，这样学生就可以安心地离线更长时间，无论如何晚上 7 点以后学校就最好不要发送消息了。

第一步：更好地了解分散你注意力的那些敌人

有研究人员怀疑他们的调查对象是否正确估计了自己的屏幕使用情况。为了对此进行测试，经过调查对象的许可，研究人员在他们的手机上安装了自动记录屏幕使用情况的应用程序。最后的结论是，这些调查对象平均低估了屏幕使用时间的 30%，有时甚至低估了高达 60%。

因此，有必要让孩子记录他使用手机的目的以及他在不同应用程序上花费的时间，这可能对于管理孩子使用手机的习惯是有用且有说服力的。如果全家都参与当然更好玩，因为可以有比较的结果。

在安卓手机系统上，孩子可以通过"设置—数字健康和家长控制"来管理手机。在那里你会看到相关功能简单的概述。孩子还可以使用 Activity Watch（这是一款免费的开源软件，不仅可以安装在手机上，还可以安装在笔记本电脑或台式电脑上），以便更好地了解所有干扰因素。记录这些信息本身就非常具有挑战性。

有了这些信息，我们应该经常问自己和孩子的问题是：我在屏幕上花费了多少时间和注意力？值得吗？比起花两个小时在屏幕上，难道我不能做更好的事情吗？我真的没有什么比这更重要或更有趣的事可做了吗？那真的是我想要的吗？这真的是我有意识的选择吗？我愿意每天免费为那些有钱的科技公司工作3个小时吗？我该如何让碎片化的大脑重新集中注意力？

"我不能做点别的吗？"这个问题不仅适用于学习，也适用于放松、积极休息、与真正的朋友待在一起和充足的睡眠等活动。还记得我举的例子吗？一群男孩在出去玩的时候把智能手机留在了家里。

最好的方法：教他们把智能手机锁起来，以解放注意力

和全家一起（当然包括孩子们）安排时间和地点，这段时间根本不使用屏幕，并将手机放在完全够不着的地方。无论如何，卧室里不能使用手机，吃饭时不能使用手机，家庭度假、郊游时严格限制使用手机，还可以考虑采用之前提到的方案——"手机旅馆"。

你还可以教孩子在一天中的大部分时间里让他的手机处于飞行模式或关掉所有应用程序，除了那些做作业需要用到的网站或应用程序，不要让他的笔记本电脑被网站或应用程序占用。对大多数孩子来说，当他们把手机放在远离自己的另一个房间时，他们做作业的效果最好。

> 迈克尔认为他找到了更好的方法。他曾经训练自己在手机提示音响起时不要伸手去拿手机。20分钟后，他才去看手机。他确实有了一个重要的发现：虽然他没有接电话，但他

的心思却在手机上，这等待的20分钟里，他都没有完全专注在他的作业上。他在心理上仍然想着自己的手机。后来通过我们的训练方法，他有了更多的时间模块管理经验，现在，即使把手机丢在厨房里，即使听到手机的声音，他也能专心工作。

　　顺便说一句，这符合我自己的经验。在我的研究中，我决定再也不使用我的手机，即使是在我的汽车方向盘面板上设置了免提电话。起初我把手机放在后面座位我够不着的地方，但当它开始振动时，我感到压力很大，注意力不集中。直到完全关闭手机几个月后，我才习惯了它，如果真的来电，我开始可以忽略它，平静地、专注地、没有压力地开车，到一个我可以安全停车和打电话的地方我才应答。

有一些非常好的应用程序可以帮助我们减少屏幕使用。有些东西是要付费，但是这么小的投入，绝对值得。请查看 StayFocusd（适用于谷歌浏览器）、FocusMe（微软、苹果电脑和安卓）、LeechBlock（免费开源）、Freedom（付费应用程序）、ColdTurkey（免费增值，微软和苹果电脑）和 SelfControl（免费开源应用程序）。有了这些应用程序，孩子可以在真正的朋友、伙伴的帮助下，抵抗干扰并尝试变得更好。

此外，Forest（适用于安卓、苹果手机、谷歌浏览器和火狐浏览器的免费增值服务）是一个非常好用且简单的应用程序，它像游戏一样。如果孩子需要集中注意力，只需要在软件中设置种下一颗种子并坚持半个小时不看手机，这颗种子就会长成大树。但是如果孩子在这段时间内看了手机，树苗就会枯萎。如果孩子经常借助

Forest软件来集中注意力,他甚至可以种出一整片森林。他也可以和朋友们一起比赛种树。

如何避免让孩子在预设之外使用网络:让诱惑者没办法诱惑我们的孩子

正如我们将在第五部分中看到的那样,社交媒体每年投入数十亿美元来吸引和保持我们动物性反射脑的注意力,不惜牺牲孩子学习、享受、放松、锻炼、睡眠和发挥创造力所需的思考脑的健康。他们使用所有科学技术和资源来使社交媒体对反射脑尽可能具有吸引力,为什么不学习他们的技巧并尽我们所能使它们尽可能没那么吸引人呢?为什么我们不试着让孩子产生创造力,从而来识破那些诱人的转移注意力的方法呢?就像是大卫对抗歌利亚的游击队式的战斗(大卫是一个十几岁的牧童,歌利亚是高大威猛的铠甲战士,但是大卫还是选择克服恐惧而战斗,这里代指勇敢的战斗)。幸运的是,每天都有更多的家长、学校和孩子正在证明保护他们的注意力是可能的。

尽可能删除吸引眼球、诱人的应用程序

这当然是最好的方法。

越来越多年轻人发现,没有Facebook、Instagram、Snapchat("阅后即焚"照片分享应用)和TikTok(抖音)等应用程序,他们也可以过得很好,尤其是当这些应用程序影响了他们与现实朋友的交往时。

孩子们应该尽可能早地学习这一点,当然在青少年时期就应该

一遍又一遍地问自己这个问题：这个应用程序值得我在上面浪费时间吗？我学到了什么？这对我有什么好处？在那段时间里，难道我不能做其他对我更好的事情吗？不一定是做作业和学习，也可以是其他爱好，比如运动或阅读。孩子也可以使用电子屏幕，但不是被动地冲浪几个小时，可以考虑安排不同的内容，比如游戏、写作、拍照和拍视频……任何事情都比被动冲浪浪费时间要好，当然最好还是要有完全无屏幕的活动时间。

孩子还可以安排"无应用程序日"，即不使用某些应用程序的日子，我们可以称之为"排毒的一天"。反过来也是可能的：决定在特定的日子里只使用特定的应用程序或游戏。两者都是朝着正确方向——建立良性的屏幕使用习惯，迈出的一步。

如果你仍然想继续使用耗时的应用程序，但又不想像奴隶一样被动，那么行动起来吧。

如果你还想使用一些费时的应用程序，但又不想成为它们的奴隶：尽可能增加接触它们的难度

如果一个应用程序没什么用但是很有趣，你又不想删除，但是你在上面浪费了很多时间，我建议你建立放缓和延迟使用这个程序的习惯。技术公司使用技术术语"最小化摩擦"来描述他们如何在只要用户有一点兴趣的情况下，尽可能地消除所有阻力和障碍，任何滞后、阻碍、困惑或最轻微的刺激或挫败感都会被消除，他们称之为"改善用户体验"。事实上，他们这样做是为了防止我们的思考脑有片刻时间思考"我真的想要那个吗"或"我是不是已经花太多时间了"，同时，他们希望确保我们继续获得多巴胺刺激。"无尽卷轴"这个功能（就是头条上可以一直翻页的功能）就是一个很好的例子。在页面底部，你甚至不必单击或点击屏幕即可继续；新的页面、视频和照片无休止地继续，必要时可持续数小时。你忘记了自己在哪里，在做什么，感觉恍惚。事实上，你在没有意识的情况下，把自己的思考脑关闭了。

孩子可以从中学到的是，他们应该尽可能多地制造"摩擦"，这样就会有很多障碍和延迟来摆脱他们的恍惚状态，并思考：现在够了。这样他就可以重新控制自己的注意力。

他可以从不在主屏幕上放置容易消耗时间的应用程序开始，并且开始接受在屏幕上放置屏幕使用管理程序。更好的方法是创建一个文件夹，把所有这些诱人的应用程序放进去。在安卓系统中这个操作很简单，将一个你想避开的应用程序拖到另一个你也想隐藏的应用程序之上，就会自动创建一个文件夹，文件夹中包含这两个应用程序。你还可以给它起一个明确警告的文件名（例如：请注意）并使用不吸引人的颜色（最好是深色）。你可以将所有耗费注意力的应用程序拖到该文件夹，然后将该文件夹拖到离主屏幕尽可能远的地方。例如，你必须再点击 10 下屏幕才能到达那里。这样，在使用该应用程序的冲动和点击该应用程序之间，你就有足够的时间来思考，进而改变你的想法，不再使用该应用程序。

另一种制造"摩擦"的有效方法是简单地从手机中删除所有消耗时间的应用程序。例如 Facebook 和 Instagram，只通过浏览器使用它们，并且设置不能自动登录，每次都必须输入登录名和密码，那么孩子掌握反射脑的机会就会增加。如果孩子觉得通过浏览器登录非常烦人，那么这就是上瘾的表现，同时也证明他做得恰恰很对，必须坚持通过浏览器从而增加摩擦时间。在坚持一段时间后，即使冲动感没有立即得到满足，孩子也不会感到烦躁了，这就证明上瘾的习惯已经被逐渐克服了，同时也说明孩子离数字自由又近了一步。

关闭所有通知、铃声、警报和提示音

通知和推送消息是应用程序开发人员阻止孩子控制屏幕使用的最强大手段之一。大多数推送消息甚至不是由人或者"朋友"发出的，而是由计算机系统选择的，这些系统会向孩子发送信息，它们知道这些信息会引起孩子的注意，因为孩子总是会点击它。

通过这些通知和推送消息，这些应用程序（而不是你的孩子本人）可以确定孩子在哪里、何时、出于什么目的以及他最常使用应用程序的时间。孩子成了它们的奴隶，每天为它们免费工作几个小时。孩子掌控屏幕的一个重要步骤，是关闭所有通知，在屏幕使用时间之外，如果有信息打扰到我们的孩子，要及时介入。如果孩子学会了在时间模块中很好地工作并有计划地安排自己的每一个时间模块，他就会发现这些通知不是他所需要的。

理想情况下，学校也教会了孩子们不必立刻回应来自学校的通知，这样，孩子们就可以有计划地将回应学校的通知也安排进自己的时间模块中，且理想情况下，孩子们在晚上 8 点之后就不必再看手机了。

分享有趣的事物可能会给孩子带来朋友们的好印象。这就是为什么应用程序开发人员在努力让分享变得尽可能顺畅，最好是轻按或单击并在两秒内做出响应，然后将孩子带到一个页面，该页面会提供无穷无尽的新信息。此外，科技公司还可以秘密获取与孩子分享内容的用户的信息。因此，家长很有必要教导孩子谨慎进行分享，同时要严格避免在约定的屏幕时间之外进行分享。

将手机显示设置为灰色，使屏幕上的应用程序没有吸引力

反射脑的注意力更容易被鲜亮的颜色吸引，而不是灰色阴影。你可能不会想到，科技公司甚至投入了大量的时间、金钱和精力来研究哪些形状和颜色（以及声音）能让我们最快地从我们正在做的事情上转移注意力。

当你将屏幕设置为灰色（或者说黑白色）时看看会发生什么。我打赌你会发现所有那些诱人的应用程序、照片和视频变得无聊、变得没有吸引力，你将更容易摆脱它们。将屏幕设置成单色调就是为了让无休止地滚动查看照片和视频失去吸引力。

它还有助于对抗害怕错过的焦躁感。在灰色阴影中，你的朋友在你离开时所做的所有有趣的事情都因为没有颜色而变得没有那么吸引人。那些诱惑孩子的应用程序和消息，也会因此失去很大一部分的吸引力。比如，游戏的诱惑力就会减少很多。

另一个优势：如果你的手机设置为灰度模式，手机的电池续航时间就会更长。对我来说，通过自定义就寝时间功能可以完美实现。实际上我发现手机在灰度模式下很无聊，这正是解决问题的关键[15]。

给孩子一块手表（不是智能手表！）

将手机用作手表是造成屏幕成瘾的重要原因。这就好比有人想戒掉尼古丁，但又把手表和香烟盒绑在一起。每次拿起手机查看时间时，你很有可能会立即在手机上做其他事情，尤其是当手机的通知功能处于打开状态时。尽管我不好意思承认这一点，但根据我本

人的经历来说，前段时间我的手表坏了，当我把手机当作手表来使用时，我自己偶尔也会掉进这个陷阱。

通过智能手表收到的信息具有同样的令人上瘾的效果。还是说，你真的认为开发电子手表仅仅是科技公司为了向用户提供方便？如果你这么认为，请务必阅读第五部分。

给孩子一个闹钟

孩子的手机确实不该属于他的卧室。除非孩子像对安抚奶嘴一样对它上瘾或者晚上也想回复消息——那是完全不应该的。我在第202~209页关于睡眠的章节中详细解释了这样做的原因。

手机可以用作闹钟，但这并不是把它放在触手可及的床边的理由。一个功能简单的闹钟几乎花不了几个钱。

作为父母，你可能确实需要晚上也能够接到电话，但你仍然可以设置睡眠模式。你可以设置成只有在15分钟内收到来自同一号码的第二个电话时，你的电话才会响铃。只要你的家人和亲戚知道这一点，那就足够了。然而，孩子确实没有任何在晚上被吵醒的必要。孩子的手机在晚上应该关机并放在厨房里。

鼓励孩子与他人一起解决屏幕使用问题

与他人一起学习新的屏幕使用规则会更有趣，最好是添加比赛的元素。你可以与孩子一起从改善自己的屏幕行为中受益，还可以鼓励孩子与朋友一起做，也可以与全家人一起做。在管理屏幕使用的比赛中，你可以确保胜出者将获得有价值的奖品或有趣的活动奖励。

当孩子出于无聊而伸手去拿手机时，这是一种戒断症状和成瘾的迹象。请你告诉孩子，如果他感到无聊，不要马上拿起电话，而是去做其他事情；例如，培养一种（新的）无屏幕爱好。孩子也可以通过运动来弥补多巴胺的缺乏，最好是户外运动，例如骑自行车、慢跑等。当然，你也可以在室内进行力量练习。

为孩子提供可以无忧无虑地使用所有应用程序的场所和时间

屏幕使用的减法计划（参见第 106~107 页）告诉我们有多少时间可用于毫无心理负担地使用屏幕。你可以根据自知情况延长或缩短该时间。

尽可能少地使用屏幕

在第三部分中，我描述了我们的思考脑在动物王国中是独一无二的，因为它可以让我们抽象地思考并设定目标。不过，我也会在其中解释，我们的反射脑非常有效，因为它可以让我们养成新的习惯。我们可以在不思考的情况下做很多事情，即使是非常复杂的事情，比如开车。然而，不利的一面是，我们也非常善于养成坏习惯，这会严重阻碍甚至使我们精心设计的长期目标无法实现。

反社会媒体也利用了这一点——并不是儿童生来就沉迷屏幕，而是其行为的直接后果让他们上瘾，这是通过刺激大脑中的愉悦网络实现的（第 192 页）。同时，这也恰恰是改善儿童屏幕使用行为的解决方案，光说是没有用的，恰恰相反，唠叨和说教只会增加孩子的上瘾行为。你必须确保孩子的屏幕使用行为是有后果的，例如，若孩子遵守了你的规定，你要给出相应的奖励。

后果不是惩罚，尽管孩子可能会这么认为。惩罚是使用痛苦或损失作为报复措施。后果是你组织的针对孩子行为的直接结果，目的是鼓励孩子做出正确的选择。它可以是正面的也可以是负面的。积极的后果会随着所期望的动作的增加而增加，而消极的后果会随着所期望动作的增加而减少。理想情况下，行为和后果之间存在逻辑联系。而作为家长，我们要考虑的是，这些直接后果是否合理，引入这些后果时，孩子们是否因此会有改变，并且孩子们和家长在设置有关"后果"的规则时，是否相互达成一致？

比如，这可以很容易地纳入时间模块计划（第106页）。例如，可以根据学校成绩延长或缩短家庭作业的时间，从而减少或延长屏幕时间。

所以现在的难题是，如何改变不良屏幕行为的直接后果，同时，让孩子在"减少使用屏幕"的目标中获得趣味、价值甚至是动力？重要的一点是，最好基于孩子的接受能力，逐渐增加要求，并确保从第一步开始产生的结果就是积极的结果。

或许你可以自己先尝试一下，训练自己持续不间断的注意力。例如，你可以从15分钟的不受打扰的注意力开始。如果成功了，你立即给自己一个奖励，例如存一点点购物基金。如果在这个过程中你甚至没有想起过你的手机，那就存双倍的购物基金。存够一笔钱后，你就可以奖励自己买一个礼物，否则就永远不给自己买这个礼物。

为了更好地使用屏幕，我们不要吝啬奖励，这是一项为你和孩子带来双倍回报的投资。

接下来，每两三天将断开网络连接的时间增加五分钟，直到达到目标，比如45分钟。这听起来可能很幼稚或愚蠢，但从大量研究中我们了解到，如果你做得对，这个措施对成人和儿童都有效。基本上，你需要做的是，尽可能多地抵抗自己对屏幕上瘾的习惯，一直到断开屏幕连接的行为成为新的习惯为止。这样，远离手机、保持专注就可以成为一种新的好习惯。

对儿童和青少年以及长期错误使用屏幕的人群来说，上述办法很可能无法在短期内见效，这时候，你只需要遵循同样的原则，如果违反规则，就加重惩罚，从而达成养成新习惯的目的。

协议通常对儿童和青少年不起作用，因为他们的反射脑和思考脑就像加速器和制动器一样发展不均衡。稍后我将在第三部分和第四部分中解释这一点。无论如何，作为父母你需要做的就是暂时接管刹车和缰绳。

设置替代性的工作和娱乐模块

仅仅限制孩子看屏幕的时间是不够的，你还需要为孩子提供可供选择的活动以及活动的空间、时间和资源。孩子天生的好奇心和求知欲会帮助你做到这一点。去帮助孩子养成参与更多其他活动的习惯吧，这是你最好尽早开始的事情，这样孩子就会喜欢动手操作和制作东西，调动更多的感官参与，而不是沉溺于网络。让他们四处嬉戏、在户外玩耍、玩棋盘游戏、做手工、踢足球、画画、写字……其中一些活动还可以与积极的屏幕使用相结合：一起上网寻找活动的灵感，一起寻找可以用纸板和胶枪制作的东西，学习如何维修自行车、制作机器人、用气球制作小造型……这个清单可以是无穷无尽的。

这些活动通常不会持续分泌多巴胺，但是会带来一种良好且持久的满足感，那是一种更接近快乐的感觉。

> 最近我遇到了一个年轻的家庭，他们1岁半的小孩正在玩平板电脑。看到他们的孩子可以将星星、正方形、圆形和三角形放进对应的"洞"里，父母感到非常自豪。孩子每次操作成功时，电脑就会播放一段欢快的旋律。我问他们的孩子是否也有真正的玩具，比如一个带有不同形状开口的木制立方体，一个球适合一个圆形开口，一个立方体适合一个方形开口（也就是小朋友在屏幕上玩的那个游戏的实物版）。
>
> 家长的回答是：不，我们的孩子没有这样东西，除了这个游戏，他还可以在平板电脑上玩很多其他游戏，为什么还需要买这个？这些家长没有意识到，当孩子和真实的物品在一起时，他们将获得有更多感官参与的更加丰富的体验过程。
>
> 就在同一周，我遇到了一对夫妇，他们为他们10岁的孩子用电子乐高积木搭建复杂建筑的方式感到自豪……但那些终究只是电子积木。一些家长似乎认为，电子积木和真正的积木也并没有什么两样。

同样，这些孩子在屏幕上学习的内容并没有错。问题往往是孩子仅通过屏幕会学得不透彻，因为他们没有与现实世界中的真实对象打交道。他们为什么不呢？因为他们无法再从数字世界中解放出来！

数字自由的一个重要方面是，你的孩子有足够的自由，可以在现实世界中与真实的人一起做很多真实的事情——即使他们在数字世界也非常活跃和富有创造力。

一旦孩子远离屏幕，打破障碍就很容易了

孩子们无论如何都不能缺少远离屏幕的休息时间和体育运动的时间。我希望我在下面对大脑的解释能让你相信，这些休息对于他们的思考脑、存储脑和压力平衡来说都是必不可少的。

然而，如果你的孩子或多或少对屏幕上瘾，那么定期休息听起来容易，实际做起来却要难得多。

正如我之前提到的，一个始终在线的孩子，他的神经递质多巴胺会不断涌现。这种多巴胺会给人一种愉快、刺激、良好的感觉。然而，因为这种感觉是短暂的，所以这些孩子往往会一次又一次地伸手去拿电话，就像再一次嗑药一样。同时，他们也习惯了这样的感觉，一方面产生了对越来越多"刺激"的需求，另一方面如果一段时间得不到多巴胺，他们就会出现戒断症状。然后他们会感到不那么刺激、不那么好甚至是无聊。因此，他们无法忍受与持续不断的多巴胺刺激源脱节的休息时间（参见"享乐跑步机"，第59页）。因此，对于还没有实现数字自由的孩子来说，定期进行远离屏幕的休息是非常困难的，尽管这对发展数字自由来说是非常必要和有益的。

通过运动来休息的另一个好处是，除了产生多巴胺外，稍微跑步和运动也会刺激其他有益的神经递质，如肾上腺素，这也会让你感觉良好，也可以帮助你的孩子摆脱屏幕。

先确定所有其他时间模块，然后才是专门使用屏幕的时间模块

当所有其他时间模块都被填满时，你就知道孩子可以在屏幕上花费多少时间了。

在我们看来，最好和最有教育意义的方法是美国儿科学会的减法 APP 以及每日活动计划。减法 APP 是一个应用程序，父母可以用它来计算孩子可以在屏幕上花费多少时间，但不包括在屏幕上做作业的时间。除了特定年龄段的孩子应该睡多长时间和运动多长时间外，该应用程序不会规定任何内容，儿科学会在设定程序时，对内容有过充分研究，并遵循确定的原则。父母负责填写孩子每天应该花在所有其他活动上的时间，这样，父母和孩子会自动看到他们还剩下多少时间可以花在屏幕上。当然最好是和孩子一起完成 APP 上的时间计划，互相商量一下计划中的细节。该 APP 还给父母提供了可以与孩子就媒体使用达成的谈判模式和协议，可以让你在这方面投入的时间事半功倍。

屏幕使用减法计划如下：

你孩子的年龄是多少？	
一天有 24 小时。	24
这个年龄的孩子需要睡 9 个小时。 注：该应用程序会自行填写该时间，如果没有该应用程序，你必须自己确定。	9
这个年龄段的孩子应该至少活动 1 小时。 注：该应用程序会自行填写该时间，如果没有应用程序，你必须自己确定。	15−1=14
你的孩子每天待在学校的时间是多少？（例如 5 小时）	14−5=9

（续表）

你的孩子应该花多少时间做家庭作业（包括看屏幕学习的时间）？ 注：与学校讨论这个问题没有坏处。（例如2小时）	9−2=7
你的孩子应该花多少时间安静地吃饭？（例如2小时）	7−2=5
你的孩子有多少时间帮忙做家务、打扫卫生等？（例如1小时）	5−1=4
你的孩子应该阅读多少时间？（例如1小时）	4−1=3
你的孩子应该花多少时间参加课后活动，玩耍，做一些有创意的事情如手工、运动、参加俱乐部活动等？（例如2小时）	3−1=2
你的孩子上下学路上花费了多少时间？（例如1小时）	2−1=1
结果：在这种情况下，你的孩子还有1小时可以使用屏幕。	

如果你也为自己制订一个每日活动计划，并让孩子对你的屏幕使用提出建议，然后一起努力，这种参与感对青少年来说可能会非常有动力。不要忘记，大多数孩子都抱怨过父母屏幕使用过多。

更重要的是，你很可能是70%认为自己的屏幕使用有问题的成年人之一，或者是45%认为自己会上瘾的父母之一。那么这个方案就一石二鸟，同时解决了两个问题！

屏幕使用减法计划的好处是，一旦设定了每天各项活动必需的时间，你就可以根据不断变化的情况，如每天在校时间、学校要求和孩子的年龄来调整该计划。

极端的一个例子是新冠大流行时期，孩子不能上学，而是在屏幕前上课，不能再参加家庭以外的活动，这时你首先要尝试和孩子一起提出创造性的解决方案。

你可以调整时间表。也许你的孩子现在有更多的时间来帮助你做家务，这样你就有更多的时间和孩子一起做事了。

如果基本活动已经尽可能地完成，但孩子花在社交媒体或游戏上的时间仍然比你实际想要他花的时间多很多，请不要太担心。即使你因为工作太忙只能花很少的时间陪伴孩子而感到内疚，在紧急情况下你也不必守着教条。你完全可以暂时放开规则，或者更确切地说：坚持核心，但不排除权宜的解决方案，我们只需在合适的时间制定新的、更合理的屏幕使用规则即可。

此外，在这种情况下，前面提到的第二个解决方案同样重要：与孩子交谈并关注他的感受，了解他担心什么，他是否因为居家学习感到困扰或痛苦。在这样一个潜在的脆弱时期，你要确保孩子不会陷入互联网上的注意力陷阱，这些注意力陷阱会强化那些本来正常和可以理解的负面情绪。

简而言之，这是一项可以与孩子一起做的、很好的练习，可以深入了解孩子的时间使用情况。你可以引导他朝着正确的方向前进，讨论细节并就此达成协议，而不应该死板地守着一些教条的规则。

一旦孩子能通过关注更为广泛的事情，将自己从屏幕上解放出来，那就足够了。

协议、规则和伙伴

理想情况下，你应该根据我上面描述的每日活动计划，与孩子讨论简单原则，并与他协商制订具体的协议。协议比盲目信任更有效。父母还要确保对孩子来说，遵守协议比不遵守协议有更积极的结果。因为我们行为的直接后果，会促使我们养成习惯。信任是美好的，但盲目信任是一个危险的陷阱，所以要遵守所达成的协议，指导孩子进行检查，看看是否按照协议在执行。

对年龄较大的青少年来说，与同伴一起学习时间模块安排是非常有动力的，大家都希望变得更有效率、更有创造力、压力更小。他们可以互相讨论行动要点，互相给同伴施加一点压力，保持专注并互相支持。从我参加"释放你的大脑"成人研讨会的经验中，我了解到这样的伙伴系统是成功的最佳保证。

释放孩子的大脑 4：
让大脑得到足够休息

规律的休息和充足的睡眠是让大脑保持最佳状态最重要的条件。

休息时间

定时休息对青少年的大脑很重要。与大脑的其他部分相比，他们的思考脑需要消耗大量能量。它需要休息才能恢复。休息时，他们的存储脑会利用这些时间将所有信息整齐地储存在记忆中，并为手头的下一个任务寻找信息。最后，正如我们将在"克服压力"中看到的那样，休息对于压力平衡也很重要。

因此，我们要鼓励孩子在没有屏幕的情况下定时休息。如果孩子看到父母在没有屏幕的情况下，定时休息并积极做事，他们也会觉得这样的休息是必要的并且有用的。当然，你在休息时也可以叫上孩子一起做点什么。

最好的休息是在其他人的陪伴下积极地锻炼身体。孩子一天中的大部分时间都在学校度过。然而，在许多学校中，一般的休息时间，特别是自由活动的时间都经常被忽视。不幸的是，作为父母，你对此无能为力，只能尝试通过家长委员会施加影响。

睡眠

充足、良好、规律的睡眠是对年轻人和老年人的大脑功能和身心健康最重要的保障。正如我在第一部分中解释的一样，缺少睡眠和缺乏锻炼是青少年最常见但可预防的健康风险之一。这就是为什么我要拿出一个单独的小节来讲。

青少年一般需要 9~10 个小时的睡眠。并非每个人都需要相同的睡眠时间，因此，通过睡眠持续时间测试来判断孩子到底需要多长时间的睡眠可能很有用。

受生物钟的影响，青少年每天应该在同一时间起床。如果你发现他们在周末睡懒觉，那么其实他们应该在周中每天早点上床睡觉。这也适用于你自己。在第一部分中，我解释了为什么这么多的学生早上在课堂上昏昏欲睡，导致上课效果很差。有两种方法可以解决这个问题：推迟上学时间或重新设置青少年的生物钟。

推迟上学时间？

事实上，一些研究表明，推迟上课时间对孩子的健康以及情绪和智力有积极影响。但实验研究太少，各地的学校在这方面的研究也起步较晚，这导致很少有真正可靠的研究。你不能把孩子当作小白鼠。即使学校和父母觉得值得，实验研究也依然困难重重。可以想象，要让一所学校的一半学生比另一半晚一个小时开始上课，然后在第二年再把这两部分学生的课程时间互换并不容易。即使你想比较同一地区的两所学校，这些学校之间的差异也会很大，也很难得出结论。

推迟上学时间在短期内肯定会产生积极影响，因为孩子会睡得更久。但是，你认为推迟两小时上学的青少年会做什么，尤其是在他们还没有获得数字自由的情况下？他们会调整自己的生活：盯着屏幕看的时间更长，睡得更晚，而这会进一步改变他们的睡眠周期。此外，我们会认为，青少年只是因为各种遗传和生物因素导致学习状态不佳，而实际上他们自己可以做很多事情，来恢复正常健康的睡眠节奏。

重置青少年的生物钟？

唯一可行的选择就是重置青少年的生物钟。这是有可靠的科学依据的，从长远来看也会更有效，实现起来却极其困难：需要青少年学会改变他们的睡眠行为，进而从"社交时差"中恢复过来。

我在本书第一部分说明了以这种方式重置生物钟是可能的，而且每天都有成千上万的洲际旅行者，通过改变他们的行为，重新同步时差，来应对比青少年要严重得多的生物钟问题。

青少年可以做些什么来使他们的清醒—睡眠节奏与24小时昼夜节律以及相关的生活节奏同步呢？方法跟许多成年人为了再次获得充足睡眠也应该遵循的规则完全相同，因为睡眠不足也会对成年人的健康、情绪和智力生产力产生负面影响。那么你应该怎么处理呢？

首先，向青少年解释后果。

对于不良的睡眠习惯，学校可以提供帮助。然而，很少有孩子的行为可以通过良好的解释或说教来纠正。你必须更彻底、更有说服力——不只是更严厉的重申，而是清晰、友好但坚定地告诉孩子们，好的睡眠习惯真的很重要。史蒂夫·乔布斯严格限制他的孩子使用屏幕，比尔·盖茨的孩子直到 14 岁才得到手机，孩子们仅限于在特定的时间和地点使用屏幕，并且不允许他们将手机带到卧室。

——最简单，迄今为止最好但同时又最难做到的：按时上床睡觉。
——在他们应该闭上眼睛睡之前至少 1.5 小时，关上所有屏幕，从而恢复他们正常的以 24 小时为周期的褪黑激素周期。
——每天需要 9~10 个小时的睡眠。给孩子一本纸质书或没有背光的电子书（类似 kindle），这意味着孩子需要一盏灯才能阅读，而不是拿着手机阅读。

请勿将手机或游戏机带入卧室。这比关掉手机的所有声音要好得多。不要忘记，越来越多的青少年在夜间被手机的提示音吵醒，还总觉得自己有必要立即接听电话。

—— 按时吃饭。
——每天 1 小时的中等强度运动。
——最好不要在睡前看刺激的视频和电影。
——下午 3 点后不要喝含咖啡因的饮料，当然也不要喝含有咖啡因的所谓能量饮料。
——请记住，睡眠不足和昼夜节律紊乱会导致孩子的血糖水平失控。这就会导致，在一天中的某些时候，他们对甜食和垃圾食品的需求更大,然后他们就开始进食和吃零食,这进一步扰乱了血糖水平并使他们出现肥胖的问题。这也让他们更难坚持正常的用餐时间。对一些青少年来说,知道充足的睡眠可以帮助他们控制体重是一种激励。

——周末不要睡得太晚,要尽量在一周中的每一天都保持相同的起床—睡眠节奏,尤其是每天尽量在同一时间起床。即使他们睡不着觉,早点上床总比晚起好。睡懒觉确实有助于弥补他们因睡眠不足而导致的身体疲劳,但却完全无助于修复因睡眠缺乏而损伤的脑力。相反,虽然听起来有些难以理解,但睡懒觉甚至会加剧上述的问题。睡懒觉也会导致"社交时差"。不过,只要坚持基本的原则,孩子们也不用强迫自己永远不睡懒觉。比如,如果他们在一周内获得足够的睡眠并坚持规律的睡眠模式,那么周末的一个晚上偶尔放松也没有问题。

——作为家长,如果学校通过使用学生的手机,作为弥补学校自身缺乏组织能力的简单解决方案,你可能需要对学校提出建议。

如果你的孩子到深夜仍在接收学校有关课程的消息,比如第一节课被取消或课程已更改,那你可能需要要求孩子,尽可能晚地检查他们的电话来确认是否有什么课程信息发生变化,而不是一直在检查手机看是否有课程更改的信息,这样可以避免学校的通知妨碍孩子的数字自由和健康的睡眠习惯。

据我所知,有一所学校已经解决了这个问题,他们同意

学生们在晚上8点后不再接收来自学校的消息。因此，教师将会提前很长时间发送通知。即使有任何意外变化，学校将负责在次日告诉孩子们。

一位老师建议只在每天的几个固定的时间给学生发信息，这样学生们就可以在这些时间之外远离屏幕，至少可以远离学校的通知。

释放孩子的大脑5：
平衡孩子的压力

注意他们的信号

孩子的内心会发出许多压力信号，你可能看不到这些信号，你所看到的只是孩子行为上看起来很微小实际却非常显著的变化。如果有多个这样的信号都出现了，家长要观察这些信号是否持续，或是否会带来其他更不好的结果，我们要观察到这些信号一起形成的总的外部特征。

跟孩子谈论出现的压力信号是很有必要的。不要在全家人都坐在桌旁时问孩子"有什么问题"。因为答案肯定是"不，没什么"。更合适的方法是，找一个单独谈话的时机，描述或写下你观察的结果，这样得到孩子回应的可能性会更大。比如："我最近没有听到你灿烂的笑声，而且你在餐桌上说的话变少了。""我想念你的笑话。我感觉有什么事困扰着你，你想跟我说一下吗？"如果答案是"否"，就坚持问"你确定吗"，如果这仍不起作用，就请用一句话结束这次对话，这样我们可以让沟通保持畅通无阻，比如"好吧，如果你什么时候想和我谈，我随时都在。我们都很想念你开朗的笑声"。记住，沟通中要保持80%以上的时间你是在倾听的。如果父母中另外一方与孩子关系更密切，可以一起讨论这个问题，在这个过程中看看你们中的哪一个更适合对孩子开启一次谈话。

我描述的压力平衡法（见第212页）是一个实用的工具，你可以在谈话中牢记它，或者你可以与孩子一起使用这个工具。

请你用笔记录下面6个关键点：

1. 你对孩子的具体要求。
2. 孩子是否拥有充分的休息、充足的睡眠。
3. 确保孩子书包中携带的物品足以应对上学的需求。
4. 孩子能获得的社会支持，包括实际支持和情感支持。
5. 你的孩子在多大程度上感觉能掌握自己的生活，而不是对生活无能为力。
6. 最后但非常重要的是，孩子对前面五个问题的主观感受是什么样的。

请你认真回答上面这几个问题，看看结果是什么样的。

你还可以教孩子用"按下1分钟暂停按钮"的方法（见第220页）。但是，如果你在孩子已经遇到问题才第一次尝试用这个暂停的办法，一般效果就不太好。所以平时我们要在还没有碰到真正的问题的时候，就开始偶尔以一种有趣的方式练习这个方法，这样在之后遇到真实困难的情况下，这个方法就会更好地发挥作用。

释放孩子的大脑 6：家里的安静角落和学校里的学习空间

开始之前，请你记住我论述的要点：我们的大脑不能同时处理多项任务，任何干扰都会导致时间、准确性和记忆力的损失。对于青少年来说，重要的是他们不仅要远离电子屏幕，而且他们在家写作业时，要有独立的时间和地点，保障他们可以在尽可能少受干扰的状态下，去完成家庭作业。例如，在开着电视或收音机的客厅里学习并不合适，又比如姐姐正在练习吉他，或是妈妈正在开放式厨房准备晚餐，这样的空间也不适合学习。

不幸的是，并不是每个人都拥有足够宽敞的住宅，可以在空间上将家庭作业与其他家庭活动分开。狭窄的房子使专注学习变得更加困难。空间越小，通过良好的沟通尽可能降低干扰就越重要。在新冠病毒大流行期间，一些家长找到了不受干扰地在家工作的创造性解决方案：在卧室或阁楼的一个稍微隐蔽的角落，甚至在浴室里工作。

一些学校允许孩子在正常上课时间后在学校做家庭作业，这也是一种可行的组织方案。或许你可以通过家长委员会沟通这样的解决方案。

说到学校，开放式大教室对孩子学习的负面影响与开放式办公室一样糟糕。这对于一个人智力上的生产力，特别是对于教学没有任何好处。其实科学研究也表明：它只有坏处，开放式大教室唯一的好处是节省学校的成本。

管理教室当然不是家长的责任，但是，如果孩子必须在学校完成需要全神贯注的任务，而教室里其他孩子都在忙于其他类型的任务，父母可以动员其他家长一起采取行动应对这种情况。

释放孩子的大脑 7：多做运动和运动的正确姿势

运动对大脑有好处

休息对于思考脑的恢复，存储脑的存储、检索信息和压力平衡都很重要。然而，并不是所有的休息方式都带来一样的效果。通过活动身体进行主动休息是最好的。运动不仅有益于整体健康，还能

并非所有的休息对于我们大脑的影响都是一样的

健康的生活方式
— 断开互联网连接
— 锻炼
— 健康食物
— 真实的社会接触
— 户外（绿色环境、阳光）

实验研究表明：
与有意识的放松运动相比，社交媒体不会让我们恢复得那么好，并且会导致我们忘记手头正在执行的任务，从而降低效率

促进大脑的血液循环。从孩子的表现中也可以看出这一点,当孩子身体活跃时,他们在学校的表现会更好。

请不要因我在下面描述的锻炼目标而气馁,所有正向努力都是有帮助的。研究表明,每半小时在跑步机上快走3分钟,超重儿童的新陈代谢就会有明显改善!

遗憾的是,学校没有充分地考虑这些通过运动来休息的知识,并且留给孩子们休息的时间太少了。即使孩子们终于有休息时间了,通常他们也是被动地去运动。

青少年应每天进行1小时的适度强度运动。这样做的目的是锻炼他们的心肺功能。他们应该每周进行3次增强肌肉和骨骼的活动,例如运动、跳舞、健身、长距离散步或密集的户外活动。

如果学校不配合完成这些运动指标,那对家长来说将是一项特别困难的任务,尤其是在大都市的小公寓里。不过,城市也为孩子提供了许多的课后体育活动机会。请鼓励孩子在学校坐了一整天后进行身体活动:跳舞、滑冰、游泳、慢跑,在俱乐部或广场上运动。最重要的是,要让孩子做他们喜欢做的运动。

每天骑自行车或步行上学的孩子有相当大的领先优势。如果孩子每天步行或骑自行车上下学半小时,而且步伐轻快,那么他就已经完成了中等强度的运动。在荷兰,这相当普遍,在比利时,从学校步行或骑自行车仅半小时路程的孩子仍然经常被送往学校。虽然在比利时骑自行车不太安全,但作为家长,你可以考虑为孩子设计一条安全的上学路线。你可能需要与其他家长和组织合作,让骑车的孩子更安全地上学。

你也可以买一些健身器材(这些东西非常便宜,或者你可以买便宜的二手器材),鼓励孩子参加甚至自己组织比赛(有奖品！）。一个好处是，即使你自己也不喜欢运动健身，你可能在他们的压力下也不得不开始锻炼。

"释放孩子的大脑 1"也适用于这一部分原理：通过自己积极的生活方式给孩子们树立榜样。

> 在新冠大流行期间，一些成年人自己也体验了几乎一动不动在家工作的负面影响，并因此更加注意锻炼。我在电脑上安装了应用程序"StretchBreak（拉伸休息）"，它每45分钟给我一个信号提醒我运动。我没有做伸展运动，而是做了一些力量练习，只有几分钟，但重量足以加快我的心率和呼吸。再加上每天在健身器材上锻炼半小时，这对我的身体和大脑状况产生了明显的影响。

有些父母对爱犬的照顾胜过对孩子的照顾。他们每天遛狗三四次，却从不带孩子出去散步。你不应该等孩子年龄大了才开始让他们养成这样的习惯，在孩子年龄还小的时候，你就可以开始养成定期去公园或游乐场，或与孩子一起骑自行车的习惯。

如果从小就对孩子进行积极生活方式的培养，那么这些好的习惯就很容易养成，因为年幼的孩子会自发地进行很多运动并且投入进去。因此，对于年幼的孩子，你应该特别注意去激发他们去做他们天生就喜欢做的事情。

> 几个月前，我看到一位父亲带着他4岁的女儿慢跑。再往前跑了一些距离的时候，他的妻子接替了他，他自己则飞奔而去。他绕着公园飞快地转了一圈，气喘吁吁地回到了妻

> 子和孩子身边，然后他的妻子也转身飞奔而去，然后继续接
> 力。看得出来，三人都非常喜欢这样一起陪伴的运动方式，
> 对父母来说，这是一次完美的间歇训练。

除了每天有规律的运动外，一个小时的高强度运动对孩子的健康来说应该不算奢侈品，而是必需品。这并不容易做到。但是，如果孩子没有被电子屏幕占据时间，他至少会有足够多的空闲时间。如果孩子有其他爱好，一周进行3次高强度活动可能会比较难做到，但在保证每天适度动一动的前提下，也请每周至少安排一次高强度的活动。

简而言之：对孩子来说，锻炼对于大脑的正常运作是绝对必要的。因此，让他们远离屏幕，活动起来吧！

姿势影响身体、情绪和记忆

不仅让孩子定期运动很重要，而且孩子使用屏幕时的姿势也很重要，这有可能影响他们的工作效率，也影响他们的感受。使用屏幕的姿势并不是很深奥的话题，但处理好仍然很重要。

当孩子坐直并保持头部挺直时，头部就会靠在脊柱上，颈部肌肉的张力最小。头部在颈椎上的重量为 4.5~5 公斤。如果你应用物理学中的杠杆定律（见下图），你就会明白，当头向前倾斜时，情况就完全改变了。每向前弯曲 5 厘米，颈部和肩部肌肉的牵引力就会增加约 5 公斤。研究人员发现，53%~83% 的手机用户有颈部问题，另外一些则是背部疼痛和头痛。网上将这种颈部肌肉和脊柱的紧张和疼痛称为"短信颈"或"手机颈""平板电脑颈"。

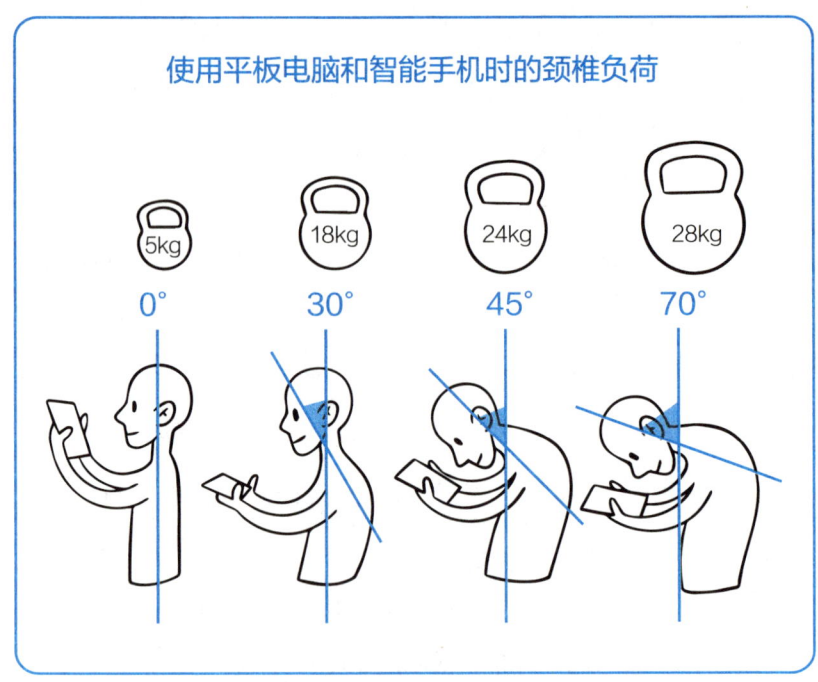

理疗师还报告说，这种问题在新冠大流行期间大大增加，因为许多在家工作的人，他们的工作环境不符合人体工程学原理。

然而，错误姿势带来的不仅仅是身体上的疼痛，还会影响孩子的感受。长期弯腰驼背的姿势会容易产生无力、沮丧的情绪，这显然不利于孩子充分利用大脑。此外，研究表明，以直立坐姿做作业的孩子主观上感觉更有活力、感觉更好、想法更积极并且记忆力更好。

特别是在家里，你可以通过教孩子用正确的姿势使用屏幕来帮助他充分利用大脑，尤其是当他抱怨背部疼痛、颈部疼痛或头痛时。最低的解决方案只需花费 30 欧元，而理想的解决方案则需要花费 230 欧元。

做作业的完美姿势

最低限度
— 不要将笔记本电脑放在膝上 …………………………… € 0
— 购买单独的键盘和鼠标 ………………………………… € 20
— 将你的屏幕放在视线水平 ……………………………… € 10
— 定期休息 ………………………………………………… € 0
最佳条件
— 购买符合人体工程学的办公椅 ………………………… € 100
— 购买更大的屏幕 ………………………………………… € 100

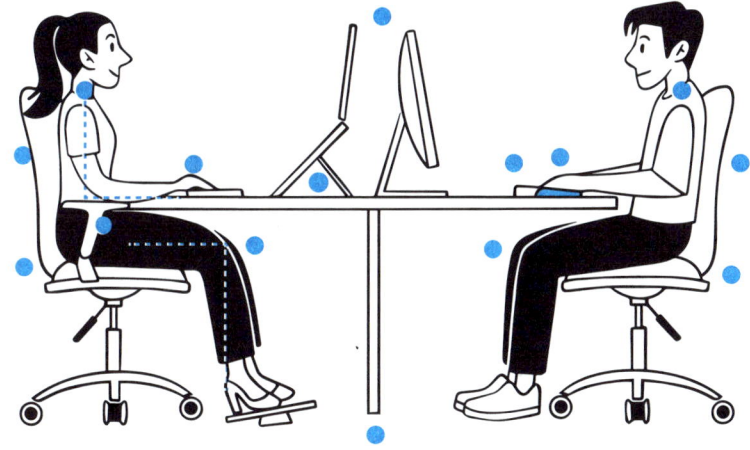

1. 手臂与肩成 90° 角
2. 手腕与前臂成一直线
3. 上下腿成 90° 到 110° 之间的夹角
4. 在椅子上坐得尽可能靠后
5. 将双脚平放在地板上或搁脚板上
6. 将屏幕放在一臂远的地方，将视线与显示器的上沿保持水平
7. 使背部曲线与靠背曲线贴合
8. 使用键盘时不要靠在扶手上
9. 将鼠标放在键盘旁边
10. 使用可调节的笔记本电脑支架、外接鼠标和键盘

结束语：关于大脑崩溃，预防比治疗更容易

当然，最好的方法是防止孩子养成不良习惯或对屏幕上瘾：

——树立一个好榜样，经常长时间断开连接，全神贯注地做其他事情，包括给孩子100%的关注；

——自己也分时间模块工作，留出时间在没有屏幕的情况下关注孩子并与他们一起活动，也要留出让自己不受打扰的时间；

——在孩子还小的时候帮助他们建立使用屏幕的时间模块的习惯；

——将平板电脑视作生活的辅助工具，并为他们提供大量与现实世界中的真实事物玩耍的机会；

——与孩子一起将他的活动分成时间模块；

——通过善意但坚定的限制来监控孩子的屏幕时间和屏幕内容；

——就无屏幕的时间和地点达成明确的协议，并按照是否遵守这些协议进行奖罚；

——教导孩子积极、主动、和其他人一起、创造性地使用屏幕，而不仅仅是被动、孤独地使用屏幕；

——让使用屏幕成为正常和经常被谈论的话题；

——确保孩子有足够的睡眠和锻炼的时间；

——创造一个有许多其他有趣的事情可做的家庭环境。

家庭作业和学习：
从"六个大脑原则"中获得灵感*

即使你正确地应用了以上方法，作为父母，也许你有时仍然会为如何帮助孩子在家或在校学习而苦苦挣扎。我向我另外一本书《从崩溃的大脑到专注》的合著者之———大脑中央学习研究所所长格蒂·威瑞克（Gertie Verreck）寻求建议。她的建议如下：

从大脑的角度来看，发展和学习就是脑细胞之间形成新的、牢固的和广泛的联系。作为父母，你可以通过应用大不列颠语言学院（BCL Institute）开发的"六个大脑原则"的科学方法，确保这个过程在青春期孩子的大脑中尽可能最佳地运行[16]。专注、情绪、重复、创造、巩固和感官，这六项原则会带来好的学习结果，并且最终成为孩子学习的动力。

专注：增强注意力

专注的重要性似乎显而易见，然而，专注（或缺乏专注）的影响却常常被低估。你需要有意识地集中注意力来学习：专心学习（不分心）的孩子能够更好地处理和记住信息。

多任务处理是不存在的！大脑一次只能专注一件事。同时学

---

*这一小节内容由格蒂·威瑞克撰写。

习、看电视，或回复朋友的微信，几乎是不可能的。

专注的两个技巧

——让手机消失。因为手机的存在，你不得不有意识地专注学习，不断地在电视、微信、抖音或视频网站之间切换……然后再回到学习上，这就导致每件事情的效率极低，使得你花两倍的时间学习并犯更多的错误，多任务模式导致大脑处于"一直变换"状态！

——以身作则，并确保你能被孩子注意到。身教胜过言传。你是不是不想让孩子每天花几个小时在他的手机上？那你自己要表现出示范的行为。有趣的事实是，最近的研究表明，81%的父母表示，他们花在智能手机上的时间很多本应花在孩子身上。

情绪：让孩子兴奋起来，并刺激他们的"奖赏/动机大脑"

当涉及情绪时，孩子更容易学习和记忆。通过这种方式，化学物质得以释放，从而更容易记住所学的内容。大脑大致有两个情绪系统：恐惧系统和奖励系统。这两种系统都能使大脑产生更积极和警觉的反应。当受到奖励时，孩子会变得好奇……毕竟，前方还有潜在的乐趣。

调动情绪的两个技巧

——比赛。你可以和孩子比赛。青少年通常喜欢融入竞争元素。孩子每天能记住多少外语单词？多项研究表明，与其他年龄组相比，青少年对奖励更敏感。

——放手：给予自主权。一方面我们要给孩子们提供框架，另一方面我们还要保证孩子能够自己判断、做决定。例如：是先学习数学还是外语？从大脑的角度来看，自主权也是一种奖励。自主性可以加强学习的效率和动力。

通过重复来加深记忆

实验证明：我们主要通过重复地练习来熟练某事。我们的大脑神经网络通过重复而变得更加强大和稳健。但是重复的练习会让学习变得乏味，然后很快就会分心，对于这一点，我们是有解决方案的。

重复学习的两个技巧

——根据"遗忘曲线"进行重复学习。重复的理想时间是多少？10分钟后、1小时后、1天后、1周后、1个月后还是6个月后？为了更长久地记住所学内容，过一段时间再重复一遍会更有效。六周后，大脑中的网络变得如此强大，以至于你再也不会忘记所学的内容。

——短暂的休息。让孩子定期从学习中跳出来，并鼓励他们休息一下。这样的休息真的不是浪费时间，因为新建立的联结还在大脑中"酝酿"，孩子的大脑网络因此变得更强大，即使是3分钟的短暂休息也有帮助！

创造：积极投入工作，让思考更深入

我们的大脑喜欢随机自由拼接和创造。比如写一篇关于木乃伊的复杂论文真的可以帮助孩子的学习变得更好。通过这种方式，他就可以学会检索、组合，最重要的是学会了创造。此外，那篇关于木乃伊的论文可能还会在未来对孩子有所启发……在历史课上，他将更快地掌握有关埃及人的新信息。创造也有助于孩子变得更自信和独立。

创造的两个技巧

——练习。鼓励孩子进行模拟测试。测试是一种非常有效的学习方法。通过测试，孩子比阅读材料时思考得更深入。让孩子做一些重复的练习，尤其是从错误答案的反馈中学习。或者让他自己创造并回答具有挑战性的问题。

——让孩子把自己当成老师。尽量安排孩子向你解释所学的内容。毕竟，如果孩子能够根据记忆用自己的话描述他刚刚学到的东西，他就会更好地记住这些东西。

巩固：激活已有知识和联想

大脑是一个强大的联想机器和模式探索者。大脑不断地将输入的信息与已经存储的内容相关联。"我饭过吃了？"虽然难以置信，但你一定能看懂这个句子（虽然字词的顺序完全是乱的），但大脑通常只需要部分信息即可正确处理某些事情。简而言之：你想帮助青少年更有效地学习吗？那就激活他的已有的知识。

建立联想的两个技巧

——助记法、韵律和比喻都很管用。让孩子为课程材料想一些疯狂的东西：一张图片、一个疯狂的人、一首儿歌或一首歌……这样他可以记住最困难和最无聊的知识。

——鼓励多样性。学完英语语法之后马上学习法语语法是没有多大作用的。最好交替进行：语法与文学，然后是其他任务。这样你就可以避免让相同的大脑联结负荷过重。

感官：尽可能多地使用感官

涉及多感官的学习体验更强烈，也更容易记住。通过结合听觉信息（听觉）、视觉信息（视觉）、嗅觉信息（嗅觉）、身体信息（触觉）和运动信息（动觉），可以让学习效果变得更强。感官参与越多越好。

——动起来！运动不仅能强身健体，还能促进你的认知！运动会让脑细胞之间建立新的联系，你的心脏会向你的大脑泵送更多的血液并提供氧气：为你的大脑提供有效的维生素！在我们之前谈到的休息方式中，运动也是我们最提倡的方式之一。

——要学会结合。向孩子解释，使用多种感官可以加快学习速度并使学习更有效。提示：让孩子尝试说唱或制作思维导图。

第三部分
我们的大脑是如何工作的

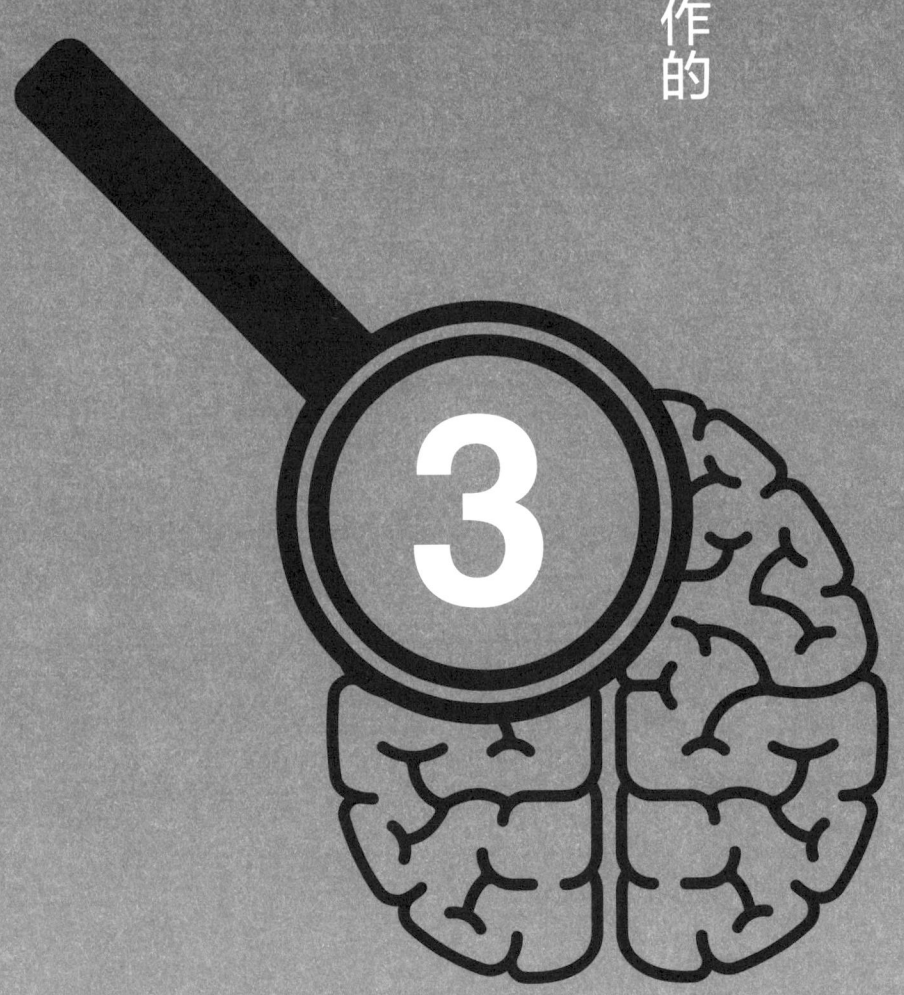

对那些想知道我的建议是基于什么样的理论依据的父母，以及对更好地了解孩子的行为感兴趣的父母，我将尽可能简单地解释大脑的功能。具体来说，需要知道的大脑部分的内容包括：

——错误使用手机、电脑，尤其是社交媒体对我们的大脑有何影响；

——为什么让青少年摆脱电子屏幕更为重要；

——为什么青少年比成年人更难摆脱电子屏幕；

——作为有不同年龄孩子的父母，你如何才能更好地处理这个问题，以及为什么尤其是对14岁以下的孩子，你可以严格要求；

——有一些先天因素决定了为什么男孩和女孩使用屏幕的方式不同，错误使用屏幕的后果也存在重要差异，并且当他们在互联网上遇到不愉快的事情时会有不同的反应。

对想了解更多的读者，我会不定期加一点更深的内容。如果你想进一步了解人脑的工作原理，可以阅读我的详尽著作《释放你的大脑》。

> 我们的大脑就像一个超级网络，有着相当于 1000 亿台计算机的计算能力

你不需要通过解剖学来了解大脑是如何工作的

我们所做、所想和经历的一切都存储在大脑中。因为大脑太复杂以至于我们无法完全理解，所以我们总是使用隐喻和概念来简化它。笛卡尔将神经系统视为输送动物灵魂的管道网络。弗洛伊德将大脑的功能比作液压系统。此外，大脑还在过去被比作时钟、机器、电气系统，以及用于信号传播的无线网络。

今天，我们认为这种对大脑的看法原始得可笑。我们将它与今天所知的最复杂的仪器进行比较：计算机、硬盘、处理器、网络、物联网等。这些比较有助于我们了解复杂的现实。然而，我们需要明白，这些比喻仍都只是对大脑的简单描述。当我在本书后面将神经元与计算机进行比较时，也是一种极端简化。

要了解孩子的大脑如何运作，你不需要知道大脑解剖学的术语。重要的大脑发育发生在青春期和青少年期，了解额叶的位置，尤其是它的一部分——前额叶的位置是很有意义的。青春期和少年期的重要发育过程就发生在这里。了解这一点有助于更好地理解和管理孩子使用屏幕的行为。

几个世纪以来，科学家们通过对一部分因事故或出血而受损的人类大脑的研究，以及对一些动物大脑被选择性地损坏或刺激某一部分大脑的情况下会发生什么的研究，来找出大脑每个部位的确切功能。

这种为大脑的每个功能寻找确切位置的思维方式与现代科学研究的结果并不一致：因为那些位置只是大脑整个网络的一部分。而fMRI扫描极大地促进了大脑研究。

什么是MRI和fMRI扫描？

你可能听说过扫描，也可能听说过MRI扫描。MRI代表磁共振成像。这是一种安全且无痛的测试，并且与X射线或CAT和CT扫描不同，它不使用辐射。

MRI使用一个非常强大的磁铁和无线电波，这块磁铁重达几千公斤。它们一起测量和操纵我们体内氢原子的磁性。我们体内的物质89%是水，而水分子由氧原子和氢原子组成。一台功能强大的计算机可以从三个维度清晰地描绘出你的大脑。这些机器价值数百万美元，但它们非常值得投资，因为它们可以显示你身体和器官的内部结构，而无须用手术刀切开它们。

fMRI扫描使用该系统来测量大脑中的血流强度。fMRI中的f代表"功能（functional）"，因为这种扫描可以显示大脑的活动和能量消耗情况。

当大脑的某个部分或区域变得活跃时，它会消耗更多的氧气，而为了供应氧气，最小血管中的血流量会增加。在你的血液中，氧气由血红蛋白分子携带。如果它携带的氧气已被消耗，它的磁性会发生变化。

如果测试对象执行某些任务、思考某些事情或接收到感官刺激，这样的扫描会准确显示出实验对象大脑的哪些部分变得更加活跃或不那么活跃。强大的计算机将不同的活动转化为图像，甚至是不同颜色，从而产生美丽、清晰、有指导意义的图像。把所有这些图像连起来，就可以呈现出大脑是如何消耗能量的。

无论如何，所有这些研究都导向一个明确的结论，即大脑的各种功能和大脑的部位之间，不只是简单的一一对应关系。例如，我们的情绪并非仅来自所谓的爬行动物那种简单的大脑，而我们的思想也不是仅仅来自前额叶皮层。

这就是为什么我们更愿意稍后将大脑的功能描述为大脑网络。例如，当我们谈论思考脑时，我们指的是前额叶，但这并不是说前额叶才是思维发生的地方，而是意味着大脑皮层的这一部分是一个非常广泛的系统中的一个非常重要的点，该系统与大脑和身体的其他部分都有联系。

神经元的秘密在于它们之间的连接

大脑有时被比作一台超级计算机。这一定程度上是有可比性的，但仅限于一定程度，因为大脑比最复杂的计算机或最复杂的计算机网络（如互联网）还要复杂许多倍。以我们今天所掌握的技术，要制作一个极其精密的人脑模型，你需要一台与最大的空中客车机库大小相当的计算机。它将重达40 000吨，要消耗4个核电站的能量。相比之下，我们的大脑比半个足球还小，平均重量不到1500克（约占体重的2%），功耗仅为20瓦。不少人工智能界人士和媒体根本不够了解大脑，宣称人工智能将很快超越人类智能，简直是在胡说八道。稍后我会阐明这一点。

"爱因斯坦的大脑重1230克，更大的大脑并不会使人更聪明！"

我们每个人大约有1000亿个脑细胞处理大脑中的数据，还有大约800亿个神经元，以及数十亿个鲜为人知的辅助细胞（神经胶质细胞）。处理信息的细胞太多，多到无法准确计数。要知道1000亿个脑细胞是什么概念，我们对比一下：地球只有75亿居民，银河系只有1000亿到4000亿颗恒星，而脑细胞有1000亿个。

信息不是在细胞中处理和存储的，而是在细胞之间不断变化的连接（称为突触）中被处理和存储。正是这些千变万化的联系，在处理和存储信息方面发挥着最重要的作用。每个细胞单元有1000到300 000个连接，那么请计算一下有多少种可能的连接组合？为了方便计算，我想告诉各位，1000亿个细胞每个都有10 000个连接。

这样的计算对我来说太难了。于是我请数学家帮我算了算。公式很简单，但是如果你把我们大脑中的数字代入其中，它会让你头晕目眩[17]。我们大脑中可能的连接组合数量是1 070 000亿个。这是让人难以理解的，尤其是当你知道宇宙中我们目前已经发现的原子的种类是1082个。

现在我们来看看真正让人觉得惊讶的部分。如果这些神经元之间的连接就像在计算机中工作一样，也就是数字化的输入输出。这意味着只有两种可能性：连接或无连接、接触或无接触、"1"或

"0"。然而，我们的神经元根本不以数字方式工作，而是以类似方式工作。这意味着在 0 和 1 之间，在连接和不连接之间，存在着数百种中间状态，这使得可能性是我们计算的数倍[18]。数量多到无法计算。你可以称之为"无限"，但理论上当然不是无穷多。

因此，大脑不是一台超级计算机，而是一个巨大的计算机网络。每个神经细胞和许多辅助细胞就像一台小型计算机，直接或间接地控制着成千上万台其他计算机，进而互相影响。在它们之间，这些细胞不断处理数十亿线程（计算机用语，每一个线程是单独处理一个任务的通道），相互指导并在以惊人速度运行的复杂网络中做出决策。

除了这种巨大的复杂性和无与伦比的存储容量（我们将在有关记忆的章节中讨论）之外，还有另一个原因可以解释为什么与计算机进行比较是对我们的大脑的一种简化，以及为什么不可能同时使用已经存在的——最好的计算机系统来模仿典型的人类智能，即使是最简单的人类智能。在人工智能领域，人们经常引用莫拉维克（Moravec）的悖论："困难的问题很容易，容易的问题很困难。"他的意思是，对于人脑来说非常困难或不可能的事情，对于计算机来说很容易，因为它可以用统计计算来表达；而对人脑来说容易和不言而喻的事情对计算机来说是完全不可能的，因为人脑能够处理意义而计算机不能[19]。

现在你可能认为我夸大了对人脑的赞誉，因为有些计算机在国际象棋、智力测验、游戏等方面击败了人类。这些拥有自学能力的计算机所做的事情是非常有趣和重要的。虽然从技术上讲，它们所做的与我们的原始反射脑所能做的不相上下。甚至，对于其中的一部分，它们做得更快，通常也更好、更可靠。但即使如此，所有这

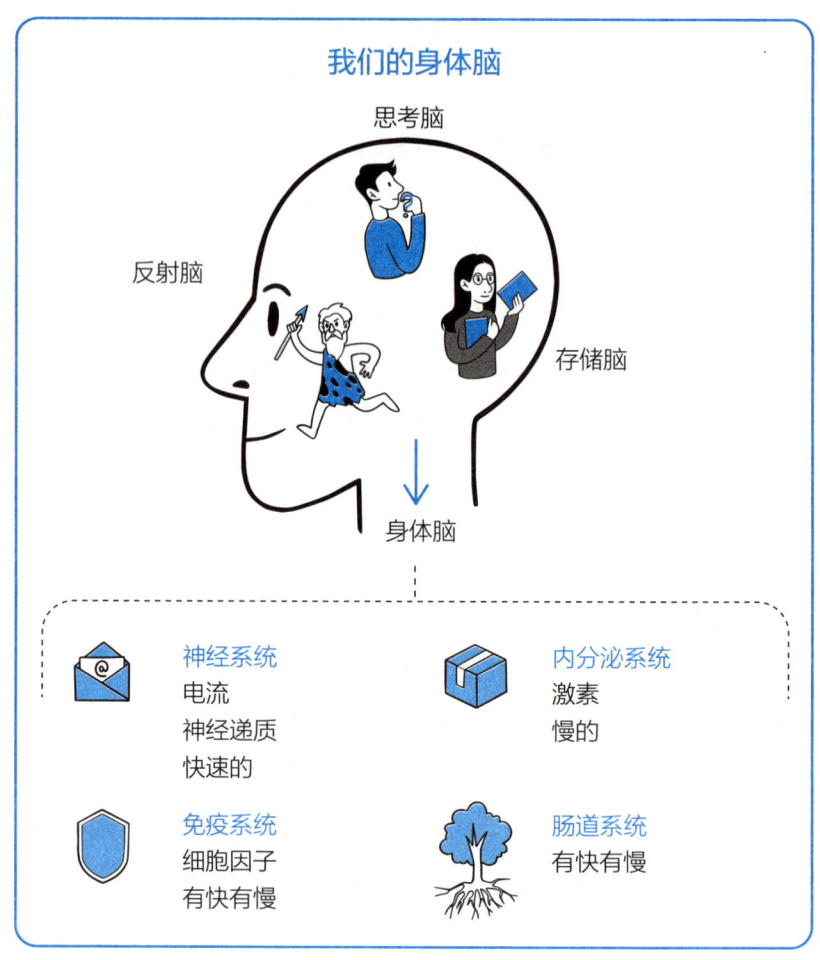

些距离我们思考脑的智能还有很远的距离。

大脑还与我们体内100万亿个细胞中的每一个细胞进行交流，以不断适应内部和外部的变化。大脑系统的分支遍布全身。大脑影响所有细胞的功能和繁殖，甚至影响细胞中的基因。

大脑通过四个系统影响所有细胞：神经系统，通过电流以闪电般的速度做出反应；内分泌系统，通过血液输送激素作为信使，比神经系统响应更慢；免疫系统，一种先进的防御系统，可以保护我们免受入侵者的侵害，例如细菌等入侵者以及"叛乱分子"癌细胞的侵害；最后是肠道系统（微生物种群）。

大脑与细胞的合作是双向的，大脑负责向细胞发出指令，细胞不断地向大脑提供反馈，使其能够高效快速地适应和调整。

整个系统就像在自动驾驶仪上一样自动完成工作。因此，它通常被称为自主神经系统。我们的大脑没有"老板"。你也可以称它为一个由相互联系的自我管理团队组成的系统。

你可能想知道为什么不会出现完全混乱的情况？答案是所有这些活动都由你的生物钟进行同步，就像计算机处理器中的时钟确保所有程序都非常精确地执行一样。

光是这个生物钟就可以写一整本书。重要的是，本书的读者要知道，当孩子因为一直保持在线导致睡眠时间紊乱时，他们的生物钟就会被扰乱。深夜长时间盯着屏幕是打乱生物钟的最有效的方式，不仅对大脑而且对身体的其他部分都会产生不好的影响。例如，熬夜会影响生长激素和确保脂肪正常加工的激素分泌。

睡眠和生物钟的相互作用对于身体的正常运作特别是大脑的工作至关重要。充足的良好睡眠对成年人来说当然也很重要，对尚处于生长发育阶段的青少年来说就更为重要了。

每个神经元就像一台电化学计算机

大脑中的信息处理是由专门的脑细胞——神经元完成的。大脑大约有800亿个神经元，多到难以精确计算。它们使用电流和生化反应的组合来处理信息。关于它们如何工作的原理涉及一些专业知识，但它有助于大家理解为什么屏幕如此令人上瘾。

神经元由细胞体、树突和轴突组成。神经元的轴突就像一根电线，通过电流将信息传递到下一个细胞。例如，从大脑顶部的大脑皮层到小脚趾和背部的肌肉。

在那根电线的末端，即轴突，电流不能简单地跳到下一个细胞，因为两个细胞之间有间隙。然后，电流导致充满化学物质的囊泡破裂。如果有足够多的囊泡同时爆裂，信息就会继续；如果不够，则消息停止。

那些在细胞之间传递信息的化学物质被称为神经递质。"递"是传递的意思，即传递信息的物质。一种众所周知的神经递质是肾上腺素，它可确保我们在压力大的情况下表现出色。但还有其他鲜为人知的神经递质，例如多巴胺，它能让我们保持警觉并兴奋。我们之前谈过多巴胺，它是我们真正沉迷于屏幕的原因之一。

在大脑中，神经元以这种方式不断地相互传递数万亿条信息。它们建立新的联系，相互抑制，相互刺激。

所有的神经元一起形成了一个无法估量的大记忆

这些神经元及其连接形成了我们的记忆。如果神经元像计算机一样工作，只需输入 1 和 0，我们的记忆将可以存储超过 2.5PB，PB 是信息存储的计量单位，等于一百万 GB，相当于可以存储三百万小时的高清视频，你要花 300 年才能看完它。这已经是巨大的容量，但实际上大脑容量是它的倍数（请参阅第 143 页的"大脑的记忆存储容量是无法估量的"）。

许多人认为，我们的记忆力就像在卡片上写下一些东西，你可以将其整齐地存储起来，然后在需要时找到它，当你找到那张卡片的时候，你发现那张卡片上写的和五年前你写的一模一样。不幸的是，对于学校、警察和司法机构来说，他们不认为我们的记忆是这样的。将我们的大脑与录音机和计算机内存进行比较也是不合适的。与人类的技术相比，人脑的独特之处在于，人类的记忆是活的，并且非常活跃，连接不是固定的，它们在不断变化。感觉刺激会导致多个神经元一起做出反应。它们在一起互动的次数越多，相互之间的联系就越牢固。提供相同信息的次数越多，我们忘记它的可能性就越小，特别是如果我们全神贯注的话。

大脑的记忆存储容量是无法估量的

事实上，大脑中记忆的存储容量比我上面描述的要大得多，因为我们的大脑不像计算机那样只能存储0和1。我们的神经元像模拟计算机一样工作，在开和关之间、1和0之间有一个完整的变化范围，这取决于囊泡的饱满程度、有多少囊泡、裂隙中已经存在哪些神经递质、有多少受体在下一个单元格中打开，等等。

在我们的大脑中，数据和内存的处理也不像计算机那样——内存和处理器是分开的。神经元同时是处理器和存储器。这就是我们的大脑比计算机更有效率的原因之一。一台可以以非常简单的方式模仿人脑工作的计算机，需要几个核电站为其供电，才能正常运行。

而且，我们的记忆力其实比那还要深刻。每个人类细胞都包含大约1.5GB的信息，这些信息存储在其基因组中的细胞核染色体DNA中。研究人员认为，你应该将整个身体视为一个大记忆体，因为所有这些细胞不断影响彼此DNA的功能，每个细胞都由自己的 DNA 控制。这意味着我们体内大约有 150 泽字节的信息（"泽"也是信息存储的计量单位，写作 ZB，是 10 的 21 次方字节，是十亿的一百亿倍），而微生物群组中没有这些信息，微生物群组也控制着我们的大脑和身体细胞。相比之下，2020 年所有计算机创建的信息为 35 泽字节。

好的，这似乎有点像理论讨论。然而，科学家们在制造合成 DNA 方面做得越来越好，以便未来可将其用作计算机存储器。磁性硬盘和闪存驱动器的数据密度分别为每立方厘米 0.13 乘以 10 的十三次方到 0.13 乘以 10 的 16 次方个字节（1 字节 = 8 位）。相比之下，DNA 的数据密度高达每立方厘米 0.13 乘以 10 的 19 次方个字节。那是一千倍，而且这些信息不会像其他载体那样在几十年后消失。真实的情况是，数百万年后，我们还可以在化石中找到并破译 DNA 数据。

难怪研究人员梦想使用 DNA 作为永久存储技术。合成 DNA 的实验已经取得成功。使用目前的技术，1 立方厘米的 DNA 已经包含 455 艾字节（即 455 后面 18 个 0）信息。但就目前而言，这仍然需要花费大量的精力、金钱和时间。但话又说回来，四十年前谁会想到我们可以用电话这么小的终端来完成我们过去用电脑那么大的终端才能完成的事情？

激素和大脑

我仔细研究过激素对行为的影响，不仅因为家长经常问这方面的问题，而且主要是因为它有助于更好地了解青少年的大脑，毕竟，激素会影响孩子使用屏幕的方式。多了解一点也有助于理解激素的影响并不像人们和媒体声称的那么简单，例如，男孩被称为"睾丸激素炸弹"，雄性激素与不良行为也经常被联系在一起，这是无稽之谈。

神经递质在神经系统中产生，并以闪电般的速度向全身发送电信号。激素是化学信使，由特殊的腺体产生，例如大脑中的脑垂体和腹部的肾上腺，并通过血液传播。它们通过这种方式到达各个地方，但速度要比神经系统慢得多。

研究激素与行为之间相互作用的科学分支甚至有自己的名字：行为内分泌学。我们将在有关青春期大脑的章节中详细讨论这一点。

性激素对大脑成熟有重大影响。它们帮助青少年逐渐形成成熟的身体、行为和思维。青春期，大脑对这些激素更加敏感。激素还通过神经系统、大脑影响青少年的日常行为。

我们对此的了解主要来自对青春期动物的性激素，以及对大脑或激素系统异常（如性器官缺失）或激素生产停止（如抗癌）的实验研究。对于同意此类研究的成年人，你可以给予大剂量的激素，或者相反，抑制激素的产生，来看看对他们的行为有何影响。然而，在青少年中，这样的研究是不可接受的。

让我们澄清关于激素及其对行为影响的四个误解。

——从来没有简单的"因果关系"或"激素影响感觉或行为"。激素的影响总是双向的。比如，睾酮促进竞争行为，竞争行为也会促进睾酮的产生。1994年巴西队和意大利队打世界杯决赛时，研究人员就有了在赛前和赛后测量支持者体内睾酮的创意。赛前，两国的被试者没有任何区别。

巴西队在最后时刻凭借点球获胜。巴西队支持者兴高采烈，意大利人则深感沮丧。几乎所有巴西人的睾丸激素都增加了，而意大利人的睾丸激素减少了。因此，我们的想法、期望和感受会影响睾丸激素的产生，反之亦然[20]。

——也从来没有一对一的关系，导致某种行为的影响都是相互作用的。例如，除非在攻击性环境中，否则睾酮不会引起攻击性行为。在社交环境中，它还可以促进有益的行为。

——所有性激素都是化学上的近亲。我们稍后会看到，体内的部分睾酮甚至会转化为女性荷尔蒙雌二醇。

——受其他因素的影响，微小的激素也会产生重大的后果，既有有利的，也有不利的。睾酮就是如此，以青少年睡眠不足为例，我们在相关章节中已经了解到——在错误的情况下，青少年睡眠节律的微小神经生物学变化是如何导致了严重的睡眠不足的。

大脑灰质和白质

如果切开大脑，你会看到一层薄薄的、灰色的、折叠成数百层的外层，厚度为 1.5～5 毫米，看起来有点像树皮。这就是为什么它被称为大脑皮层，在拉丁语中是"皮质"。皮质也被称为大脑的灰质，它约占大脑的 40%。

灰质由神经细胞的胞体、携带信号的树突和一些携带信号的短轴突组成。此外，还包括辅助细胞（神经胶质细胞）、突触和血管。下面的白质是包含长轴突的部分（见图），即将信息从一个神经元传递到下一个细胞的电子"电线"。下一个细胞可能是另一个神经元，它将进一步处理该信号，或者是一个需要对其进行处理的器官，例如需要收缩的肌肉或需要制造化学产品的肝脏。所以也有很长的轴突，例如在从大脑向大脚趾发出命令的神经轴突。

大脑皮层对我们的智力、个性、运动技能和感官敏感性起着主要作用。同时，大脑皮层还对计划和组织、处理感官信息、语言和行动至关重要。

皮层下面是大脑的白质，它由皮层中数十亿个细胞之间的连接、与更深的脑核的连接以及与身体的连接组成。这部分是白色的，因为那些连接纤维和轴突，被白色物质（髓磷脂）绝缘，就像电线一样。

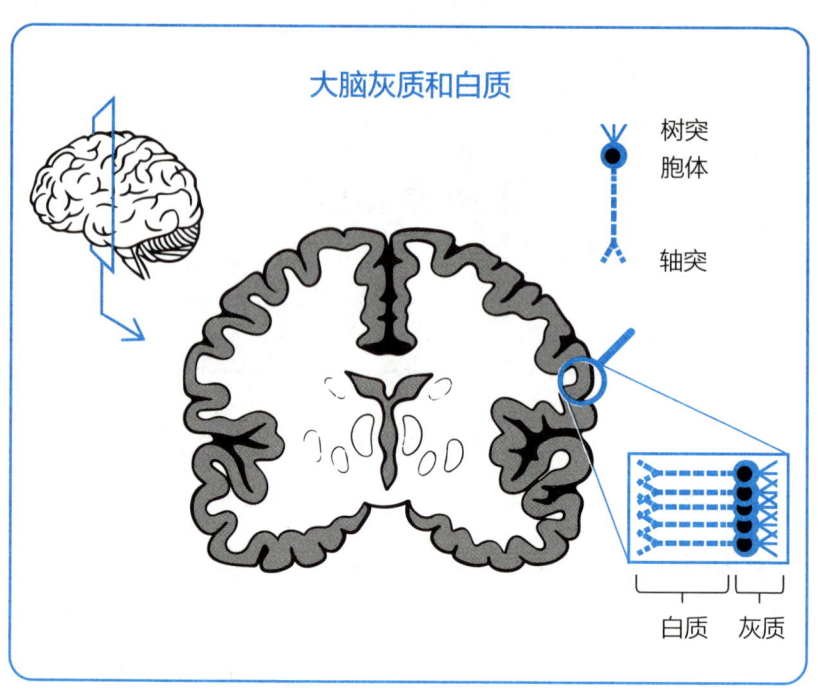

在我们刚出生时,这种绝缘还几乎没有发育。由于大脑中的电流会向四面八方逸散,因此,婴儿无法实现协调动作。渐渐地,所有这些轴突开始被隔离,并且增加了越来越多的连接,而细胞的总数则是逐渐减少的。人类大脑发育非常缓慢,在 20 到 25 岁之间才会达到完全成熟,女孩会比男孩早一些。

在大约 150 万年前,在向智人进化的过程中,作为大脑的一部分,大脑皮层和小脑皮层一些明显、无法解释的发育加速,发生了巨大的扩张。

关于大脑的不同部分,有许多有趣的故事要讲,但在本书中,我将讲述内容限制在额叶部分,更准确地说是它的前部:前额叶皮层。

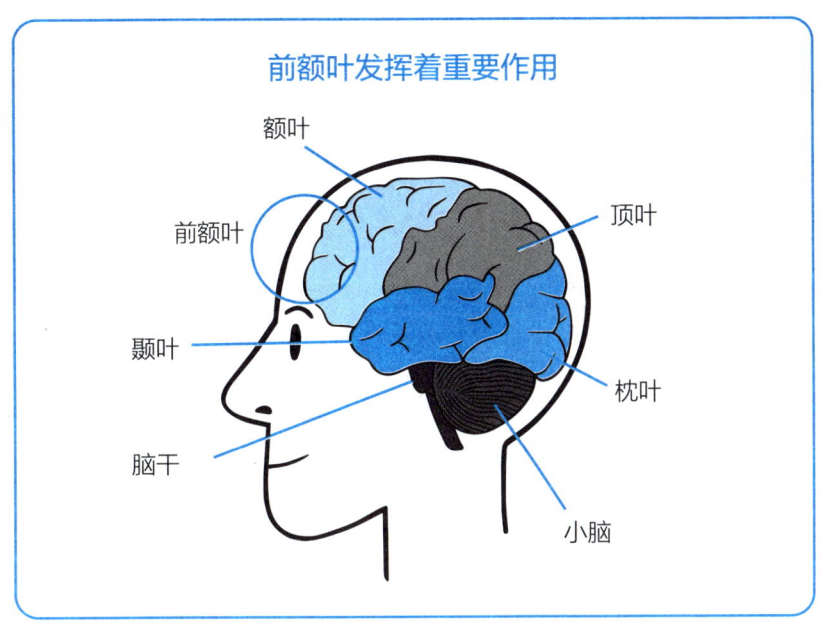

前额叶发挥着重要作用

大脑的四叶以及小脑

虽然我们现在知道，在大脑中，所有事物都与其他事物相连，形成了一个宏大的、难以想象的复杂网络，但我们的大脑还是有一些专门的区域。将行为和大脑功能互相映射变得越来越有趣和复杂，粗略地说，我们仍然可以将大脑区分为四个部分：额叶，其中前额叶皮层是我们要阐述的最重要的部位（见上图），颞叶，顶叶和枕叶。它们彼此相连，也与小脑和身体的其他部分相连。

大脑皮层包含感觉细胞，这些细胞从感官接收信息，不仅包括5种主要感官，还有遍布全身的许多其他传感器。感觉区域包括枕叶的视觉皮层，颞叶的听觉皮层、味觉皮层和顶叶的身体敏感皮层。在感觉区域中，还有关联区域，它们赋予感觉意义并将感觉与特定刺激联系起来。

> 信息从其他区域发送到身体，例如运动皮层。运动区主要调节随意运动。
>
> 从大脑最深、最古老的深处，信号通过一大束神经传到所有器官。它被称为迷走神经或游走神经，因为它在身体各处都有分支。
>
> 相比之下，我们的小脑就显得有些默默无闻、无人问津了。尽管它在进化过程中经历了与我们引以为豪的大脑皮层一样伟大而迅速的发展。因为大脑知道舌头的位置，并且小脑很好地协调了嘴巴和肺部及其周围的数十块肌肉的动作，所以我们可以用不同于一般动物的特有声音、语调和语言交谈。由于大脑的不同部分与小脑有着令人难以置信的美丽而复杂的相互作用，因此我们还可以阅读、写作和弹钢琴等。

额叶和"驾驭技能"

如果你真的想了解并正确解决青少年屏幕使用问题，你就需要了解"驾驭技能"。

就本书主题而言，大脑皮层最重要的部分是前额叶皮层，它在我们的思考脑中起着重要作用（见下一章）。前额叶皮层负责"驾驭技能"，与更深的节点和记忆合作。它使得你可以管理自己的身体。

"驾驭技能"是指针对性地驾驭你的思维、行为和情绪。请注意"技能"一词，这个词意味着一开始它是处于萌芽状态的，我们可以开发它们，然后不断地训练。稍后我们会看到，如果年幼的孩子误用屏幕，训练可能会出现问题。

你可以将这些不同的功能与不同的职业进行比较。可以说，它是以下各项的组合：

——确保所有传入消息到达正确位置的接待员；
——为你保存一段时间信息的图书管理员；
——处理信息的研究团队；
——设定目标的领导团队；
——一个大型管弦乐队的指挥，它确保一百个人协调演奏同一首曲子，并在恰到好处的时间做出贡献；
——一位"跳出框框"思考的艺术家；
——帮助你控制情绪的心理学家；
——一个确保你行为遵守规则的警察；
——同情他人的心理治疗师；
——GPS，一种导航系统，可以在任何时刻告诉你现在所在的位置、你要去的地方，并一步步带你到达那里。

驾驭技能包括：处理传入信息、过滤掉干扰、提供持续关注、设定优先级和目标、控制冲动和指导行为所需的基本思维技能。反射脑的自动化（见下一节）主要是在应对尚未养成任何习惯或惯例的新情况，将其逐渐变成自动执行的习惯。多亏了这些技能，我们还可以有目的地行事并控制冲动反射脑。

就像上文已经描述的一系列驾驭技能，我们可以将其概括为四个基本功能：掌控、工作记忆、认知灵活性和同理心。然后，你可以将其视为更高思维技能的基础，例如解决问题、计划和推理。

1.建立掌控冲动的习惯。这有助于我们抵制反射脑的冲动，并让思考脑有机会做出明智、有目的和创造性的选择。这是孩子必须从很小的时候就开始练习的技能，这样才能摆脱数字化控制。

注意力控制是选择要注意什么和忽略什么并在分心的情况下重新保持注意力（集中）的能力。注意力对于学习来说是非常重要的，但是注意力会因为始终和屏幕保持连接而受到很大的影响。

行为控制是不立即对刺激做出反应的能力。这涉及延迟满足、自我控制、抵制诱惑、坚持和自律。

情绪控制是适当引导情绪的技巧，例如适当地表达愤怒。

2. 工作记忆。这用于在脑海中保留与任务相关的信息一段时间（记录信息），然后对其进行处理。理解和创造语言（包括口头语和书面语）都需要工作记忆。例如，你需要能够从头到尾坚持读完整个句子，你还需要能够记住段落中的第一句话，再结合最后一句话去明白全文说的是什么，在这里记忆就是必要的。

"她的爱人上了火车，他挥手致意。玛蒂娜哭了起来，她擦了擦眼角的泪水。现在她的脸颊上有一块黑色的化妆品污迹。"如果你一时想不起来那是她的心上人而且她在哭，当你读到下一句话时，你就会不明白那黑色的污迹是从哪里来的。

但工作记忆不仅仅是记忆，它还负责处理信息。

你需要它来构建和遵循一个论点，或者从信息位中提取一般规则，从而理解全文。

你还必须记住执行任务的不同步骤。如果它没有按步骤进行，你需要它来调整计划。它还在时间管理中发挥作用。

你还需要工作记忆来进行自我评估，并通过在脑海中回放你所记录的信息来理解你所犯的错误，进而从中吸取教训。

3. 认知灵活性对于适应变化和意想不到的情况、不断变化的需求和突如其来的机会很重要。

这使我们能够改变视角,"跳出框框"思考,例如能够处理新的信息和情况,或者为旧问题找到新的解决方案。我们还需要认识并承认自己的错误。

认知灵活性还包括所谓的元认知:能够让自己暂时脱离情境,回到事情的简单原理(即去掉复杂信息之后的元认知),重新评估自己和自己的处境,你在做什么和在想什么。这样回归自我,也是培养自我反省和自尊的方式。

4.同理心。"她的爱人上了火车,他挥手致意。玛蒂娜哭了起来,她擦了擦眼角的泪水。现在她的脸颊上有一块黑色的化妆品污迹。"

要真正理解这是怎么回事,你必须能够理解玛蒂娜。你必须对此产生同理心。这是一种引导技巧,可以让你对另一个人产生同理心,从而识别和理解对方的感受、想法、欲望和行为,然后做出适当的回应。正确的方式不仅取决于对方,还取决于当时的情况。

同理心是情商最重要的方面。情商(EQ)对于你以后的幸福和成功至少与认知智能(IQ)一样重要。

这些驾驭技能中的每一项都是有用且重要的,随着孩子年龄的增长,这些技能之间的协同作用会增加。为了能够保留和处理信息(工作记忆),你需要保持专注(注意力控制)并且需要自律和坚持(行为控制),反之亦然。孩子也逐渐学会使用组合技能来理解复杂的情况、解决问题并采取行动。而更高的思维技能,如解决问题、计划、时间管理和优先排序、推理和行为评估(对你自己的行为),是基本功能的组合。

孩子并非天生就具备完善的所有技能,而是具有发展这些技能的潜力。所以，在一个人的能力范围内，我们是可以训练孩子们的驾驭技能的。

这些驾驭技能只有在 20 到 25 岁之间才能得到充分发展。女孩平均比男孩早几年达到高峰。这些基本技能的发展程度不仅取决于天赋，还取决于教育环境，尤其是家庭和学校以及其他社会环境，如街道、俱乐部和体育协会。

而各种驾驭技能的发展速度和程度存在很大的个体差异，这取决于大脑的发育情况。对青少年来说，睡眠不足会对驾驭技能产生负面影响。也有先天性的缺陷可以阻止或阻碍正常发育，如注意力缺陷与多动障碍（ADHD）、孤独症（ASD）和学习障碍。脑外伤、老年痴呆症、脑梗死、酗酒和抑郁症等问题也会削弱这些技能。

在这本书中，我很肯定地告诉大家，我们可以通过训练来培养自我掌控的能力和技巧，而经常接触屏幕则会阻碍这些技能的发展。

爬行动物大脑

在我的读者中，总有人会问有关爬行动物大脑的问题（因为人们普遍认为以爬行动物简单的大脑反应来解释我们人类的大脑如何工作，可以更简单明了来解释一些问题），我的回答是：请从你的字典中删除这个概念并且忘记它，因为这个逻辑是不符合大脑科学的基本原理的，科学早已推翻了这一观点。遗憾的是，这个用爬行动物大脑类比人类大脑的方法，仍然会出现在媒体上，也仍然被训练有素的治疗师和教练使用，因为它是一个如此简单的比喻，可以把复杂问题简单化，但它完全是错误的。进化并非鱼类演变成爬行动物，再演变成简单哺乳动物，最后演变成人类这样逐步发展更先进结构的过程。事实上，在进化过程中每一步都带来了新颖且更优越的特征。首先，并不存在一个负责基本功能的爬行动物大脑，随后才出现调节情绪的边缘系统，最后才有了可进行思考的大脑皮层。所有脊椎动物的大脑结构基本相同，脊椎动物也都有前额叶皮层，只是它们的发育程度区别很大。因此，与其他脊椎动物相比，我们人类的大脑获得了长足的发展，人脑的结构是根本不同的，是更高级的。如果你真的很喜欢借助爬行动物大脑来理解我们人类的大脑，你可以把所有爬行动物的大脑理解成一个更复杂的人类的反射脑网络的一部分。

基底核和自动驾驶仪

基底神经节或大脑深处的基底核是重要的节点，我们将在本章讨论一些大脑网络汇聚的关键部位。

它们是反射脑网络和思考脑网络之间的连接点。例如，如果你试图抵制让你偏离目标的诱惑——比如金钱、甜食、酒精或手机——前额叶皮层的活动会通过驾驭技能的使用而增加。结果，用于立即满足需求的反射脑的活动受到抑制。因此，我们对他人的攻击性或邀请性行为反应不那么冲动，或者我们不会吃掉整袋薯片，也不会每两分钟就拿起手机一次。

社交大脑网络也有连接我们思考脑的基底核。稍后我们将解释，父亲或母亲的存在促进了驾驭技能的发展，使青少年的反应不

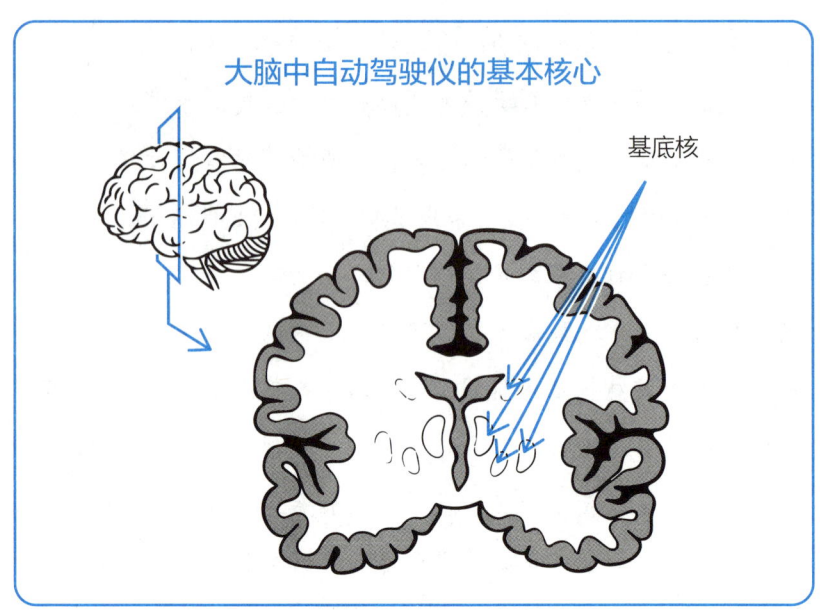

那么容易冲动，面临的风险也更少。其他神经核在对惩罚和奖励做出反应方面也发挥着作用，因此也是我们奖励/激励网络的一部分。我们的运动和行为也通过这些基底核进行协调和控制。

要了解孩子的行为，就要明白，基底核还在学习和执行新任务、任务切换和发展"自动驾驶"行为方面发挥作用，基底核作为自动驾驶仪，使我们可以在不思考的情况下，自动采取行动。

第一个与生俱来的自动驾驶仪是行为反射：直接生理反应，例如，当我们面临被烫伤的危险时，我们会下意识把手缩回，或者当危险来临时，我们会逃跑。本质上我们天生就有两个自动的目标：生存和繁殖。因此，该系统对所有与饥饿、口渴、疼痛、恐惧、愤怒和性欲相关的信号都非常警觉。还有一些与生俱来的认知捷径可以帮助我们快速做出决定。这些与生俱来的认知捷径被称为下意识决策和认知偏差。对这两个概念感兴趣的读者，可以参阅我的另外一本书《释放你的大脑》，书中详细描述了这个原理。

此外，我们有一些习得的自动驾驶技能：习得反应、直接生理反应、直觉或习惯，经过大量练习后，可以自动执行各种非常复杂的行为而无需考虑。例如，步行、阅读、写作、乘法表、基本算术、说话、锻炼、骑自行车、开车、弹钢琴等。这些习得的技能让我们的生活变得更加轻松和高效。比如，一个孩子早上上厕所的时候会考虑先穿鞋再穿裤子，还是先穿裤子再穿鞋？这只是日常生活的习惯，他需要一些练习才能掌握这些程序，但一旦它成为一种习惯，自动驾驶仪就会处理好它，他就不必再考虑先穿什么衣服了。

基底核控制着这些习惯。一旦那些基底核接管了常规，感觉就会像自动驾驶一样。然后大脑就可以空出来，同时去自由地思考其他事情。

左脑人不存在

你可能已经注意到，在讨论大脑时，我们并没有提及广泛宣传的所谓的左脑人士和右脑人士之间的差异。因为它们不存在。然而，这个伪科学的影响很难根除，因为它已经衍生出了一个价值数百万美元的产业，这其中包括相关书籍、"大师"、顾问、伪专家和假测试，这些假测试甚至已经应用在了一些公司的求职申请题目中。此外，现在的"神经元感知"应用程序也与此相关。

把人分成左脑人和右脑人简直是一个笑话。这个笑话宣称，最常使用右脑的人更具创造力、开放性、自发性和主观性，而使用左脑的人更善于分析、逻辑推理，注重细节和目标导向。

不过，这个错误概念包含了一个重要的真理——这两个看似完全平等的半球之间肯定存在着不同的分工。例如，左脑控制着我们身体的右侧，这在惯用右手的人身上更为明显。例如，在大多数惯用右手的人中，左脑控制的语言表达能力会更强，当然，右脑也大量参与语言的重要特征，如语调和重音。

在正常的大脑中，两个半球之间存在非常紧密的合作，依赖贯穿连接两半大脑的 2 亿个神经元组成的巨大神经束（胼胝体）。左右大脑之间的协同作用比差异更令人印象深刻和重要。因此，在正常大脑中，左右大脑的区别并不像有些人所声称的那样明确。

总之，把人分为左半脑天才和右半脑天才在科学上是胡说八道。训练右半脑的课程和应用程序是没有价值的，除了对那些从中牟利的人。

六个大脑网络影响我们使用屏幕

在此之前,我们已经展示了大脑和身体的各个部分是如何由无数细胞组成一个大网络的。它们在各个方向协同工作,处理、存储并在必要时处理来自身体和感官以及大脑本身的信息。了解在你的思考、决策和行动中,发挥作用的大脑网络是很有用的,你会明白当我们始终连接屏幕时会发生什么。

这些大脑网络并不像人们过去认为的那样——在解剖学上位于一个精确的位置,而是分布在整个大脑中,到处都有专门的大脑皮层和核团,在大脑深处互相连接。所以请记住,当我写到思考脑时,我实际上是在谈论思考脑网络或思考脑系统,这不是解剖结构的描述,而是解释大脑如何工作的功能模型,不是它的具象化的样子。

那个庞大的网络没有"老板",所有部分都是相互控制的。一个很大的优势是这样的系统可以很好地承受打击。如果某个神经元发生故障,其他神经元可以接管,不会出现完全混乱的情况。因为所有这些活动都和人体的生物钟同步。睡眠不足和混乱的睡眠模式会扰乱人体重要的生物钟——对儿童和成人都是如此。

大脑中的三个网络——反射脑网络、思考脑网络和存储脑网络,在学习、思考和决策过程中发挥着重要作用。此外,这三者与第四个大脑网络始终保持联系：我们的身体-大脑网络。

此外，我们将描述另外两个子网络："快乐—奖赏—动机"脑网络和社交脑网络，它们可以帮助我们了解儿童如何与手机互动。

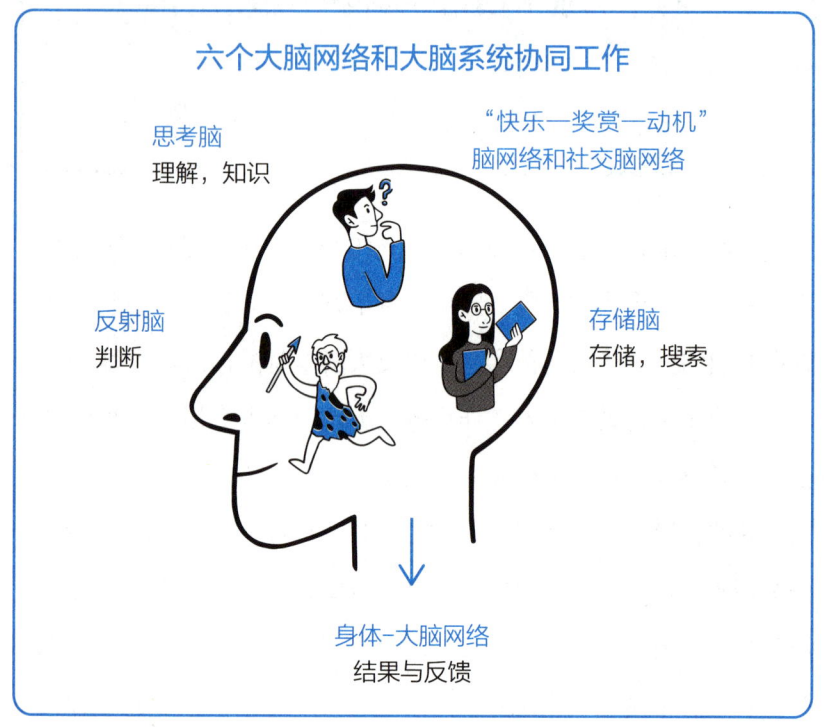

我们的反射脑只"活在当下"，非常快速和冲动

好习惯的基础

用进化的术语来说，反射脑几乎和动物一样古老。在解剖学上，反射脑的主要节点位于基底核的更深处。反射脑是一个完美的、冲动的、反应性的、感官驱动的系统，其行为完全基于当下，基于你此时的感官体验。事实上，"现在的感觉"就是反射脑的全

部存在。如果某物超出了你的感官范围，那么对反射脑来说，它就不再存在了。对反射脑来说，没有过去也没有未来。因此，它非常具体地与现实联系在一起，无法进行分析或思考。

反射脑有一个奇妙的特性，它可以同时处理来自所有感官的输入。要做到如此之快，主要依赖于无数无意识的遗传和习得的捷径、习惯和认知经验。

反射脑的注意力会在不知不觉中被吸引，它是反射性的，不消耗任何能量。但是，思考和学习需要高度的专注力，稍后你会看到手机的滥用如何抑制思考脑的专注力。

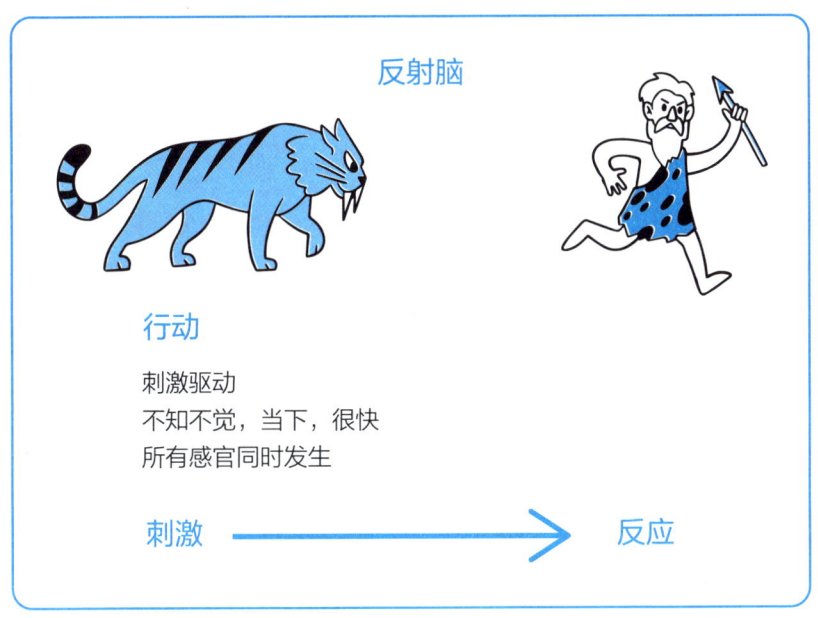

反射脑还可以让你不断地发展新的反应、新的习惯以及复杂的、自动的动作，然后你可以不假思索地再次执行这些动作，例如写作、踢足球或开车。

与有目的且速度稍慢的思考脑相比，这种冲动驱动的大脑网络快如闪电。这就是为什么我为它创造了"反射脑"这个词。在人类的进化过程中，这种速度对我们的祖先在体力上的殊死搏斗来说是一个巨大的优势。这种速度对现代人类的生存仍然同样重要。比如，在你意识到汽车在错误的道路一侧行驶之前，你已经躲开了。然而，与我们的祖先相比，我们在 21 世纪的成功更依赖于思考脑，反射脑如此之快的速度往往是思考脑运行的障碍。如果孩子思考脑的注意力不断被反射脑的冲动注意力打断，例如由于屏幕的不正确使用，就会产生一个碎片化的大脑，以至于不再能够长时间集中注意力和深入思考，获得洞察力或发挥创造力。如果孩子没有学会借助思考脑及其指导技能来纠正或阻止反射脑的快速结论，他就会犯许多非理性的、原始的错误。

冲动导致错误的决定

要了解大脑是如何工作的，尤其是社交媒体如何"劫持"孩子（和我们自己）的注意力，从而影响学习和工作，了解一些关于下意识决策和认知偏差的知识是很有用的。你可能没有听说过"下意识决策"这个词，但是当你知道它包含希腊语中的"发现"一词时，你就不会忘记它的含义。正如我们所说，下意识决策是一种不假思索的心理技巧，是反射脑在没有足够的信息、时间或资源来想出彻底的解决方案时用来快速找到解决方案的捷径。然后我们使用快速的、无意识的方法、经验法则、更简单的思维方式和所谓的"常识"，结果往往证明它们并不是那么明智。它们是快速解决问题的实用方法，但不能保证它也是正确的解决方案或解释。当决策速度比质量或准确性更重要时，或者当我们没有动力仔细考虑决策时，我们通常会使用快速的下意识决策。

我们经常会犯许多无意识的思维错误。这种系统性的谬误被称为"认知偏差"。在认知偏差的影响下，我们常常会依赖下意识的、直觉性的常识，去做一些快速的决定。而这总是能导致反射性的、非理性和不合逻辑的结果。事实上，在形成正确的判断之前，你已经无意识地做了决定。

基于常识、直觉和自发的行动通常是不明智的，这是认知偏差的结果。今天，社会上的培训行业往往都在鼓吹"你应该遵循直觉"的理念，但科学与此完全相反[21]。这种基于直觉的决定无异于赌博。除了两个例外：一个例外是，你的直觉是在经过深入研究、慎重考虑、深思熟虑甚至是彻夜努力后出现的灵光一闪；另外一个例外是，你的直觉建立在重复经验中的长期学习中，并在相当可预测的情况下得到快速反馈。除此之外，在新的复杂情况下，你必须对此持非常怀疑的态度。

要更好地了解青少年的屏幕使用情况，重要的是意识到这些认知偏差和下意识决策正在被销售人员，尤其是社交媒体使用和滥用，他们通过影响孩子们的潜意识使他们上瘾，进而引导他们的行为，以这种免费的方式最大程度获得孩子们和他们的朋友们的信息。在这种情况下，有更多事情需要我们知情：

——偶尔得到奖励，比总是得到奖励更能让我们形成行为惯性。

——一种观念越流行，人们就越相信它是真实的，即使对有一定知识的人来说这种观念明显就是完全错误的。

——如果我们在视频中看到了某些东西，与写成文本的相同信息相比，我们更有可能相信它是真实的。

——最近的一次经历比过去十次相反的经历更能影响我们的观点或行为。

——长得又高又漂亮的人（也可以说是有影响力的人）被认为更聪明、更可靠（也赚得更多）。

——如果向我们提供三种价格不同的产品，我们通常会选择中间的一种。

——如果一些非常昂贵的产品排在首位，其余的产品就会显得更便宜，我们就很有可能会花更多的钱。我们的第一印象比我们想象的影响更大。

——如果产品说"仅剩三件"或"仅剩三天"，我们就更有可能购买它。

——28.99 欧元的价格比 29.00 欧元卖得更好。

——我们会觉得损失 30 欧元比得不到 30 欧元更糟糕。

——当每个人都开始奔跑时，我们也会开始奔跑。

——最后还有一个由研究人员提出的被反驳过多次的认知偏差，即人们会认为其他人都可能陷入各种认知偏差陷阱，但自己却绝不会。

简而言之，我们拥有一整套内在的行为和思维反射的逻辑。这些逻辑不一定决定我们的行为，但它们确实造成了一种强烈的行为倾向。然后，通过发展我们的驾驭技能，通过我们独特的人类大脑的发展，社会环境可以加强或削弱这些行为倾向。这就是下一段的内容。

大脑一次只能抽象地思考一个主题

第二个大脑网络是思考脑网络,从进化的角度来看,它的重大发展相当突然,而且还很"年轻"。正是大脑的这一部分在"学习"和"知识迁移"中发挥着重要作用。

思考脑 vs 反射脑

思考脑	反射脑
思考意图	冲动反应
— 缓慢而有目的	— 快速和刺激驱动
— 有意识的	— 无意识快速反应
— 现在、过去和未来	— 现在
— 抽象的	— 纯粹出于感觉
— 顺序:一次做一件事	— 并行:同时处理很多事
— 给予关注	— 引起注意
— 消耗精力和脑力	— 几乎不消耗精力
— 人类逐渐进化出	— 古人类就拥有
— 人类独有	— 很多动物也有

我们的大脑网络是独一无二的

人的大脑可以用文字、图像和概念进行抽象思考,完全脱离现实,脱离我们的感官体验。这使人类能够超前思考,设定未来目标并采取积极行动。因此,它有时也被称为目标导向脑、控制脑或管理脑。其他动物没有这样的大脑。

这种技能构成了语言、数学和科学的基础,反过来又使我们将不断增长的知识从一个人转移到另一个人,并代代相传。

与动物不同,我们人类的孩子不必一次次从头开始,不必一次次重新发明各种工具。知识可以传递,可以从父母和老师那里获得。

"中断、暂停和反思我们由刺激引起的反射脑的反应是一种能力。这种能力的发展是人类进化过程中的一场革命,也是我们人类行动自由的核心所在。"

"只有人类才能反思过去,并结合记忆来得出当前或未来问题的解决方案,然后为未来制订计划。"

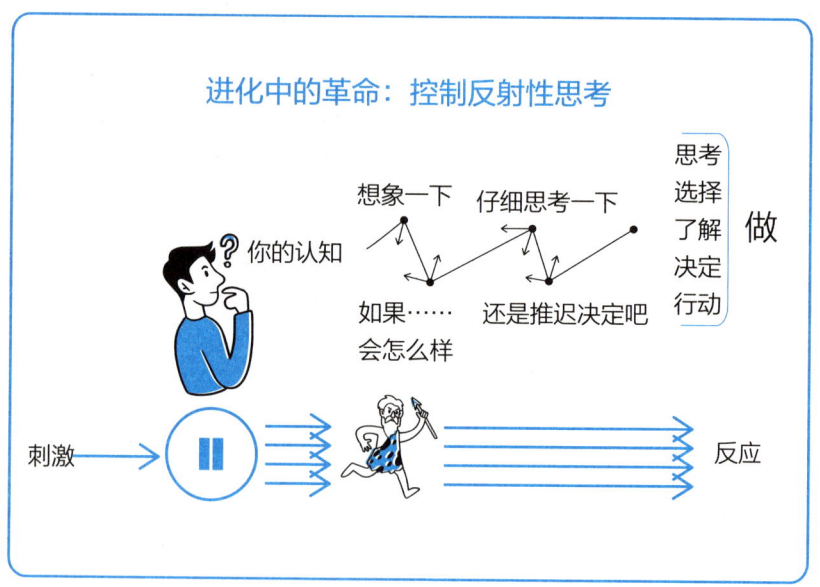

我们可以思考，问自己"如果……会怎样？"然后提出一个假设并对其进行检验。我们可以推迟做出决定，多考虑一下，或者发挥想象力提出新的事物和概念。

我们的大脑可以想出什么真的是没有限制的。然而，这需要一些时间。你可以想象，这个速度较慢、思考力强、疲倦的大脑经常被速度更快、不知疲倦的反射脑赶上。

简而言之，你可以说，如果我们受到威胁，反射脑会刺激我们立即出击，而思考脑会帮助我们控制这种可能不明智的冲动。防止这种情况的主要方法是培养新的反射习惯，也即我们在讨论反射脑时谈到的新习惯。

> 在巴黎的人行道上，我跟在我两个成年的女儿身后。五个男孩从另一个方向过来，其中一个男孩跑过来想抓我一个女儿的乳房。我本能地（这是因为进化的本能：保护后代）推开小伙子，"离我女儿远点！"结果，五个硬汉气势汹汹地围在我身边。我好说歹说才把事情摆平，否则它真的可能会越闹越大……我的女儿们认为我的轻率行为（五对一）非常可敬，但并不聪明。

如前所述，我们思考的主要节点位于具有控制功能的前额叶皮层。

对于思考和学习来说，非常重要的一点是，思考脑的这种努力，需要持续不间断的注意力。与反射脑毫不费力的冲动注意力不同，这需要付出努力和意志力，也需要时间和精力。

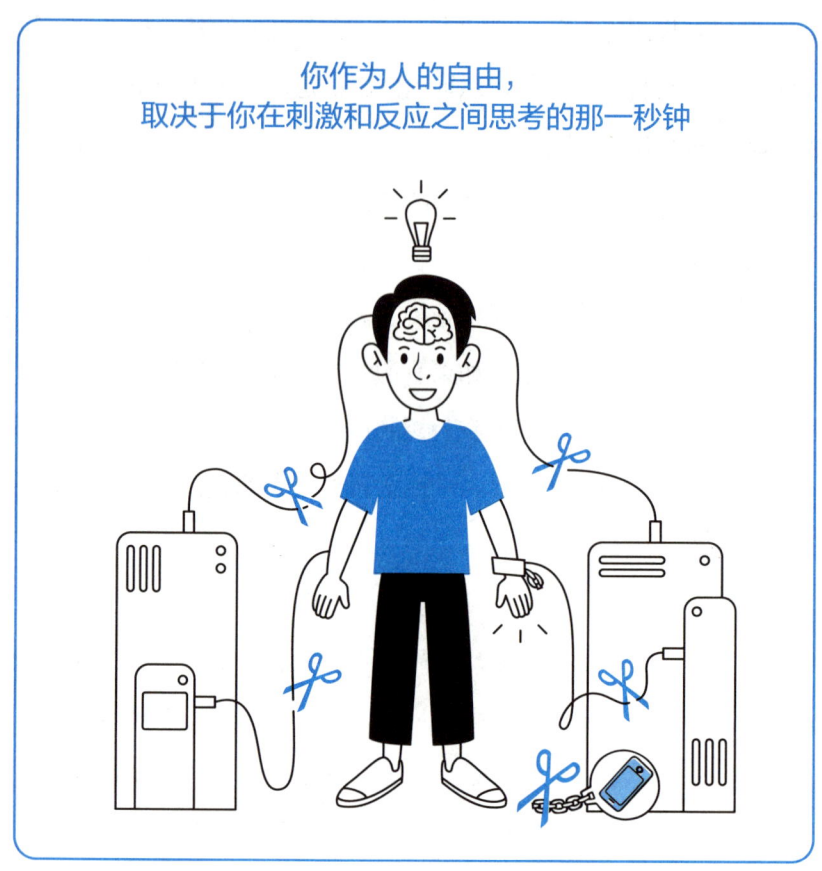

孩子们需要知道，应用程序、游戏和社交媒体的开发者竭尽所能地使用各种办法使他们的产品令人上瘾，并且他们正试图通过我们反射脑的冲动来转移思考脑的注意力。（更多内容在第五部分。）

数字自由为大脑中最人性化的部分——思考脑提供了空间和自由。这种数字解放是真正意义上的解放，让我们不再是技术的奴隶，而是成为技术的主人。

与大脑的其他部分相比，思考脑消耗了大量的能量。如果孩子不在一天中有规律的休息，他那不知疲倦的、原始的动物反射脑就会战胜他那疲倦的、复杂的、富有创造力的思考脑。然后，快速的原始反射性直觉和认知偏见就会接管一切。最后，他们会做出更原始、更欠考虑且更不合乎道德的选择。一颗疲惫的心也会更多地选择安于现状，因为让一切保持原样是最不需要能量的。

因此，孩子们需要定期休息，让他们的思考脑恢复活力。重要的是，他们在休息期间还需要进行一些锻炼，并通过与他人交谈来补充社交能量，哪怕只是闲聊。在课间休息时疯狂地摆弄手机对大脑或身体其他部位来说都不是一个好的休息方式。一直盯着屏幕是糟糕的休息方式之一，离开屏幕，四处走动，或与他人一起做一些放松的事情，最好是在户外，这些都是很好的休息方式。

我们在规划孩子的学习时需要考虑到这一点：他们在学习后需要在远离手机的情况下，有空间和时间来进行充电，并且尽可能多地互动和锻炼。

思考脑不能同时处理多项任务！

关于神奇的大脑还有很多要讲述的，但对本书来说，最重要的是，数百项研究表明我们的大脑不能同时处理多项任务。因为我们的思考脑一次只能关注一件事，所以它必须在这些任务之间来回跳转，正如我们接下来将看到的那样，这是非常低效的，甚至会让你的大脑崩溃。

你认为正在做手术的外科医生或正在修理汽车的修理工会每三分钟就中断工作来检查电子邮件、新闻、Instagram、TikTok 或 WhatsApp 吗？不，当然不会！事实上，你很清楚，同时处理多项任务是没有效率的，有时甚至是危险的。

孩子的大脑一次只能注意一件事。正是由于思考脑的这种特

> **你能在处理多任务时做好工作吗?**
>
>
>
> 修理工在修理你的刹车的时候处理多项任务是否是一件好事?
>
> 你的外科医生在给你做手术的时候处理多项任务,是否安全?
>
> **多任务处理效率低下,有时甚至很危险!**

性,导致孩子们在沉迷屏幕的时候,会产生很多问题。如果他们让屏幕不断吸引反射脑的自动注意力,思维过程就会不断被打断,他们的大脑就会被无关信息淹没。他们的思考脑无法有效地进行多任务处理,也无法学习了。

多任务处理主要分为两种类型。第一种是"同时多任务处理",意思是同时做多件事,例如在开会时查看电子邮件,或在开车时打电话。或者像孩子一样边看电视边做作业。第二种是"串行多任务处理",意思是在各种任务之间来回跳转。比如撰写报告时,在开放式办公室中回答同事的问题,或者因两位同事之间的谈话而分心,有时还停下来处理电子邮件。或者像孩子一样,不断地在作业、WhatsApp、TikTok、Instagram 和其他新闻和消息之间来回切换。正如我们将在下面更详细解释的那样,人们在任务的

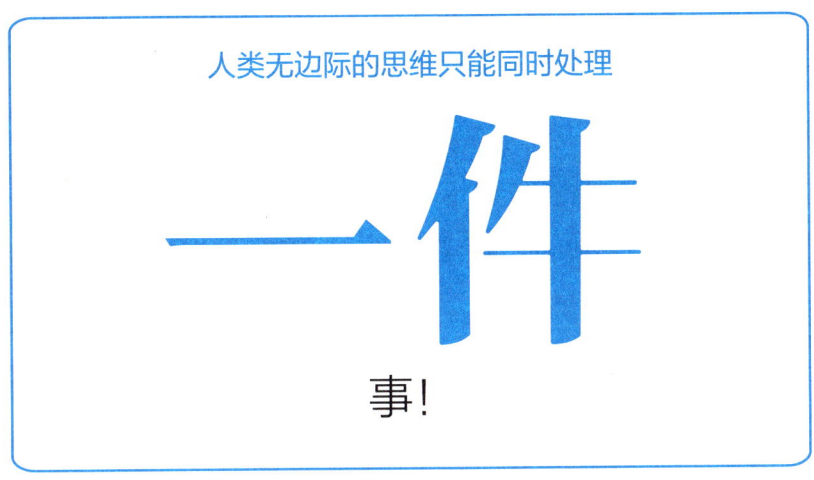

每次变化中损失的时间、记忆、精力、创造力和准确性比他们想象的要多得多。此外，这还会增加人们由压力带来的负面情绪。

一项让人信服的实验

有一个简单的实验，你可以自己先做，然后再与孩子一起做。

实验用具包括一张纸、一支笔和一块手表或秒表。实验包括两个非常简单的任务。第一个是：用大写字母写一个单词。第二个是：给那个词的每个字母编一个序号。在第一轮操作中，你在同一时间只做一个任务，完成它然后开始下一个任务。在第二轮操作中，你要同时进行多项任务，并不断地在两项任务之间来回切换。

第一轮：单一任务处理

启动秒表。用正楷书写"SINGLETASKEN"，然后立即给每个字母编号。在完成一个任务之后，立即转移到下一个任务。全部完成后，停止秒表并记录时间。结果如下所示：

S I N G L E T A S K E N
1 2 3 4 5 6 7 8 9 10 11 12

第二轮：多任务处理

用正楷书写"MULTITASKING"，一次写一个字母，写完一个字母立即给这个字母编号：比如写 M，给 M 编号 1，然后写 U，给 U 编号 2，然后写 L，给 L 编号 3……你一直在这两个任务之间来回切换。完成后，停止秒表并记录时间。结果如下所示：

M U L T I T A …
1 2 3 4 5 6 …

你会发现多任务处理平均需要两倍的时间。此外，在群体中，似乎有三分之一的人在同时处理多项任务时会犯错误并且感到压力更大。现在想象一下，当孩子不断地在不同任务之间来回切换，也可能不仅仅是在上述的两个很简单的任务之间去切换，而是在困难的思考任务（例如学习、上课或考试），和令他们上瘾的屏幕之间来回切换，那孩子在如此多的任务之中，又会丢失多少呢？很遗憾，答案是：这样一来，效率、生产力、记忆力和创造力都会大打折扣。

为什么多任务处理如此低效？

首先谈谈"串行多任务处理"的低效率，即在几个任务之间来回切换。那些不断变化的工作是非常低效的。假设你正在专注于一项困难而复杂的任务，这意味着你的工作记忆，也就是你的"中央大脑"正在专注执行处理这个困难而复杂的任务。突然，屏幕上出现了一个弹出窗口，通知你收到了电子邮件或聊天消息。你阅读了这封电子邮件，发现它涉及一个关于已经讨论过的话题的简单问题，你可以快速回答。因此，表面上你可以很轻松地完成回复。

然而，这对你的大脑来说一点都不容易。它必须将有关复杂任务的庞大信息从工作记忆转移到短时记忆中，正确清理工作记忆

（以避免混淆这两个任务），并将电子邮件信息从长期记忆转移到工作记忆中。

接下来，你需要集中注意力来回复电子邮件。当你回到原来的任务时，你的大脑会经历同样的过程。

一个孩子如果中断他的家庭作业并拿起手机看一条消息，他的大脑就会受到诱惑，很容易就会从一条消息跳到另一条消息。这与被一封电子邮件分心，然后就开始查看所有邮件的普通上班族没有什么不同。事实上，研究发现，员工在平均查看 11 封电子邮件之后，才会返回到他原来的任务。对于每封电子邮件，你都会经历相同的转换过程。看到这里，你就会立即明白这为什么会花费大量时间和精力。

此外，我们的短时记忆容量非常有限，并且按照"先进先出"的原则工作。这种先进先出的大脑机制，会导致我们正在执行的重要的复杂的任务，会被电子邮件一类分散注意力的信息打断。如果你忙于处理电子邮件，以至于存储脑（见下文）没有机会正确记住它们，那么留存的信息就更少了，由此，大量信息就会丢失。当你同时处理多项任务时，你只会记住更少。

更糟糕的是，你在上下文之间切换的内容差异越大，信息和效率的损失就越大。比如，你在报告的电子表格或段落中检查数字，然后需要从另一篇文章复制，这就是一种多任务处理。在那种情况下，由于都是相关主题的任务，所以损失不会那么大。但是，如果你因为与报告无关的事情而中断报告，例如被 Facebook 上的消息打断，那样你就会损失更多的时间、准确性和创造力。忙于学校作业并被与家庭作业无关的消息打扰的孩子也是如此。

然后是"同时多任务处理"：尝试同时做多件事情。那更没有

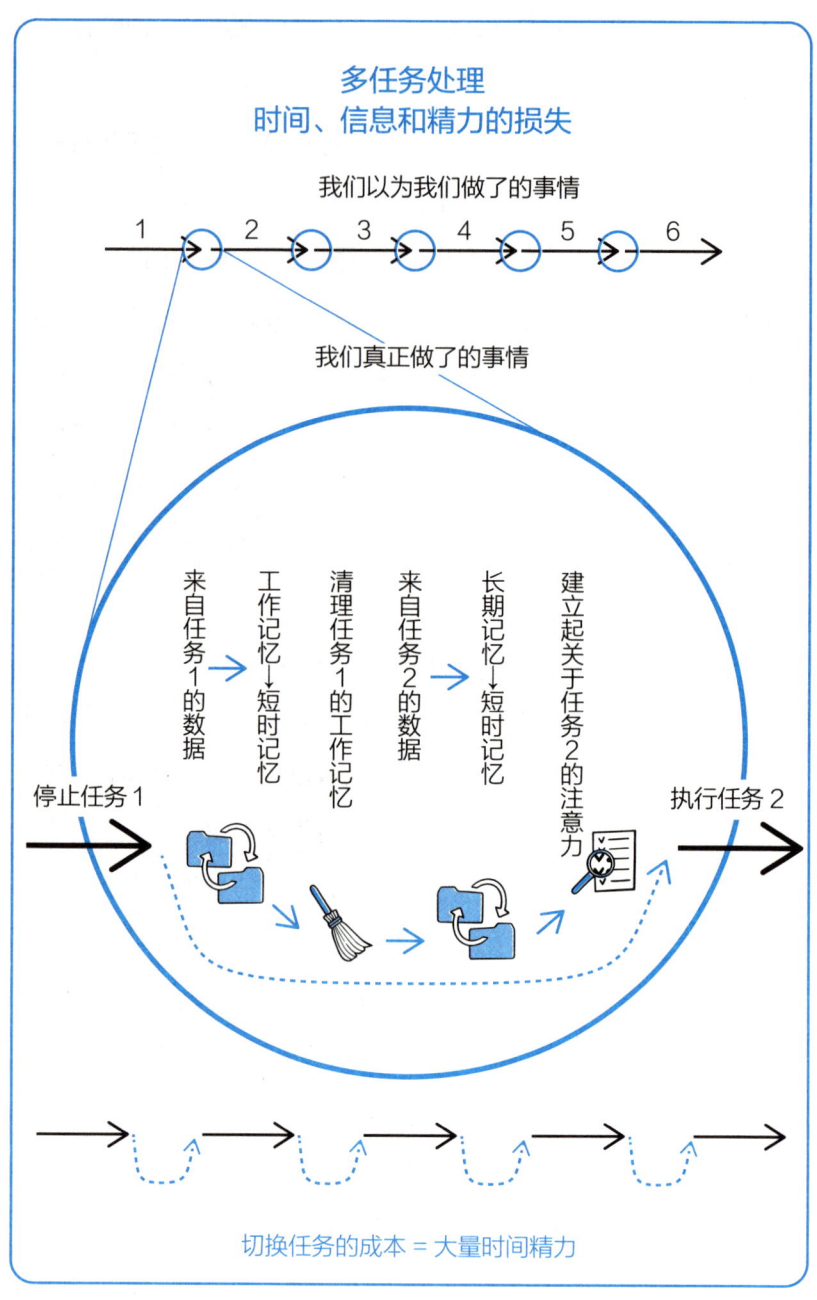

效率。例如，你在参加会议或电话会议时同时处理一些电子邮件，或者孩子在听老师讲课的同时看手机。这需要在两个不同的情境下

不断地从一项任务切换到另一项任务。正如我们上面所描述的，信息和能量会丢失，你的压力会增加，同时你会犯更多愚蠢的错误，记忆力也会下降。

> 前段时间，我作为嘉宾参加了很多学生都收听的直播广播节目。我们发现，很多连线的学生都是边学习边听这个节目的。

当同时处理多项任务时，情况甚至更糟。大多数这样做的人都认为他们可以同时关注两件事。比如学生确信，即使教授在他们刷Facebook时说了一些重要的话，他们也会听到。员工确信，如果视频会议中说了一些重要的话，他们也会在忙于处理电子邮件的同时听到。这种情况已经被研究了数十次，结果证明根本不是这么回事，这是一种错觉。

我们的思考脑不能分散注意力，一次只能注意一件事。事实上，你的注意力不是被分散，而是被破坏了。当学生正在看朋友圈的信息时，他听不到老师在说什么。写电子邮件时，你将听不到视频会议中的谈话内容。顺便说一句，在这种情况下开小差的人很容易就会被发现，因为他们经常问已经被问过和回答过的问题。认为自己可以同时关注视频会议和电子邮件，这纯属错觉。你可以快速地来回切换，但你会丢失一些信息，还会造成不必要的压力。

更糟糕的是，我们的大脑不喜欢信息流的这种突然中断，并试图通过猜测来填补空白。结果呢？你会听到从未说过的话。如果你熟悉视频会议的主题，并且很了解与会人员，你的大脑有时会猜对，从而强化注意力可以被分配的错觉。然后你认为你是规则的例外,并且你拥有独特的超级大脑。其实你的大脑比你想象得更容易猜错。然后,你将听到从未说过的结论、声明和协议。但你仍然相信你是对的。我们之前讨论过的认知偏差之一是,我们只记得事情做得对的时候,而会忘记我们哪里做错了。

因此,试图用大脑同时做两件事会造成极低的效率,对大人和孩子来说都如此。想让你和孩子的大脑发挥最大作用,解决的办法就是停止多任务处理,转而设置任务时间模块。

骑自行车或开车时打电话

多任务处理的一个危险例子是一边开车或骑车,一边打电话或回复信息。在美国,每年因司机打电话发生车祸而丧命的人数是9·11恐怖袭击中丧生人数的3倍。

当你开车时,你的反射脑负责日常任务。随着大量练习,在发生意外时转向已成为一种习惯。因为你已经习惯了开车,以至于你确信你的大脑现在可以专注于电话交谈了。然而,在我的《释放你的大脑》一书中总结的数百项研究表明,这种想法从根本上是错误

开车时用手机

开车时打电话:
风险增加4~8倍

开车时发短信:
风险增加23倍

开不开免提没有什么区别:关键是你的大脑

的。开车时使用电话会使发生事故的风险增加8倍，而免提通话没有任何区别，因为关键不是我们的手，而是我们的大脑。

研究人员将边走边玩手机的人称为"数字亡命徒"或"数字僵尸"。从2005到2010年，由手机造成的行人事故增加了600％！如果孩子在骑自行车时忙于看手机，他的反应速度和视力会受到显著影响。大多数孩子（和成年人）都认为他们可以安全地骑车，他们的注意力是如此的不集中，不集中到他们的大脑根本意识不到自己的注意力已经如此涣散了。

这就是为什么我们要给你这个性命攸关的建议：永远不要在驾驶汽车或骑自行车的时候使用你的电话或其他电子设备。永远不要，甚至开免提的方式也不行！

这是你与孩子讨论的一个很好的话题：他们对此有何看法？他们完全理解了吗？他们知道在驾驶中使用手机的危险吗？这是和孩子开启一次谈话的绝佳切入点。如果你还不敢跟孩子去讨论这样的话题，那你也需要借此反思一下自己了：是不是自己也常常一边开车一边接电话，甚至玩手机？

存储脑与思考脑密切相关

信息和数据可以在互联网上找到，但知识和洞察力只存在于人脑的长期记忆中。在那里，思考脑可以与存储脑密切合作，用它来做有趣、美妙和富有创造性的事情。

因为记忆在我们和孩子的大脑中都扮演着重要的角色，而时刻保持在线又会对它产生非常负面的影响，所以我们将更详细讨论这个问题。在这里我只讨论我们的大脑和屏幕（尤其是手机屏幕）的使用有关的重要的事情。

存储脑需要空闲

我们每天用存储脑来过滤、编码和存储数十亿比特的信息以供日后调用。关于我们的大脑是如何记忆的，仍有许多谜团有待解决，但我们已经有了足够的了解可以用来释放我们的大脑。

我们知道记忆既不能充当文件档案库，也不能充当录音机或硬盘。它并不位于大脑中的某个位置，而是在整个大脑的大型网络中，甚至在每个神经元中。这也是为什么当你看到几天或几周前见过的人时，你会在视觉网络中认出他的脸，在听觉网络中解析他的声音，他的名字会进入你的语音网络，等等。

从某种意义上说，思考脑和存储脑使用的是同一台"中央计算机"。该计算机始终以其容量的 100% 运行。存储脑使用无需进一步处理的信息，因此有时在科学中被称为"默认大脑"或"默认模式网络"——这不是一个科学家想出来的系统，而是通过比较人们在执行思考任务时和休息时的脑部扫描结果得出的意外发现。

研究人员在 fMRI 扫描中发现，当我们的注意力从外部感官环境的刺激中分离出来并转向内部时，这个网络的某些部分最活跃，这些活跃的部分与学习、当下的想法不甚相关，而是更多有关想象力、心理意象和未来的想法。

我们的注意力更多关注想象力、心理意象和未来的想法的例子很多，比如，我们睡觉时会做梦、做白日梦、沉思、自我反省、社交考虑（例如判断他人的心理状态）、换位思考、展望未来、形成心智模型（尤其是为预期的未来事件做准备的模拟和假设）。从这些例子可以看出，存储脑非常关注与个人想法相关的信息。就好像我们大脑中的档案管理员会抓住大脑休息的时刻开始处理档案，在那些时刻产生虚拟的体验、想法和解决方案，并将它们呈现给思考脑以实现其目标。

> ### 内向注意力与外向注意力之间的"守门员"
>
> 当我们的大脑远离现实时，有一个网络——"外显网络"或"警惕网络"——像边防警卫一样对来自内部和外部的突出的、外显的、对个人有意义的刺激保持警惕。这也是通过fMRI扫描发现的。那个"警惕网络"决定了你应该注意哪些感官、认知、情感和生物刺激。它在有意识地（用你的思考脑）处理来自外部环境的信息和无意识或半意识地（用你的存储脑）处理来自内部的信息之间来回切换。它会选择哪些刺激值得注意。这些来自内部的信号不仅是内部产生的思想，也是来自身体大脑的物理信号。警惕的大脑网络赋予这些刺激情绪权重，让你产生紧迫感。当你需要变得警觉时，它会在考虑过去经历的情况下被激活，以摆脱内部注意力并专注于周围发生的事情——以及你可以做些什么。

因此，向内定向地处理和操作信息，是大脑的正常、默认、固有的状态，然后我们的"警惕网络"会在必要时，将自动切换到思考脑和对外部世界的感知。

因此，存储脑系统不断工作，与思考脑保持平衡。如果思考脑使用20%，存储脑将使用80%。如果思考脑使用了95%，那么留给存储脑的就所剩无几了。这是反驳说"我们只用了大脑的10%"的说法的众多例子之一。100%使用大脑这一事实不仅适用于前额叶大脑，还适用于整个大脑。这也解释了为什么大脑日夜消耗的能量和氧气可以占到人体总耗能的一大部分。

当大脑放慢思考速度或暂停时，存储脑就会利用这些时间来选择、编码、组织、存储和查找信息，存储脑网络会管理好每一个可能"迷失"的时刻。

如果孩子在所有这些"迷失"的时刻都忙于使用智能手机、平板电脑或电脑，他们就会破坏大脑需要的自发休息和短暂休息来存档他们刚刚听到和做过的事情，比如在课堂上，这会破坏他们的知识体系搭建，也会抑制他们的创造力。

当被问到"你在什么时候最有创意"时，人们从不回答"在工作的时候"，而是回答："慢跑""散步""淋浴时""在床上""睡醒后在床上""当我闲聊时"……这些情况有什么共同点？

首先，在不受干扰的情况下，你以持续的注意力（不看电子屏幕）来学习、研究和思考，并且你已经暂停其他大脑活动，有足够多的时间让信息流过存储脑，处理并将其存储在大脑中长期记忆。只有长期记忆才是知识、洞察力和创造力的源泉。

其次，你很放松。有足够的空间供存储脑搜索和组合信息，不受思考脑的阻碍。

最后，你断开了连接，就会避免你的注意力被分散，进而保证你的大脑主要在关注你想解决的问题。

尼采曾经说过，"所有伟大的思想都是在行走中产生的"。从某种意义上说，如果史蒂夫·乔布斯一直摆弄着他的 iPhone，他永远也想不出来关于 iPhone 的创意。如果阿基米德把他的手机带到浴缸里玩，他就永远不会有灵光一现的时刻。

孩子睡觉时，他们的大脑和清醒时一样活跃

因此，当孩子睡觉时，存储脑占用整个中央计算机。他们的大脑在夜间和白天一样活跃。充足的睡眠对孩子的学习和健康至关重要，这一认知非常重要，因为现在许多青少年睡眠太少，这对他们的健康、学习会产生负面影响。有人认为这是一个生理问题，只需要孩子们推迟上学的时间就行。但我们已经在"释放孩子的大脑 4"中反驳了上面的说法（第 110 页）。

孩子知道的越多，记住的就越多

我们需要通过各种不同的经历在大脑中建立许多不同的联系。我们掌握的知识越多，我们能记住的新信息也就越多。

许多诺贝尔奖获得者在其专业以外的各个领域都远远超过平均水平，这当然不是巧合。

诺贝尔自然科学奖的获得者，在舞台上作为演员、舞蹈家或魔术师的人数是普通人的 22 倍。他们写的诗歌、戏剧和散文是普通人的 12 倍。他们在艺术和手工艺方面的活跃度是普通人的 7 倍，演奏或创作音乐的活跃程度是普通人的两倍。我们拥有的知识范围越广，大脑发育得越好。

成长中孩子的体验环境越丰富，他们就越能将更多的经验转化为大脑中具有教育意义和有用的联系。孩子已经知道的越多（即储存在孩子记忆中的越多），就越容易吸收新的信息。

一个孩子在一个安全、温暖的环境中长大，有大量的书籍、具有挑战性的玩具和经历，以及有与他交谈的成年人，会自然而然地学到很多有用的东西。在垃圾场旁，危险、贫穷的贫民窟或亚马逊丛林中的原始部落成长的孩子会自发地了解更多关于在这种环境中生存的技能和知识。由于极度缺乏相关知识,在受保护环境中长大的孩子将无法在那种丛林环境中生存一周。

研究表明,在标准阅读理解测试中得分较低的孩子,在做涉及他们已经很了解的话题的阅读题时,得分会很高。例如与足球或电视节目相关的话题。

所有智力相同的孩子,学习的能力和速度都是一样的,他们学到什么取决于他们的环境。在有的家庭中,父母读书并鼓励孩子这样做,父母为孩子提供从运动旅行到创意手工的多种体验,父母温柔但坚定地教导他们远离手机;而另外一种情况是:父母不看书,辛辛苦苦工作一天,疲惫地坐在电视机前玩手机,孩子也可以随便玩游戏或上网。

一个孩子如果在没有太多指导的情况下,任由平板电脑或手机上不间断的、令人上瘾的信息流摆布,那他多半会去浏览一些好玩的信息,这些信息往往与学校和成功的生活完全无关,但对那些科技公司来说却尤其有用。没有指导,孩子不会学习如何使用这些美妙的技术,也不会成为技术的主人,最终,他们将沦为数字媒体的奴隶。

我们的记忆取决于我们的注意力

我们不可能存储通过我们的感官进入的所有信息。记忆是有选择性的。比如现在我完全专注于屏幕上的这段文字,但如果我稍稍放松注意力,我就能听到按键声,听到透过打开的窗户从外面传来的声音,以及两个人正在某个地方的阳台上讨论的声音。我感觉我的手指在敲击键盘,我听到很清晰的敲击声,因为我现在更用力地敲击了按键。我闻到我妻子做的杏酱的香味，我觉得我需要休息一下。如果我一直全神贯注于我的文字，我就不会注意到所有这些，我的记忆也不会存储它们。反之亦然：当我关注所有其他事情时，我无法专注于我的文字。所以我们的记忆取决于我们的注意力。

我们有各种各样的回忆。我们有自己能意识到的（心理学术语"外显记忆"），和自己意识不到的记忆（"内隐记忆"），以及我们用来确定方向的记忆（"方位记忆"）。外显记忆有两种不同类型：一种是对事实的记忆（"语义记忆"），另一种是对我们的自身经历和历史的记忆（"情景记忆"）。

在学校，孩子们主要使用外显记忆来记住单词、概念、数学和语法规则以及生物学知识等内容。他们的注意力集中得越好，注意力保持的时间就越长；练习和重复的次数越多，他们的记忆效果就会越好。这种学习需要持续的注意力和专注力，也需要意志力和努力。

有些人争辩说"反正孩子们在网上都能找到这些知识，让他们去背诵也没有意义"。那些人是完全不知道人脑是如何工作的，他们完全是在胡说八道。我稍后会再谈这个。我刚才解释说，你知道的越多，长期记忆中的知识就越多，就越容易学习新事物。此外，必须具备大量知识才能正确搜索并解释你需要的知识。

不同记忆的合作

外显记忆是指我们可以在意识中回忆起的那些记忆，因为我们明确地、有意识地存储了它们。此类别包括两个子组：

1. 语义记忆，它的存储不依赖于情景。例如事实、计算规则、词汇、历史数据。要记住它们，我们需要重复、练习、记

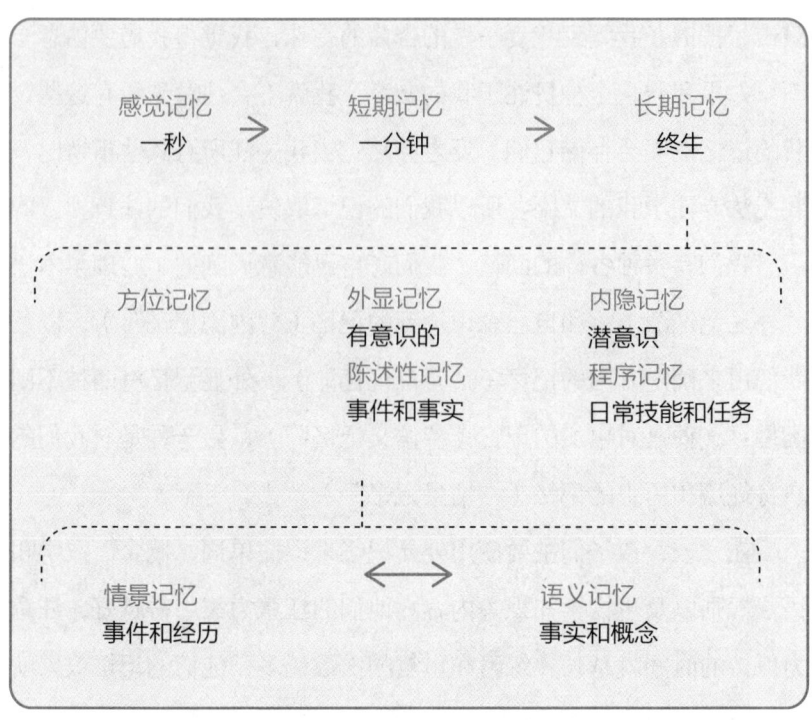

忆,但一旦记住,我们就可以在意识中正确地回忆起它们。它就像一本储存在记忆中的教科书,需要时可以打开查找信息。我们练习得越多,就越能记住它。

2. 情景记忆,它存储于特定时刻或前后相关的事件或事件序列中。一个重要的例子是我们的经历记忆,它存储的是生活中的记忆。然而,我们记得并不准确,也不完全可靠。它根本不像硬盘驱动器那样工作——在那里我们可以准确地找到我们放在上面的东西。

我们通常在情景记忆中存储的是粗略的轮廓以及最重要的事情,细节却很少。这些细节在我们检索记忆的那一刻就被弥补了。我们那时记住的不是事实,而是基于记忆的重建。而且它受以前记忆的影响很大，尤其是我们已经知道的和前后发生的事情，以及我们所期望的。这个选择过程实际上是从体验的那一刻开始的。"观察即解读"——由于这些"事前判断"和刻板印象，不同的人在同一种情况下看到的东西可能不同，因此记住的东西也不同。

因此，我们的情景记忆不仅仅存储信息，还试图让信息变得有意义，并将其与我们已经知道或认为知道的信息结合起来。这样会帮助我们更好地记忆，因为我们在把过去的经历当成有意义的故事来记忆。

我在红灯前等待通行，在我前面是一辆红色的汽车，上面有一个年轻的女人和一个孩子。女人启动车子时，我条件反射地跟在后面。幸运的是，在红绿灯处，我突然注意到信号灯仍然是红色的，我及时地紧急刹车，这时我的车头已经停在人行横道上了。但是，这位年轻女子闯了红灯。在十字路口，她被一辆又大又贵的奔驰撞了，好在速度还不算快。奔驰车上有些发胖的秃顶司机立即下车，问那个带着孩子的女人是否一切都好，而这时女士反过来责备他闯红灯。令人震惊的是，大多数旁观者也确信事情就是这样发生的，并愿意为此作证。那些路人并没有说谎，他们真的记住了最符合他们预想的细节，并将其变成了记忆中一个有意义的故事。

随着时间的推移，我们对事件记忆的准确性会降低。每次我们重述或回忆之前发生的事情时，都会增加新的细节，而有些细节则会从我们的记忆中消失。

此外，警察、法官、医生、心理学家和教师的提问方式和顺序对记忆内容和无意识编造内容的影响非常大。

情景记忆的一种特殊形式是所谓的"手电筒记忆",它有时能让我们回忆起触发强烈情绪的独特事件的记忆。例如,当你听到有人登上月球、肯尼迪被暗杀、戴安娜王妃意外遇难、世贸中心被毁、你最好的朋友发生意外时,你可能会准确记得自己所在的区域,等等。

我们也有"隐性"或"非陈述性"记忆。那是我们不一定知道的知识。它有时也被称为"程序记忆"或"隐性记忆"。这些都是我们可以在不假思索的情况下长期自动完成的事情。我们通过大量练习(背乘法表、阅读、骑自行车、驾驶)或通过条件反射和习惯养成来学习它们。

还有一个"方位记忆",它让我们知道我们在哪里,并在我们以前去过的地方找到方向。有时这是明确的,我们可以向其他人解释如何到达那家不错的餐厅。有时它会稍微有些模糊,你无法和别人说清楚路,但当你自己走到了那里,你就会马上想起了路。

情绪最终会出现在我们的外显记忆和内隐记忆中。有时我们确切地知道是什么让我们害怕或快乐,有时我们不知道是什么触发了这些感觉。例如,它可能是被遗忘的声音、音乐或气味。

屏幕使用对记忆力的影响可能是正面的,也可能是负面的

经常使用智能手机会损害孩子的记忆力。我的意思并不是说某些东西无法修复地损坏了,而是他们的记忆组织和归档越来越差,因为他们更多地同时处理多项任务并经历更多的中断。当他们忙于

玩手机时，他们学得更少，记住的有关自己的经历和经验也更少。这是由于持续的多任务处理导致他们的注意力分散，然后会导致记忆力下降，而记忆力差是碎片化大脑的一个重要特性。

另一方面，手机和电脑是将孩子们的部分记忆外化的绝佳工具，正如"电脑"其名：将大脑之外的信息转移到电子设备的数字档案中，方便他们随时进行搜索。但是，它们只能帮忙存储数据和信息，只有在自己大脑中的长期记忆才拥有理解、知识、洞察力和智慧。他们正是需要足够的理解、知识、洞察力和智慧，才能向外部数据源（如谷歌和其他数据库）提出正确的问题，并能够评估找到的信息。他们还需要这些知识来发挥创造力并提出新的解决方案。

然而，让孩子们死记硬背（在长期记忆中储存）他们随时都能通过谷歌找到的"知识"是毫无意义的。网络上还有许多不受规范的知识，你可以找到最无知、最荒谬的内容，根本不值得采集和存储。

我们的社交脑网络和激素对其的影响

社会关系和社会压力对孩子如何使用屏幕有重大影响。这就是为什么我们在这里也谈论社交大脑。在关于青春期大脑的下一节中，我们将仔细研究它。

动物——从蚂蚁到猴子——有时也可以很好地合作，但仅限于与它们有直接感官接触的有限群体。人是唯一可以与感官无法触及的同类合作的动物。我们之所以能够做到这一点，是因为我们有一个会思考的大脑，可以使用抽象语言工作，让我们能够构思和理解无数概念。我们可以将这些概念、知识从一个人传给另一个人，代代相传。由于书面语言的发展和不断改进的交流方式，我们甚至可以将这些知识传递给我们完全没有感官接触的人，传递给大型团体，甚至跨越国界，传递给全世界。这样我们就可以在大型团队中一起工作，例如，在全球范围内支持同一个目标。例如，想一想与来自不同专业、彼此不认识但遵循相同计划的人一起盖房子，想一想为同一目标在世界范围内动员起来的年轻人所发起的气候运动——他们有共同的动力和追求，因此可以形成全球范围的合作。

某位哲人说过：能够感受到别人的感受，有利于社交

年幼的孩子很少或根本不知道其他人内心正在想什么，他人的心理状态是什么。在3岁到8岁之间，他们形成了一种关于他人内心世界的想法，即所谓的"心智理论"，这是想象他人的意图、形成社会关系、理解冲突和解决问题所必需的。孩子越能思考别人的想法，他们的社交技能就越强。

这似乎有点复杂，但非常重要，如有必要，可以重读接下来的五个句子：我在思考；我更加意识到我在思考；我意识到其他人也在思考；我首先意识到自己，然后我意识到其他人因此也意识到自己；我意识到别人也在思考，所以别人也在思考我。

意识到这一点，我们就能够"心智化"，思考别人脑子里在想什么；了解另一个人的目标、需求、逻辑、痛苦和情绪。例如，我们逐渐了解到，某人对同一主题的想法可能截然不同，并且我们可以隐藏自己的情绪并以与他们感觉不同的方式行事。这种"心理理论"使我们能够换位思考。

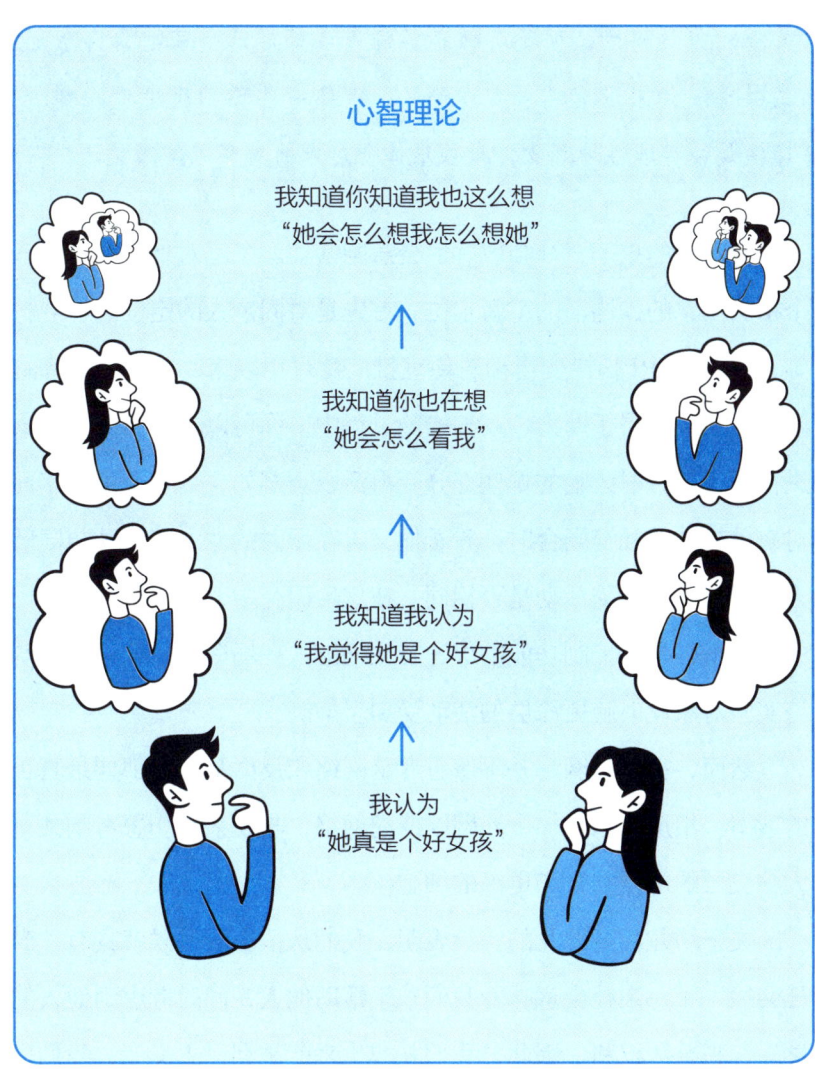

　　这个词无法翻译，因为荷兰语甚至没有一个词来说明"心智"的概念，这在心理学中非常重要。你可以称之为"我们思想意识的理论"。

　　它不同于我们在管理技巧中讲到的同理心，而是同理心的前提。你可以有一个"心智理论"，基于这个理论可以理性地

> 知道对方的感受,而不会像精神病患者那样产生直觉的情感上的共鸣。如果没有"心智理论",就像一些孤独症患者一样,即使是纯粹理性地想象,也很难体会对方的真实完整感受。

青春期的孩子,社会敏感性会急剧增加。家庭对外部世界有一个相当基本的、逐渐的重新定位,首先是对同龄人的定位。

自从 fMRI 扫描变得相对便宜且广泛可用以来,关于社交大脑网络的研究获得了助力。在扫描的过程中,你可以看到当测试对象进行各种任务时大脑的哪些部分变得活跃。例如,当一个青少年面对有挑战性的社交场合时,看看他父母在场时的他大脑活动与同龄人在场时他的大脑活动是否相同。在这项研究中,似乎在母亲在场的情况下,具有控制功能的思考脑比同龄人在场时更活跃,这说明该实验对象反射脑更深层的活动受到了抑制。

然而,社交脑网络并不像思考脑网络和反射脑网络那样是真正的网络。相反,它是一个元网络或超网络,与反射脑和思考脑共享大脑皮层的重要部分和更深的细胞核。

关于幼儿甚至婴儿的实验表明,我们从很小的时候就具有"亲社会性"了。亲社会意味着我们乐于帮助他人,同时考虑到他人的感受、利益和权利。因此,我们并非生来就是利己主义者,我们也不必忘掉这一点。自私和亲社会之间存在着矛盾,而教养有助于决定两者的发展方式。幸运的是,亲社会行为也有益于我们自己。乐于助人的人心情更积极,压力更小,当自己遇到麻烦时也能得到更好的支持。

社交脑网络也受到激素的影响,同时刺激激素的分泌。这让我们很快想到性激素,如睾酮和雌二醇(青少年突然开始大量分泌），以及多巴胺（苯丙胺家族的一种神经递质）。关于这一点，我们稍后再谈。当然，还有其他性激素在其中发挥着有趣的作用，比如催产素和加压素。

催产素，一种促进社交的激素

催产素在分娩和母乳喂养期间能够促进子宫收缩。直到最近人们才发现它对我们解释和应对社交情况的方式有重要影响，并且它在压力情况下起着特殊的作用。

我简要地解释一下，以说明微妙的激素是如何工作的。在耸人听闻的媒体中，催产素有时被称为"爱情荷尔蒙"或"拥抱荷尔蒙"。女性比男性分泌更多。它强烈影响母子关系、孩子出生后的母性行为以及女性（以及男性）在人际关系中的保护行为。它还会影响信任、同理心、慷慨程度、对非语言线索的敏感性以及认知和情绪控制。同样值得注意的是，催产素会促进某些情感和行为，例如同理心，但这些同理心的感觉和行为也会刺激催产素的产生。所以激素和行为会互相影响。

但"爱情荷尔蒙"只是问题的一方面。虽然催产素促进了与"像我们一样的人"、我们的家庭、"我们的种族"的接触，但同时它也强化了一种不信任"不像我们"的人的倾向，比如民族中心主义和种族歧视行为。从进化的角度来看，这似乎是非常合乎逻辑的，因为"我们的种族"中的后代和团结，是为了互相安全照顾，这也就同时有针对潜在敌人的倾向。

社交脑网络刺激我们与同伴建立亲密联系并互相帮助。我们成双成对是为了繁殖和照顾我们的后代，因为他们比其他任何动物都需要更久的照顾才能自立。另外，社交大脑网络还帮助我们在更大的志同道合的人群中寻求合作并共同生存。

稍后我们将看到，青少年的社交脑网络正在发生一场革命，这场革命既促使他们与科技互动，也使他们加倍依赖科技。

"快乐-奖励-动机"脑网络促进成瘾

"快乐-奖励-动机"脑网络，也称为"愉悦网络"，它连接到三个基本网络，并且在我们的屏幕滥用和屏幕成瘾中起着重要作用。你可能已经听说过所谓的愉悦网络，其中神经递质多巴胺起着主导作用。事实上，最早发现这一点的研究人员欧德斯（Olds）和迈纳（Milner）认为他们已经找到了大脑的愉悦中枢。在老鼠身上，他们将电极放置在大脑较深的核团之一（伏隔核）中，并发现这些动物对按下刺激该核团的按钮上瘾。影响是如此之大，以至于老鼠甚至忽略了进食、饮水和性行为，只是为了不断按下那个按钮，直到它们筋疲力尽。

最近的研究表明，这个脑核在上瘾的人身上会扩大，这个深部脑核的大小与使用Facebook的频率之间存在关联。这个脑核在大脑中的比例，在频繁使用Facebook的用户中与在吸毒者中的比例一样高。

愉悦网络与其他脑核以及思考脑和存储脑相互影响。它还会影响我们的记忆和行为，反之亦然。最新的研究证明它不仅是一个快乐中心，还是一个奖励和激励中心。有学者发现，当人们期待奖励或快乐时，深层脑核已经产生了多巴胺。

这就把我们带到了这个故事的主角：神经递质多巴胺，它会引起愉快、警觉的感觉。多巴胺的释放不仅受到适当位置的电流刺激，还受到食物、金钱、亲吻、性、酒精和其他药物的刺激。快乐的来源对我们的大脑来说并不重要。请记住，哪怕是记住一个简单的英语单词 joy（愉悦的）也会带来快乐：一种短暂的愉快感觉。这不同于更令人满意、更持久的快乐和满足。"短暂愉悦"这一点很重要，因为持续时间短正是多巴胺如此上瘾的原因，而寻求短暂快乐会导致错过长期更深层次的满足。

从进化的角度来看，这是一个重要的网络，因为它激励了我们的祖先积极寻找对其生存和繁衍至关重要的东西：食物、水和性。寻找食物、水或伴侣时所产生的多巴胺的愉悦感觉，在连续发生几次之后，这种愉悦，就与我们的祖先在大草原上所做的一切联系在一起，例如获得食物产生的愉悦，会让我们在寻找食物的时候，就已经开始产生愉悦的感受。这就产生了一种条件反射，即所谓的巴甫洛夫反射，因此对食物的期待或对食物的寻找已经成为愉悦感的先兆，这会促使我们的祖先重复这种行为并返回他们找到食物的地方。因此，愉悦网络也具有激励作用，它可以刺激学习过程，从而增加找到食物的机会。多巴胺带来的愉悦感也会刺激记忆力，不仅要记住做过什么，还要记住成功的积极情绪。

不需要太多的想象力，你就能理解，这种多巴胺刺激的原理是如何对我们产生负面影响的。只要符合条件，任何产生多巴胺的冲动的行为都可能导致行为成瘾。例如，食物成瘾、性成瘾、盗窃癖、赌博成瘾，以及屏幕成瘾。许多药物还会刺激多巴胺的释放或对大脑产生类似的影响。例如，对于吸毒者来说这个本身就很棒的愉悦网络会唤醒瘾君子对更多刺激的渴望，并刺激他去寻找毒品和找到可以找到毒品的办法。在愉悦网络的刺激下，成瘾者也越来越好地学习如何更好地获取毒品。就像欧德斯和迈纳的老鼠在筋疲力尽之前不睡觉、不进食也不喝水一样继续按下按钮，大脑中的奖赏回路也会刺激瘾君子继续吸毒，即使他非常清楚这样做是在毁灭自己。

稍后我们将看到，这种愉悦网络在青少年中反应更为敏感，既有潜在的积极影响，也有潜在的消极影响。

身体-大脑网络：手机让我们无法移动

一个巨大的网络，比整个互联网还大

最后，为了采取行动，我们需要第六个大脑网络：身体脑，它与我们体内的数万亿个细胞相连。随着科学家研究的深入，将大脑的某些部分连接到计算机以调整身体的功能方面变得越来越智能，对这种联系的了解也在增加。他们这样做既可以直接影响大脑，例如为帕金森病患者使用一种脑起搏器，也可以连接精密的假肢。

大脑与体内 50 万亿～100 万亿个细胞中的每一个细胞进行交流，以不断适应内部和外部的变化。它们是完全自主、自动地完成这项工作的。

正如我们之前所描述的，每个脑细胞就像一个数十亿台计算机网络中的一台小型计算机，它们互相之间也相互影响。在它们之间，这些细胞并行处理数十亿个线程（计算机用语，一次处理一个任务的最小单位），相互指导并在以惊人速度运行的复杂网络中做出决策。它就像一个"物联网"，但比我们今天所知的任何技术都更大、更复杂、更完善、更先进。

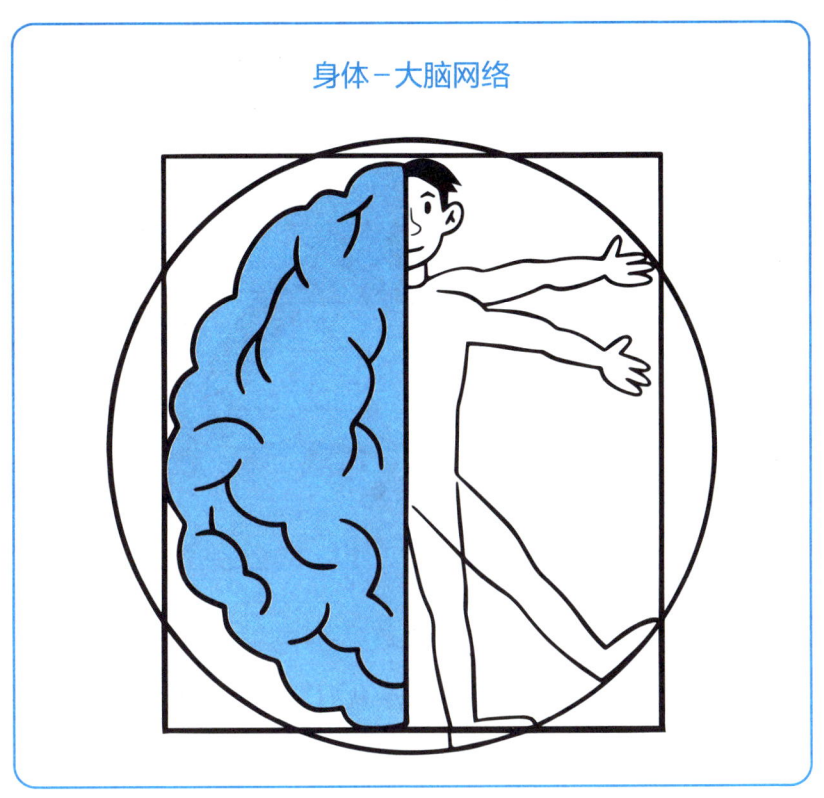

身体-大脑网络

为了移动网络而停止身体移动是不健康的

我们的大脑与身体的其他部分一起形成了一个极其复杂但非常有效的网络。重要的一点是，大脑控制身体，但也受身体控制，而且大脑也只是身体的一部分，因此大脑在健康的身体中才能工作得更好。

充分锻炼身体是我们保持身体健康的最重要方法之一。我们的祖先在大草原需要快速奔跑，尤其要长途跋涉寻找食物。即使在更近的时期，当我们的祖先开始耕种并定居在一个永久的地方时，必须进行艰苦的工作和斗争才能生存。进化以这样一种方式进行：在数百万年的时间里，身体已经成为一种更加完美的运动工具。除此

之外，运动对全身尤其是大脑的血液流动有非常积极的影响。它还可以促进我们的免疫系统，例如保护我们免受感染和癌症。

只是自 20 世纪 70 年代以来，发达国家中越来越多的人几乎不需要为生存而运动，甚至一天步行不到一千步。电视和智能手机的出现意味着越来越多的人不再在闲暇时间锻炼。

我们的身体真的不适合久坐不动的生活。久坐会导致各种疾病，也不利于大脑的功能运行。充分运动的一个重要好处是，哪怕白天只进行少量体育锻炼，也能促进入睡和保持睡眠状态，这有助于保持睡眠周期健康。这就是为什么在第二部分的方法中，我们更多将锻炼作为一种释放大脑的好方法，进而对孩子的数字自由产生积极影响。

影响大脑的四个关键因素：注意力、睡眠、情绪和压力

反射注意力如何干扰思维注意力

因为注意力是我们有效思考和行动，尤其是有效学习的核心，所以我们在这里更加关注它。有两种注意力形式，一种属于反射脑，另一种属于思考脑。了解两种截然不同的注意力形式，有助于了解导致孩子滥用屏幕的原因，以及后果是什么。

冲动的反射注意

反射脑的注意力是无意识和冲动的，并且会被环境中的外部刺激所激发，例如安静环境中突然出现的声音或黑色文本中的红色单词。

反射脑的注意力就这样被吸引了。这是一种类似动物的自动注意力反射，一开始你无法控制它。想想祖先走过热带草原，温暖的风吹过高高的草丛。突然有一棵树以不同的方式动了一下，这会引起反射性注意，以便能够快速做出闪电般的反应：要么作为捕食者抓住它，要么立刻逃离，又或者在原地保持不动。

如果你在完全意识到发生了什么之前就能让开错车道的车及时变道，那么这种反射性的注意力在今天也可以挽救生命。

这种注意力也会被吸引到所有新的、不寻常的、意想不到的、威胁性的或令人惊讶的事情上。反射脑的注意力几乎是不知疲倦的，行动起来毫不费力。

当注意力不自觉地被反射脑吸引后，速度较慢的思考脑才会意识到这一点，然后你可以决定是否进一步关注它。

社交媒体也知道这一点，它们竭尽所能吸引孩子原始的、不知疲倦的反射性注意力，而牺牲了他们需要学习和发展的持续、复杂、用来思考的注意力。

积极持续的注意力

几十年来，在我的压力管理研讨会上，我一直问听众这个问题："你能举例说明你在没有任何压力的情况下在生活中完成的重要事情吗？"从来没有人能够给我一个很好的例子。当我问及这种积极的压力如何帮助他们取得成功时，我几乎总是听到：压力使我更好地集中注意力，让我更专注于选定的目标。比如：考试顺利、成功的工作面试、举办一次成功的派对、比其他人更好的运动表现、克服重大挫折、装修房子、开始或发展业务，压力无一例外产生着积极的作用。压力促进了成功所必需的注意力。在我的幻灯片上，用大写的字母写着成功的秘诀："信念、朋友、热情、专注"。换句话说，就是你要相信自己，相信自己可以改变，相信他人，相信合作，相信来自内心的动力，以及心中的目标可以给你带来的持续的注意力。

为了充分利用大脑，我们需要思考脑持续、全神贯注地工作。你必须能够持续关注对你来说重要的事情。这与反射脑的注意力完全不同，反射脑会毫不费力地被吸引；思考脑的注意力是一项重要的技能，能够选择你有意识地关注什么和忽略什么，主动选择让注意力集中在关键点上。它就像一盏聚光灯，让你非常有意识地关注周围环境或大脑中的信息。然而，正如我们在多任务处理一章中看到的那样，如果你将注意力集中在一件事上，你就会忽略其余的事情。

这是魔术师和小偷经常使用的技能。如果他们设法将你的注意力集中在一只手上，你将看不到他们在用另一只手做什么。向孩子解释他们的大脑一次只能注意一件事的最好例子仍然是网络上的视频，例如，你可以试着要求他们在观看某场球赛视频的时候计算两支球队在比赛中的传球次数[22]。这还有助于向他们解释为什么在打电话时无法安全骑车。

英语中的"pay attention"比荷兰语中的"give attention"（均是"保持注意力"的意思）更贴切（pay 是支付，give 是给）。事实上，你需要"支付""投资"，才能真正保持注意力。这种有意识的关注需要付出努力、精力、训练和意志力。除非你进入心流，进入几乎毫不费力的专注力和灵感的幸福流动中，但那是另一回事了。这是你阅读一本困难的书、上一堂课、做一次手术、编写一个没有错误的计算机程序所需要的注意力……

与简单的反射注意不同，思考注意是一个复杂的多维过程，包括选择、过滤和维持。

选择：专注

你可以选择要集中注意力的主题。这是简单的第一步。

过滤：选择性聚焦

这是一种专注于所选主题的能力，同时忽略所有其他刺激。例如，你正在学习，你听不到花园里的嘈杂声或邻居的音乐声，你看不到成群的大雁以完美的 V 字形飞过，你也感觉不到傍晚的空气逐渐有了一丝寒冷。

孩子们在多大程度上能避免无关的外界打扰，这一点是各不相同的，但这是一项始终可以训练和提高的能力。

维持：保持注意力

这是将注意力集中在一个刺激或一个主题上的能力。如果孩子做不到这一点，那么他最终什么也做不了。学习时，孩子专心看书的时间只有几分钟或最多 15 分钟是不够的。要取得好成绩，孩子必须能保持 45 分钟到 1 个小时的注意力，然后在短暂的休息后，再次全神贯注于他的学习上。持续保持注意力并不容易，需要消耗大量的能量，除非你进入专注状态，那专注力就会像骑自行车下坡一样自然而然发生。

环境中的各种因素都会使持续注意变得更困难或更容易。如果邻居突然开始装修，或者如果你突然牙痛，你就很难专心学习。因此，开放式办公室和开放式大教室（第二部分已经充分介绍过的开放学习空间）是持续关注的敌人。在这样一个对大脑不利的环境中保持专注需要大量的精力。因此，人们回家时会出现更多的疲惫症状，他们可能会做出不那么好的、不那么道德的或是不那么有创造力的选择，尤其是在一天的最后几个小时。

孩子无法控制这些外部干扰，但可以通过关上窗户、在耳朵里塞上耳塞或使用降噪耳机、关闭电视以及所有通知和弹出窗口来让自己更轻松，离开手机，把手机调成静音并放在其他房间让自己够不着。通过一些改变，让房间里静悄悄的。

你可以训练注意力

像任何技能一样，注意力也是可以训练的。练习得越多，集中注意力就越容易。就像跑步一样，如果你没有练习过，直接跑10公里，那会让你筋疲力尽。而一个有经验的跑步者只管向前奔跑就行。相反，如果你不断地被多任务打断，你的大脑就会变得脆弱，只能集中很短时间的注意力，例如，无法再阅读长篇文章，更不用说整本书了。在本书的第一部分中，我解释了注意力不断被分散会对智力生产力（学习）、记忆力、创造力造成糟糕透顶的后果。"糟糕透顶"是一个可怕的词，但是连续多任务处理的后果真的很不好。

并非每个人都天生具有保持注意力的天赋。这对某些人来说更加困难，即使在最佳条件下也是如此，所以他们将不得不进行额外的训练。有时甚至超级困难，例如对于患有ADHD（注意缺陷与多动障碍）的人来说，他们中的一些人甚至在经过额外培训的情况下也无法取得成功，需要通过吃药来保持专注。

其他人则没有那么麻烦，只要在注意力方面训练有素，他们就可以全神贯注于某件事，甚至完全忘记了周围的世界和时间。

此外，社交媒体公司和其他科技公司正在发动"经济战争"，尤其是与我们相关的"经济战争"，以争夺我们的注意力。他们利用我们的注意力和时间赚取了数十亿美元，成为世界上最富有的公司之一。在这样做的过程中，他们动用了一切资源和技术来"劫持"我们的注意力，而并不在乎会导致什么后果，包括造成大脑崩溃（更多内容请见第五部分）。

这种无情的注意力争夺战也会对我们的孩子产生影响。孩子们需要知道这一点，然后学习如何培养自己的注意力技能来抵御邪恶的诱惑。这就是为什么我们将在第四部分（青春期的大脑）中更详细地探讨这个问题。

一个常见问题：学习时听音乐会分散注意力吗？

这是一个很好的问题，因为答案指出了我们应该看待问题的方向。我们认为你要问自己的是：音乐是否抓住了我的注意力？

孩子不去有意识地听的背景音乐不会分散大脑注意力，它甚至可以掩盖其他令人不安的噪声，使大脑更好地集中注意力。对大多数孩子来说，这就只是一首安静的背景音乐。如果孩子是一个性格外向的人，并且不得不做无聊的工作，那么振奋人心的节奏强烈的背景音乐可以使孩子更加警觉，从而可以更好地专注于工作。但如果他真的在认真听音乐，那么，音乐就会分散他的注意力。他可能会出现这样的想法："哦，那美妙的旋律或美妙的即兴重复段很快就会出现"或"原版比这个好得多"，那么孩子的大脑就会在家庭作业和音乐这两种截然不同的任务之间切换。正如我们在多任务处理一章中看到的那样，切换需要时间、精力。

简而言之，平静音乐或振奋人心的音乐播放列表可以帮助青少年学习。但是，听广播音乐节目或带有歌词的音乐，是个坏主意。

睡眠对思考和做事的质量至关重要

前面我解释过我们的大脑需要一些"放空"的时间，来处理每

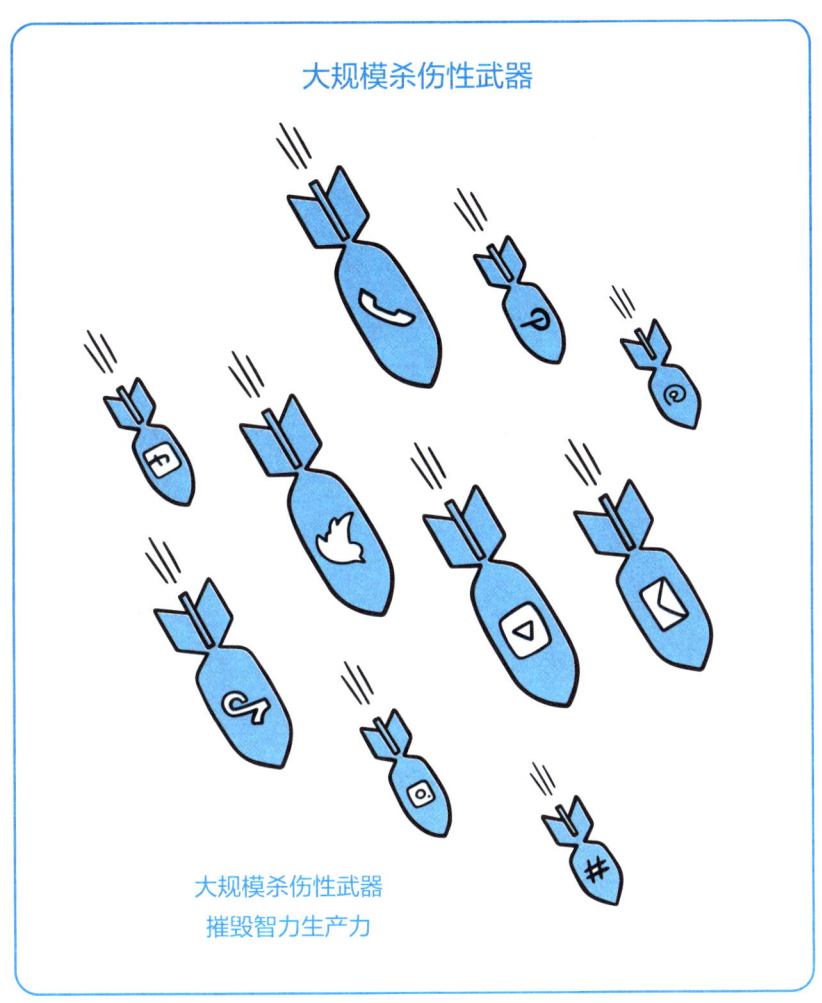

天向我们涌来的难以估量的信息流,其中,最重要的"放空"时间就是睡眠。这对每个人来说都很重要。对家长来说,了解这一点尤为重要,因为很多青少年睡得太晚了,这破坏了他们在学校的学习生活,尤其是在早上。

我们的存储脑在夜间和白天一样活跃,组织和存储过去一天的所有信息,并为即将到来的一天做准备。睡眠不足,即使只是某一个晚上,也会导致我们的认知、情感和社交智力显著下降。

我可以用一整章来讲述睡眠不足的不良后果，列出一个完整且庞大的清单。研究人员发现，睡眠不足的不良后果包括：注意力、记忆力、耐心、风险评估能力、预测能力、对反馈的开放性、细微差别的感觉、洞察力、判断力、决策能力、创造力、幸福感、对他人的吸引力都会受到严重损害，还会损害热情、自我认知能力、有效沟通的能力、对可实现目标的良好感觉，会导致冲动、注意力不集中和情绪过度反应，抑郁和喜怒无常。

在需要灵活应对的情境下，睡眠不足的负面影响最大。当它涉及你可以依靠已有的经验和习惯自动完成的例行任务时，睡眠不足的影响会不那么明显。

在压力和危急时刻做出决定时，睡眠不足对核心智力功能的破坏最大。压力越大睡得更少，就像在考试前熬夜的学生一样，或者像政治家一样，有时甚至根本不睡觉。也许彻夜工作学习听起来很酷，但完全没有效率。对学生来说，这会导致更糟糕的考试成绩，对政客来说，这会导致糟糕的决策。

睡眠不仅对思考脑和存储脑很重要，对整个身体的正常运作也很重要。简而言之，你需要充足的睡眠，从而有助于：

—恢复体力；
—为思考脑重新注入活力；
—使存储脑能够组织和存储白天接触的所有信息；
—建立和记录这些存储信息之间的新连接；
—生成新的脑细胞，特别是进行长期记忆的脑细胞；
—分解并清除大脑白天产生的废物；
—处理情绪并维持或恢复情绪稳定；

——调节数十种激素，它们能影响体重、血糖、生长、心脏和生殖等；

——激活白天能量不足的过程，例如生长、修复、恢复活力和免疫系统等。

大多数人需要7~8个小时的睡眠才能使大脑发挥最佳功能。对青少年来说，则需要9~10个小时。

为了进一步理解为什么许多孩子会因为长期睡眠不足导致身体和精神机能低于他们的潜能，你还需要了解一些关于生物钟的知识。生物钟决定了我们的清醒-睡眠节奏。

早在公元前4世纪，阿德诺屯厄斯（Androsthenes，塞琉古国王）就发现了一些植物的叶子会在24小时内打开和关闭，他将此归因于太阳的影响。1729年，法国科学家迪马伦（Jean-Jacques d'Ortous de Mairan）将含羞草放在一个黑暗的橱柜里，只有一个可以遮盖的小孔。他注意到即使是在黑暗中，含羞草叶片的24小时运动模式也会持续很长时间。由此，他发现生物钟是由内部控制的。人类的情况似乎也是如此：如果你在培养皿中培养人类的时钟细胞，它们的节奏会保持一段时间。

生物钟科学已经发展到如此程度，以至于它有了一个专属名字：时间生物学。时间生物学有助于了解青少年的睡眠问题。

简而言之，我们的身体（包括大脑）并没有对我们身体中的数十亿个细胞下达指令。这是不可能实现的，因为人类的身体和大脑真的太复杂了，单一指挥系统会让我们过于脆弱——一旦它停止工作，我们就会整体失控。

在大脑这个巨大网络中，所有细胞都直接或间接地相互控制。

这在计算机领域里叫做"分布式计算"。这有点像互联网，数十亿台计算机相互连接并传递信息。与此同时，它们相互引导以保持良好协调的方式工作——即使在电缆坏了的情况下——不存在一台中央计算机控制这一切。

然而，大脑和身体的结合比互联网甚至"物联网"要复杂许多倍，这个不断扩展的网络不仅包括计算机，还有数十亿种东西，如灯、门、机器、核交换、汽车、自动取款机、轮船、无人机等。

这个巨大网络中的所有生物过程都由我们的基因控制。为此，大脑和身体其他部位的大多数细胞都有自己的遗传时钟。这个带有遗传时钟的巨大细胞网络不会变得完全混乱是因为有一个主时钟让我们的内部时钟——生物钟相互协调，甚至植物和细菌也有这样的时钟。研究人员发现了那个时钟的确切位置。用行话来说：它们就是在大脑的一小群细胞中，叫做视交叉上核（SCN），它是下丘脑的一部分。

生物钟大致遵循昼夜节律，负责调节所有的身体节奏，不仅负责睡眠周期和我们的警觉性，还影响核心体温和所有激素的分泌。这是一个自主的、全自动的时钟，日夜滴答作响。

生物钟的周期并不是精确的24小时，而是24小时11分钟。生物钟总是由同步器调整到地球绕太阳转一圈的时间。有内部和外部同步器，在德语中称为 Zeitgebers（时间指示器）。我们身体的昼夜节律周期，受体内因素的影响，也受外围因素影响，例如褪黑激素、嗜睡激素。由于这些激素的分泌受到屏幕使用的影响，我稍后会再谈这个问题。

正是这些生物钟，确保我们的睡眠节律适应我们所处地点的昼夜节律。

> **睡眠不足比你想象中更糟糕**
>
> **身体**
> —糖耐量 ↓   促甲状腺激素 ↓   糖尿病 ↑
> —生长激素 ↓   皮质醇 ↑   免疫系统 ↓
> —体重 ↑（肥胖高达2倍）
> —寿命 ↓   老化速度 ↑
> —吸引力 ↓   衰老症状 ↑   等等
>
> **头脑**
> —耐心 ↓↓   细微差别感 ↓   洞察力 ↓
> —判断力 ↓   专注力 ↓↓
> —记忆力 ↓↓
> —创造力 ↓   多任务处理能力 ↓   决策能力 ↓
> —忧郁 ↑   喜怒无常 ↑   快乐 ↓
> —热情 ↓   对性关系的兴趣 ↓↓
>
> **社交**
> —家庭关系 ↓   两性关系 ↓↓   等等

然而，这些影响也会扰乱生物钟，例如，如果入睡和起床的时间发生变化，或者如果清醒－睡眠模式偏离昼夜循环，那就像轮班工作和倒时差的情况一样，这时，体内的外围时钟，例如消化时钟、体温时钟、嗜睡时钟、血压时钟和恢复时钟，将不再与中央时钟同步，直到中央时钟再次同步所有内容。

对于本书的主题，重要的是要知道，落在我们视网膜上的光线会影响褪黑素的产生。一般傍晚的红色波长的光线会促进褪黑素产生，而下午的白色光线则会减少褪黑素的产生。最强的抑制褪黑素产生的是热带中午的白蓝光。这对我们生活在大草原上的祖先来说非常有用，可以让他们在白天保持最佳警觉状态，并在晚上快速入睡。

现代屏幕的白色"背光"或背景光正是白蓝光。如果你看一个人在黑暗中忙着玩手机,从他脸上的反光就可以看出,这并不是真正的白光,而是蓝白色的光。

因此,长时间注视手机或平板电脑的屏幕会导致褪黑素停止分

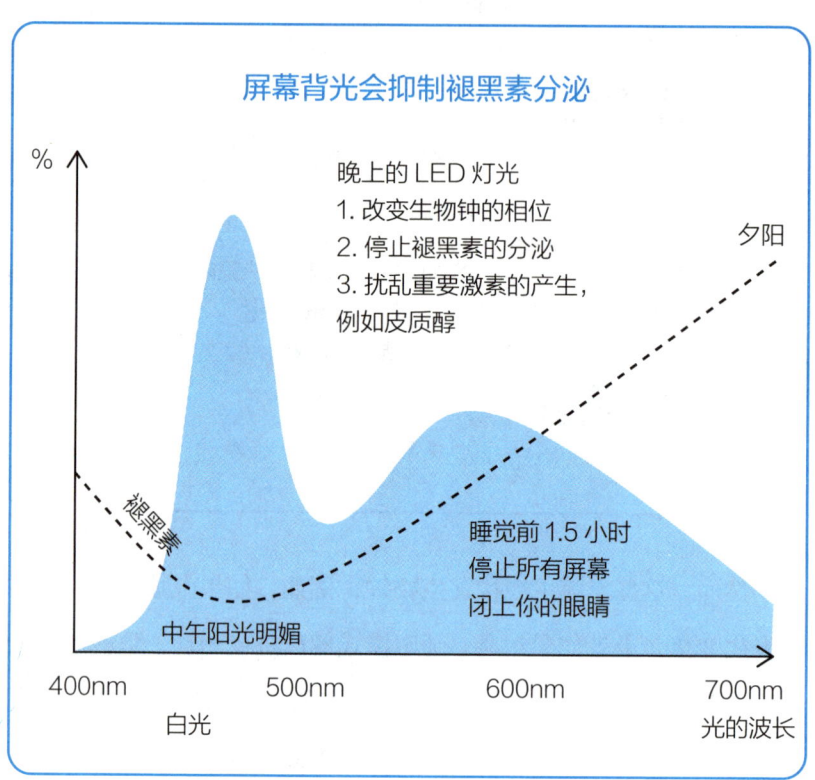

泌,从而让人更加警觉,减少困倦。如果你家中的照明和工作台上的书房灯都是白色 LED 灯,同样不利于你的睡眠。对于孩子来说,重要的是让他们知道,盯着屏幕直到闭上眼睛睡觉会对睡眠产生非常糟糕的影响,因为它会扰乱昼夜节律。

如果你曾经历过倒时差(或轮班工作),你对此一定有所体

会：在一段时间内，你会遇到很多问题，而不仅仅是因为睡眠节律被打乱而导致的疲劳。你还可能会暂时或多或少地遭受迷失方向、易怒、注意力不集中和动力不足、记忆力差和反应迟钝的困扰。你也可能有身体上的不适，因为你的肠道不再同步工作，它们会在本该休息的时候活跃起来，反之亦然。这同样适用于你的心脏、血压和内部恒温器，这会让你感到颤抖。你的饥饿感也会继续与你离开一段时间的地方的进食时间保持一致。这是因为我们的饥饿感和脂肪储存是由激素控制的，而这些激素非常依赖于我们的清醒－睡眠节奏。此外，由于糖分会影响胰岛素的产生，因此血液中的糖分浓度呈顺时针方向变化。在缺乏睡眠的情况下，你会因此经常渴望糖分和垃圾食品。

幸运的是，所有那些由同步器调整的时钟，过一会儿就会与中央时钟同步，我们会再次感觉良好。但是，你可以想象，如果中央时钟、外围时钟经常不一致，就像换班一样，那将是什么样的影响？

你现在可能想知道为什么我要在一本关于青少年的书中谈及轮班工作。那是因为很多成年人和青少年在没有意识到他们对自己的身体做了什么的情况下，屡屡打乱自己的生物钟。科学家称其为社会时差。稍后我们会讨论，因为许多青少年就生活在这种不健康的慢性社会时差中，这阻碍了其大脑的最佳功能的发展。他们的生物节律与社会节律不同步。幸运的是，有一个简单的解决方案：在还不困的时候就入睡，并在还困着的时候就起床。然而，简单并不意味着它很容易做到。

与屏幕有关的两种类型的情绪

人类有两种情绪：一个是反射脑对刺激的直接反应，另一种是由思考脑引发的相关情绪。

第一种情绪，即对刺激的情绪，来自反射脑的强大、原始、快速的反应。有时，那些基本上以生存和繁殖为目的的快速反应是有用的，甚至可以挽救生命。通常那些强烈的情绪，如愤怒、恐惧、欲望，会阻碍思考大脑的运行，并分散我们对目标的注意力。

这种情况首先会在大脑中引起情绪反射，然后在身体的其他部分（例如心悸、潮红、颤抖、肌肉紧张）和行为（斥责某人）中产生反应。思考脑会在几分之一秒后才意识到这些感觉，并在一些延

迟后将这些反应标记为情绪，例如愤怒。"我生气是因为你说了我弟弟的坏话"听起来很理性，但大多数情况下你的反应是在你意识到它是什么之前，大脑和身体已经生气了。因为延迟只有几毫秒，所以我们很难注意到它，并认为我们立即有意识地知道我们为什么生气或为什么有那样的情绪，而事实上在思考脑意识到发生了什么之前，情绪已经开始了。

幸运的是，通过一贯的教养和生活经验，我们养成了习得的习惯，可以帮助我们调整、控制甚至管理反射性情绪反应和行为。

然而，思考脑需要大量能量并且很快就会疲倦。因此，它对情

绪的调节作用会在一天的工作中减弱，不知疲倦的反射脑的原始基本情绪（如攻击性和恐惧）在疲惫的一天结束时变得更加强烈。

正如我们将在第五章中看到的那样，社交媒体的人工智能发现，他们的用户对在反射脑中触发原始恐惧和愤怒情绪的信息反应最频繁、最强烈。他们通过我们不假思索的反应赚取了数十亿美元，因此，你会收到很多负面信息，以及随之带来的所有负面的个人和社会后果。色情网站显然旨在唤起原始的情欲感，他们也借此赚了很多钱。

第二种情绪是由思考脑引发的。通常，思考脑对特定情况的理解和思考会引发你的行为以及相关的情绪和身体反应。

如果你将你的主管的评论，视为来自一个自命不凡的流氓的咄咄逼人和无理的批评，你很可能会自发地感到愤怒，你的心脏会加速，你的血压会升高，并且你会对他产生防御或敌意。接下来，甚至不需要你的主管在场，你也仍然会感到生气。过了一阵子，你可能也还是会在反思这件事情时，或者你在向你的同事讲述你的故事

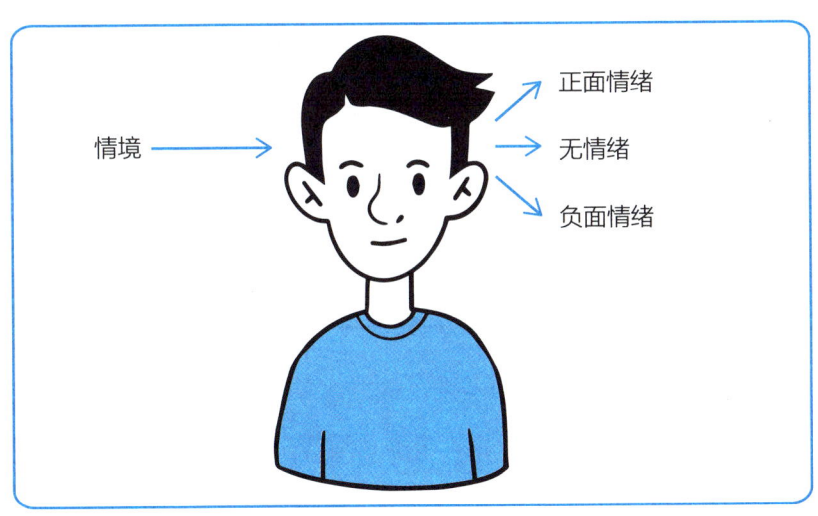

时还会感到愤怒。甚至再过几个月后，当你回想起这件事时，你可能还会再次感到愤怒。

如果你认为他的评论是善意的——例如，作为一个非常没有安全感的人的正常反应——你会有非常不同的感觉，压力会减轻或消失。你的行为也会非常不同，甚至可能做出积极的反应。一个优秀的演员如果能对角色感同身受，那么他只需想象自己身临其境，就能感受到与角色相符的情绪。

思维方式影响情感以及身体反应和行为，这一认识是令人印象深刻的认知心理学研究的基础。在此基础上形成的认知疗法为青少年提供了实用的情绪管理方法。

压力问题的关键是平衡

压力会影响孩子大脑的功能，这也可能带来积极的影响！如果你对压力有所了解，你可以留意孩子的压力平衡，并在必要时采取一些措施来恢复这种平衡。此外，我们还应该注意，压力大的孩子，有时会在互联网上寻求安宁和安慰。然而，由于社交媒体的人工智能，他们可能接受到的是只会让事情变得更糟的信息。

积极和消极的压力

使箭射中目标的是拉弓产生的压力。压力越大，箭到达目标的速度越快或飞得越远。

如果你审视自己的生活，你会发现，如果没有压力，你就无法取得任何真正重要的成就。人类需要适量的压力才能在情感、智力、社交和身体上表现更好。

因此，妥善管理压力的目的不是要避免压力，而是要找到能够激励并刺激我们成长和发展的最佳压力水平。

如果对孩子提出的要求太少，孩子也会表现不佳，常常感觉缺乏动力。例如，天才儿童会因为学校对他们设定的标准太低缺乏挑战，觉得学校很无聊，他们的表现往往不仅低于自己的实际水平，甚至低于正常孩子的平均水平。

如果对孩子提出更多要求，并且这些要求与他的能力相符，他就会表现得更好并喜欢他的任务。压力水平甚至可能上升到他不得不踮踮脚或跳起来挑战的水平，这就变成了挑战，而这是非常健康的。但是也可能会发生压力超出承受能力的情景，比如需求持续太久，积极的压力就会变成消极的压力。然后回报变成负数，随着负

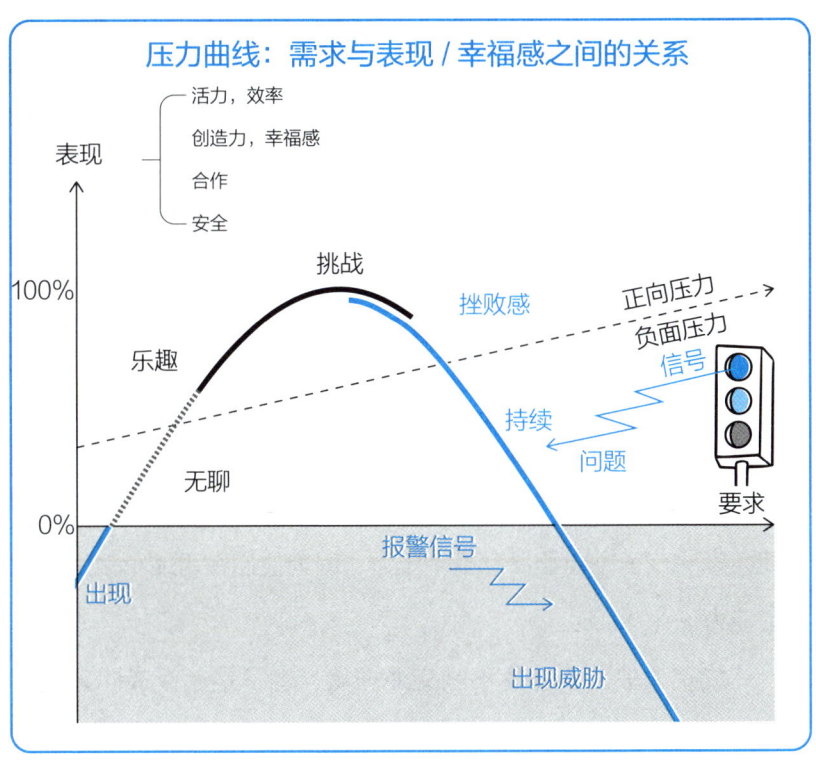

载的增加，它只会变得更糟。最终，越来越重的负担会威胁他的身心健康。

压力问题的关键是平衡

孩子不会仅仅因为过度的需求而生病或者压力失衡，需求只是他"压力平衡"中的一个因素。

在最简单的形式中，压力平衡是在天平的一端的需求与天平的另外一端处理这些需求所拥有的资源之间的平衡。

"平衡"一词表示当他无法改变导致失衡的力量，例如严格的老师给的压力的时候，他可以通过在其他领域进行干预来恢复平衡。

只要处于平衡状态，平衡度有多高并不重要。需求本身的权重不是问题，只要它与能获取的资源保持平衡即可。

因此，妥善应对压力不是要避免压力，而是优化压力平衡。

压力取决于你的想法

孩子的压力平衡是一种主观的平衡，完全取决于他自己怎么认为。一旦孩子认为他应该做的事情与他认为他可以做的事情不再平衡，它就会失去平衡。

对于完全相同的任务，完美主义的孩子会在自己的压力平衡秤上加入更重的砝码，因为他们会用放大镜去看任务要求。同样的，自我怀疑的孩子也会给自己更多压力，因为他们在用缩小镜来看自己的能力。

让成年人失去平衡的不是交通拥堵，也不是老板或同事的行为，而是他们对这些问题的解释。正是这种解释最终使我们将这些

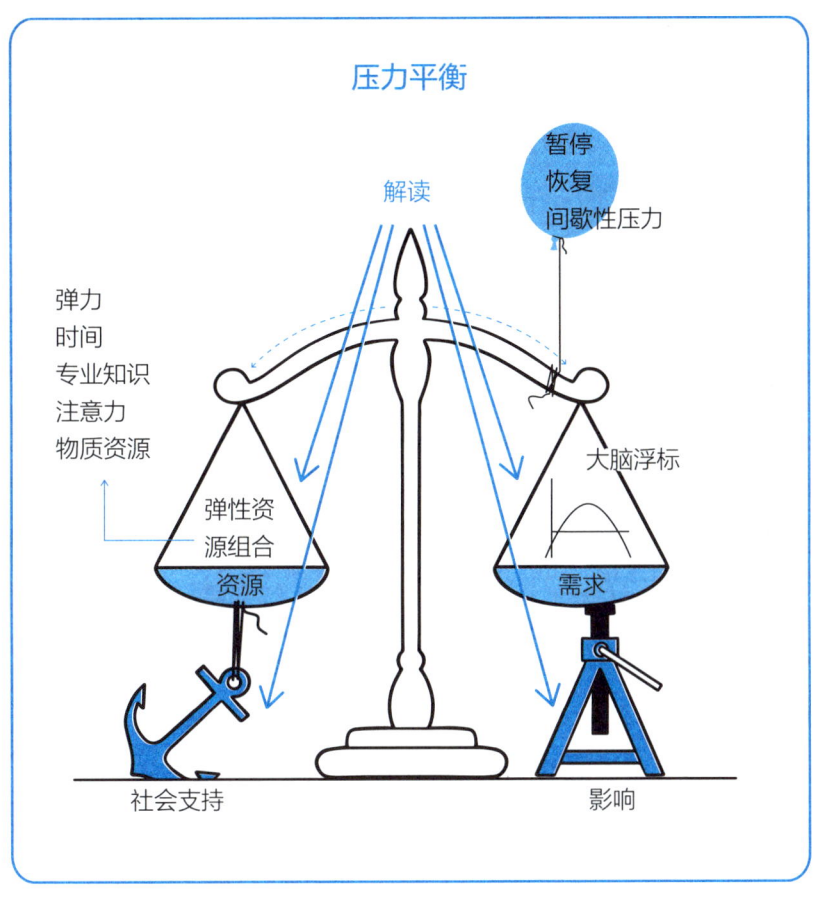

遭遇视为灾难、挑战、乐趣、暂时的挫折,或者是完全无关紧要的事。

间歇性压力才是健康的压力

孩子经常踮起脚活动并没有错(跳一跳就能够到更高目标),这甚至使孩子更有韧性。然而,有一个重要条件:这些时刻可能只会持续很短的时间。我们需要休息、重振精神和恢复的时间。运动员都知道,提高耐力和强健肌肉的最好方法就是间歇训练。这适用于我们的整个身体和大脑:健康的压力是间歇性压力。

其实很容易知道孩子在压力曲线上的什么位置（参见第213页的图表）。在到达顶部之前，孩子会经历额外的负载，成为刺激或挑战，并且孩子的效能会提高。一旦负载超过了顶部，孩子就会感到烦人的超额负载，他的效率会降低。如果负荷变得更高或持续时间更长，就会变成负担，成为问题。

因此，诸如倦怠之类的压力问题并不是因为要求太高或工作太多等原因造成的，而主要是由我们的工作方式和压力平衡中其他地方的薄弱环节造成的。使我们生病的压力是慢性压力，即没有定期进行适量休息的压力。如果没有这些休息时间，即使压力水平很低，持续不断的压力也会让你生病。即使你自己没有意识到，这正是当你始终保持在线时会发生的情况：低水平的压力、紧张和警觉性持续不断，没有间断。研究人员可以通过测量血液中皮质醇的含量来证明这一点。皮质醇是一种有用的激素，主要在急性压力情况下由肾上腺分泌，但当它持续升高时会引起问题。甚至有研究人员认为，一直保持在线会损害肾上腺和大脑。

注意负面压力刚出现时的痕迹

不健康的压力不仅令人讨厌，它还可能导致身体功能低于正常水平，从而导致疾病、压力、抑郁和倦怠。然而，在压力成为如此可怕的敌人之前，总会及时出现一些信号。下面举几个大家平时遇到的例子，这些信号不算是预警信号或警报信号，直到它们变成新的、恶化的、持续存在的信号，或如果同时感觉出现多个这样的信号，则需要引起我们的重视。

情绪：不满、易怒、不安全感、多疑、攻击性、嗜睡、缺乏动力、性冷淡、焦躁、情绪激动、神经过敏、失眠、感觉不真实、想哭、失败感、对他人不感兴趣、生气、对未来感到恐惧、自责、内疚。

身体：心悸、胸痛或胸闷、腹泻或便秘、头晕、体重增加或减轻、呼吸急促、感染或过敏增加、尿频、腹胀、头痛/偏头痛、消化不良、呕吐、出汗乏力、腹部疼痛、感觉昏厥、月经失调、阳痿、长疱疹（唇疱疹）。

运动：身体僵硬、肌肉痛、紧张性头痛、背痛、颈/肩痛、肌肉痛、颤抖、抽搐、感觉疲倦、出现意外。

心理：思维过分跳跃、心不在焉、健忘、缺乏灵感、不感兴趣、注意力不集中、抽象思维能力较差、全局思考能力较差、综合能力下降、整日忧心忡忡、优柔寡断。

行为：成绩不佳、未能完成任务、攻击性、不善于倾听、冲动、抑制、拒绝社交、孤立、吸烟、饮酒、暴食或厌食、咬指甲、哭泣、危险驾驶、使用镇静剂、使用安眠药、粗心大意、故意破坏、偷窃。

这些信号对每个人来说都是不同的。因为有许多信号是从外表看不到的，所以你必须特别注意孩子行为中微小但重要的变化。

正如你在此列表中所见，负面压力会加速大脑碎片化，进而增加压力。这适用于所有压力信号：它们是压力的结果，但通常也会引起额外的压力。孩子最终陷入恶性循环：负面压力→信号→更多负面压力，如此循环往复。

因此，作为父母，你必须了解并识别孩子发出的信号。你反应越快，孩子就能越快恢复平衡。

变得更有韧性

正如弓箭射出的力量取决于弓的弹力一样，孩子的韧性也会影响孩子处理压力的方式。弹性或抗压能力就好比孩子在"人生背包"中携带的工具，可以帮助孩子在压力情况下健康有效地做出反应。关注孩子的抗压能力往往比关注压力本身更重要，因为有时孩子不能控制压力的产生，但通常可以采取一些措施来提高他们的抗压能力。韧性取决于个人和环境因素。

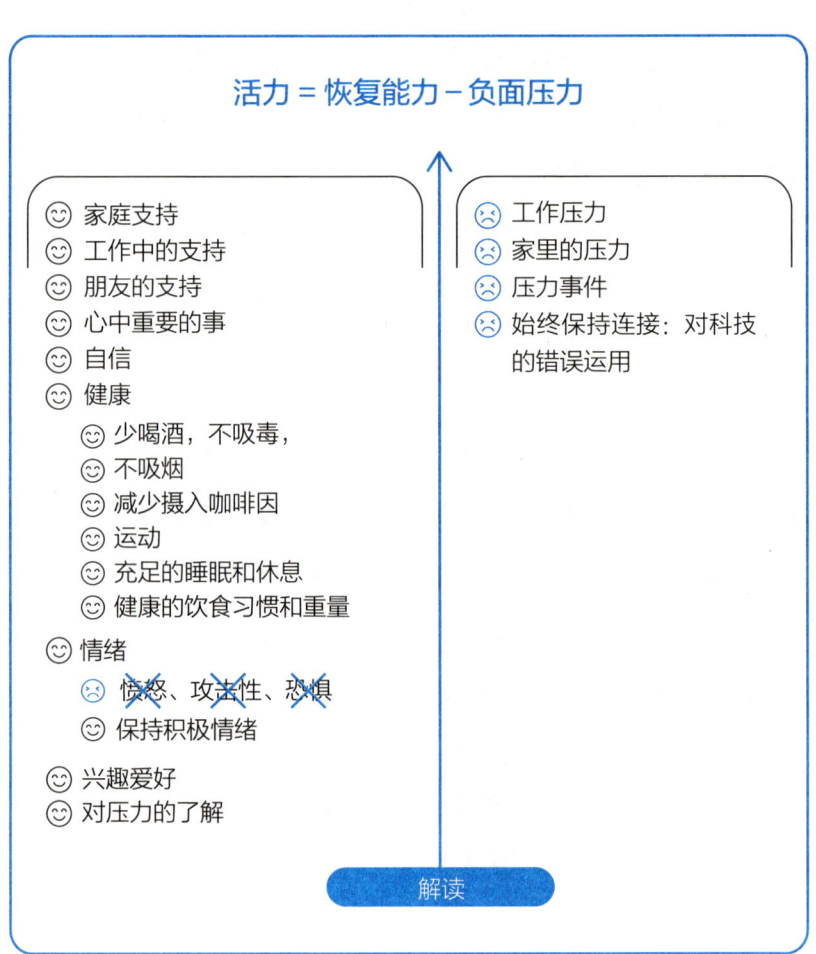

个人的适应能力受到先天或遗传的生物和生理因素影响，这些因素决定了他们以健康和创造性的方式应对压力的潜力。而实际发挥这种潜力则取决于社会环境，对于孩子来说，主要由家庭、学校和朋友圈所塑造。同时，他们的抗压能力在很多方面是可以被影响的：他们的生活方式（特别是睡眠习惯）是一个显而易见的因素。此外，孩子们对自我的解释以及社会支持网络也起着重要作用。

当你从孩子的韧性中去掉负面压力时，剩下的就是活力。如果它很低或为负值，孩子就有生病或无法正常学习的风险。

上面写到，应对压力不是避免压力，而是优化压力平衡。时不时踮起脚走路，甚至刚刚超过那个峰值，也会增强韧性。"直升机型"父母喜欢像直升机一样围绕盘旋在孩子身旁，试图保护他们免受所有可能的压力侵袭，这对孩子没有好处，反而削弱了他们的抗压能力。

社会支持是从压力中恢复的主要力量

关于压力平衡，最重要的恢复力量来自社会支持网络。重要的是在真正需要的时候有人在场。这种社会支持有两个方面，一方面，对问题的实际支持。例如，如果孩子的自行车或笔记本电脑坏了，如果孩子不太明白他的作业，如果孩子被人欺负或他在学校遇到问题，那他可以在哪寻求帮助？另一方面是情感上的支持。例如，搂着你肩膀的人，表明他们是爱你并相信你的人。一般来说，社会支持总体上会改善孩子的健康，尤其是在压力大的情况下。

对年幼的孩子来说，最重要的支持来源肯定是家庭。随着年龄的增长，孩子也在家庭之外寻求支持。在青少年时期，同伴变得很重要。然而，几十个可以一键解除好友关系的纯虚拟好友几乎算不上朋友。真正的支持需要真实的接触，不过，通过虚拟联系来弥补真实联系之间的时间和空间差距还是很有用的。

对事情的发展有掌控的感觉，有助于孩子们的压力平衡

孩子是否觉得自己可以影响事情的发展，在很大程度上影响了他们的压力平衡。这是一种根深蒂固的遗传需求。当人们失去控制并感到无能为力时，负面压力和抑郁就会迅速袭来。

爱比克泰德（Epictetus，古罗马哲学家，公元 55—135 年）很好地总结了其本质："苦难是试图影响我们无法控制的事情，而不是做我们控制范围内的事情的结果。除此之外，我们可以自由选择。"换句话说，你没有必要担心自己影响不了的事情。这给孩子的启示是：专注于你可以影响的事情。

在孩子们逐渐扩大的影响的区域和他们无法影响的区域之间存在着有趣的灰色区域，在这个灰色区域中，只要孩子们勇敢地适当接近，他们就可能获得在这个区域的控制力，例如通过与其他孩子合作，或者向成年人寻求建议或帮助以最终建立起在这个区域的控制力。

失去平衡：按下你的 1 分钟暂停按钮！

在本书的第二部分中，我已经提到你可以教孩子使用 1 分钟暂停按钮。例如，在重要的考试期间，你是否注意到了孩子的压力？1 分钟暂停按钮是恢复平衡的好方法。

它的原理很简单。一旦你意识到孩子的压力过大，立即停止他手头的工作一分钟，这种暂停几乎可以在任何时候进行。

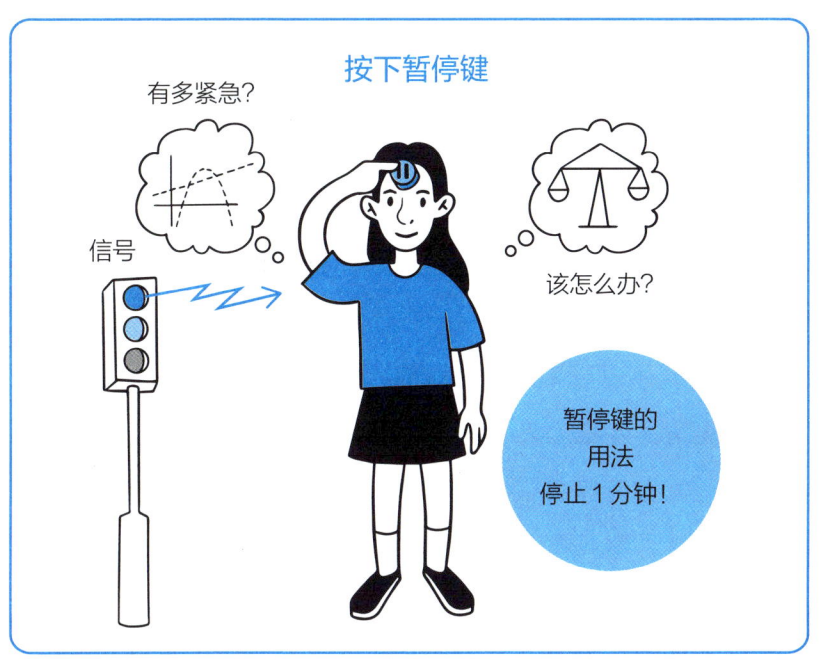

当然，如果你自己也应用这种方法，效果会格外好。你越是在感觉到自己的压力信号（或大或小）时立即使用这种方法，对孩子来说就越有说服力，因为你自己就是一个好榜样。你们也可以一起做，先是嬉戏着做，然后认真做。如果每个人都知道了这个机制是如何起效的，那么在你认为对方快要失去平衡的时候，也可以向对方展示暂停手势。

篮球教练在暂停时会做什么？两件事：让他的团队喘口气并确定策略。你可以做什么？深呼吸！通过控制几次呼吸，让呼气比吸气慢来喘口气。通常结论是这样的：我现在要继续，当我有更多时间时，我会更彻底地解决它。那这个时候你可以直接进入练习的第二部分：如何最好地恢复平衡的问题。解决方案见下。

压力平衡的六个方面：

  1.你可以减少要求。如果天平的这一边过重，通常是因为你不敢说"不"。因此,你必须明白这一点,或者至少说"不,除非……"或"可以,但要……",并附上你的条件。请记住,最好的解决方案并不总是减轻负担。有时可以通过在其他五个方面的其中一点上做一些事情来恢复平衡。如果你能在力所能及的范围内坚持一段时间,你的韧性就会增加。

另外,不要忘记,网瘾,或者说一直上网所造成的后果是青少年压力天平中压力增加的主要砝码之一。

2. 你可以提供更多资源。如首字母缩略词 V-TEAM 所代表的一样:弹性、时间、专业知识、注意力、物质资源。你是否很好地照顾了自己,管理好了自己的韧性和体能?你在有效地使用你的时间吗?毕竟,一直在线以及随之而来的多任务处理会浪费你的大量时间。你是否具备满足需求的内在的专业知识?如果没有,你是否需要辅导或培训?当你处理任务时,你是全神贯注还是经常分心?最后,你是否拥有完成任务所需的硬件、软件、人员和资金等资源?

3. 你的压力平衡是主观的。这听起来有点像开玩笑,但它是非常严肃的:一旦你认为你的压力正在失衡,你的

压力就会失衡。决定平衡的不是客观的要求和手段，而是你看待它的方式。你是否用放大镜查看要求？你是否从狭隘的角度看待自己的能力以及你可以获得的支持和影响力？你不能自己改变吗？如果你做不到，我建议你找一位专门研究认知心理学的教练或治疗师。

4. 你对社会支持系统的投入是否足够？你对家人、朋友、伙伴是否足够主动？

5. 你是否感到无助和无力？是否太担心你影响范围之外的事情？

6. 你有足够的睡眠和休息时间吗？你有足够的运动吗？

有时会有立竿见影的解决办法，比如马上进行更长时间的休息，更多的时候，你会发现自己需要更多的时间来思考所发生的事情，那你就要立即为这种反思安排必要的时间。

一旦你自己做到了几次，你就可以教给孩子。你也可以跟孩子分享自己的亲身感受，当孩子惹你生气时，你也可以对他说："我很生你的气，所以我们最好现在暂停一下。"

> "当洗碗机出了问题时，爸爸刚刚打电话说他会晚一点回家，但是厨房被水淹了一半，然后奶奶打电话说她摔倒了。然后我就失去了理智，所以我选择坐下来暂停一下。"

> "昨天，当我从水管工那里拿到账单时，我几乎要爆炸了：它比约定的价格贵了近200欧元。账单上有些事情他没

有做，而约定好的工作他甚至都还没完成。我想立即回复一封非常愤怒的电子邮件，但我却等了很久也没有发出这个邮件。稍稍冷静下来，我想也许是一场误会。事后我心平气和地给他打电话，结果发现这张账单确实不是给我们的。"

"前天你回来晚了，我很担心，也很生气。你知道我当时做了什么吗？""是的，好吧，我知道。你一定是去厕所了，这是你的'暂停'方式。"

第四部分

青春期的大脑是如何工作的

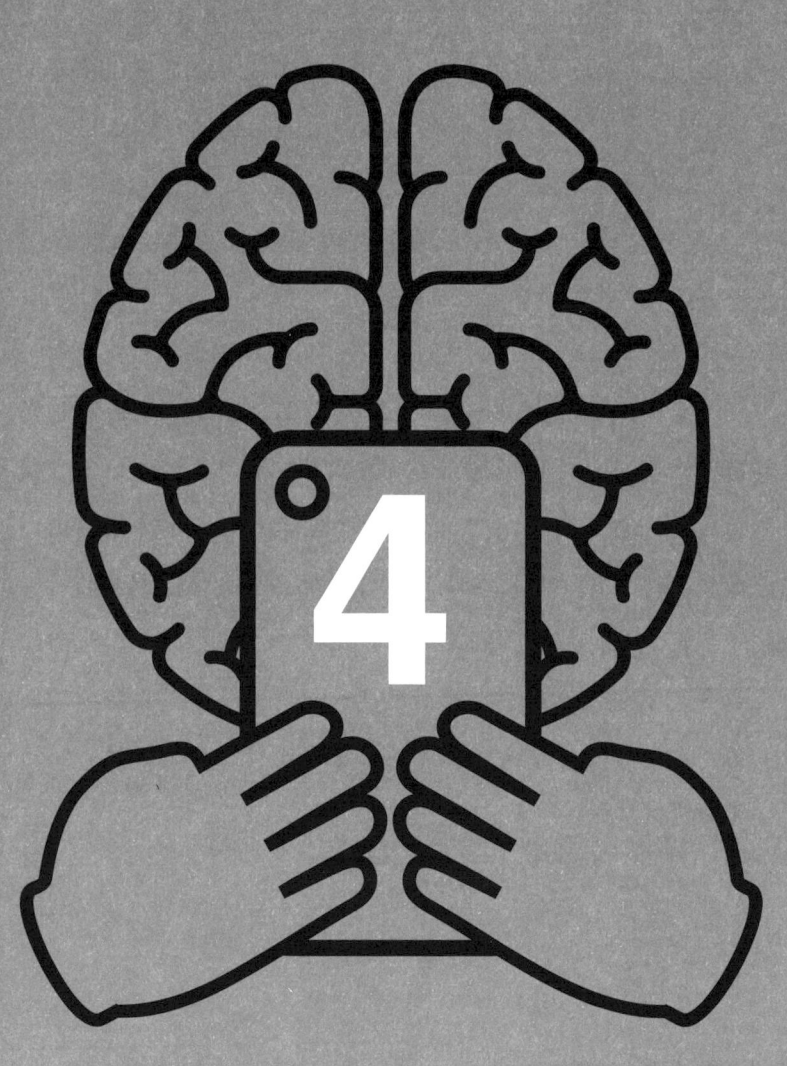

青春期大脑有什么特别之处

什么是青春期？

据父母说，当孩子离开小学时，他们往往会经历巨大的青春期焦虑。但是"青春期"这个词的实际含义是什么呢？什么是青春期，为什么孩子会有这样的行为？大人也谈论它："停止那种青春期行为""真是孩子话，说什么呢""他在恋爱中的表现就像个青春期的孩子"……

> 贾斯汀正在去阁楼的路上。他最好的朋友家里的后花园有一个小屋，父母宁愿让这群男孩待在那里也不愿他们去镇上。贾斯汀今年14岁，他的父母实际上还不允许他喝酒，但他知道无论如何他今晚可能会喝啤酒。更让他惊喜的是，桑妮还和她的朋友们一起来了。他暗恋桑妮很久了。他的父母今晚不想让他出去，他因逃学而暂时被软禁了。但为了桑妮，贾斯汀坚持要去。至于跑出去会有什么后果，他将稍后再考虑解决……

青春期"puberty"源于拉丁语中的"pubertas",字面意思是"长毛了"。在荷兰语中,青春期是青春的开始。在此期间,孩子体内的激素会发生许多变化,第二性征也会发育。为了避免有时令人反感且带有贬损意味的词 Puber 和 Puberen（大概含义是开始长毛的孩子）,科学家分别使用术语"early-""middle-"和"late adloescence"（青少年早期、中期、晚期）,分别代表10~14 岁、14~16 岁和 16~20 岁。

在盎格鲁-撒克逊科学文献中,青春期指的是 10~18 岁时期。在那里青春期仅用于指代身体变化,即生殖器成熟和外部特征变得明显的时期。在英语中,这个词没有那种贬义的色彩。这就是为什么我们更喜欢在本书中使用"青少年（adloescence）"这个词。

在不到 20 年的时间里,对青少年大脑的研究增加了 100 倍。从 2009 到 2010 年,关于使用 fRMI 扫描的青少年大脑研究的出版物数量翻了一番,此后增加了两倍。在这里,我们只讨论与本书主题相关的重要内容。

青春期和婴儿期是大脑发育最快的时期。青少年大脑不是儿童大脑的放大版或成人大脑的缩小版,这段时间里它的功能有所不同,大脑的结构和功能正在发生重大变化。

大脑在发育过程中起着核心作用。它们通过各种神经递质和激素来控制身体的发育,但它们本身也会受到身体其他部位产生的激素的影响,例如性激素。

成长到成熟所需的时间比你想象的要长

针对大脑的研究表明,婴儿期后不再产生神经元,甚至在

> 青春期也不产生。在结构上，大脑的白质确实增加了，因为神经元芽（轴突）变得更厚且被髓鞘更好地绝缘。这使得大脑各部分之间能够更好更快地进行交流。这些交流会发生在主管刺激驱动的反射脑和控制大脑的各个组成部分之间。一开始，这种交流时断时续，因为我们稍后会看到，大脑的各个部分并不会同步发育。细胞核和树突所在的灰质在第10年左右达到顶峰，之后主要进行整理修剪以使其更有效地运行。灰质体积的变化在与社会理解和交流相关的大脑区域最为明显。
>
> 基于心理、社会和大脑的研究表明，人们只有在25~30岁之间才能达到身体、智力和社会心理的成熟，而女孩比男孩要早一些。

青春期通常被称为一场革命，但它其实并没这么极端——尽管，这一时期可能相当动荡，有剧烈的起伏，也会有情绪不稳定和冲动的时候。对本书的主题而言，重要的是，青春期的孩子在与家庭环境分离的同时，同龄人对他们的影响力越来越大，他们对来自同龄人的压力也非常敏感，并渴望融入社会。他们会因此寻找新的体验和快乐的来源。与过去不同的是，如今青少年的青春期持续时间更长：一方面，青春期开始得更早；另一方面，今天的年轻人需要更长的时间才能过上成年的、经济独立的生活。

反射脑和思考脑的发展不同步

反射脑的许多内在机制和条件反射机制，我们在出生时就已经存在或在年轻时就已经习得，因为这些机制从生命之初就对我们的

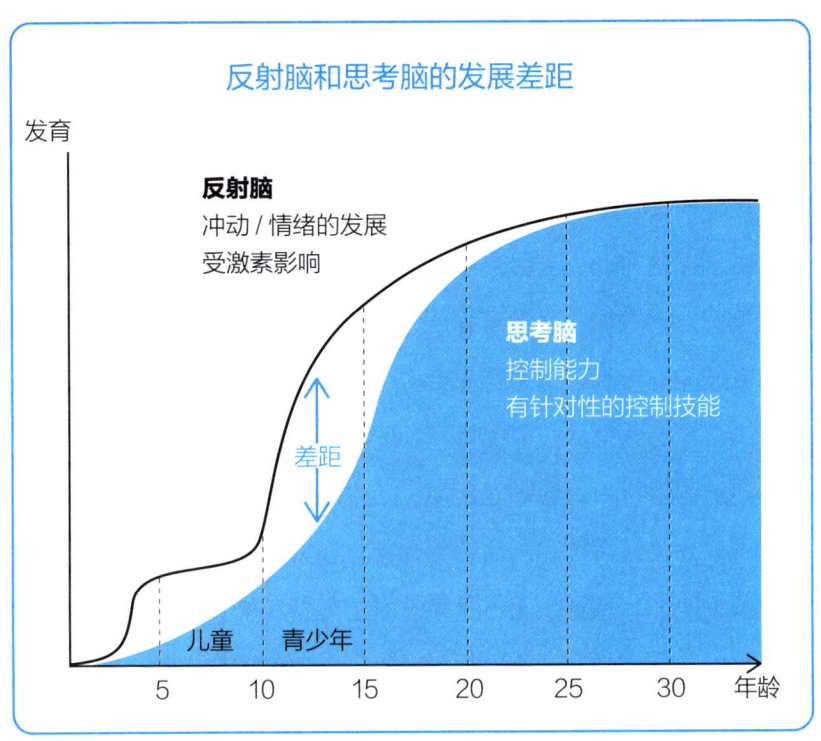

生存至关重要。思考脑必须学习的驾驭技能,需要大量的时间和练习。反射脑以及愉悦网络从一开始就领先思考脑,因此,对青少年来说,思考脑经常不在线,原因在于此时他们的思考脑的控制功能尚未充分发展。当然,这在成年人身上也经常发生,但那是另一回事了。

青少年的目标导向思维、计划和优先排序能力起伏不定——一会儿是成人,一会儿是孩子,他们的情绪和道德以及行为的调节也是如此。他们的情绪、同理心、冲突、屏幕使用、危险行为和动机都像坐过山车一样。

让青少年更加兴奋的是,性激素使大脑特别是社交脑网络和愉悦网络敏感,不仅对物质奖励,而且对社交奖励也敏感。

因此，青少年在很长一段时间内会出现反射脑和思考脑之间的不同步，这就使得他们更倾向于使用反射脑的直接奖励，从而导致冲动，这也可能导致非常轻率、不经思考的行为，因为头脑还没有学会足够的新反应和习惯来引导或阻止反射脑。

由于控制冲动、刺激或即时奖励驱动行为的能力有限，青少年的危险行为会增加。科学家称此为反应性风险行为。随着他们大脑的驾驭技能的提高，这种行为会减少。

然而，随着驾驭技能的提高，一种更加深思熟虑、目标导向、有计划的冒险行为也会随之出现，其中思考脑起主导作用。在这种情况下，寻找新事物和刺激的青少年，如果发现去尝试风险的奖励（快乐、地位、感觉、获得某物）多于惩罚（被抓的机会小、受到惩罚的机会小或与奖励相比惩罚较小），他们就会去尝试有目的的风险行为。

然而，这种冒险精神不能简单视为一个问题，相反，它也是健康发展所必需的。它刺激青少年从事新的、或多或少有风险的事情，这些事情对正常发展很重要，但也需要一些勇气。这些挑战可以是以下形式：在体育运动或活动中与其他青少年一起扛起责任，学习拉小提琴，建立新的关系，反抗父母和（更难相处的）同龄人，顶着挑剔的同龄人的目光上台表演，学习处理冲突，捍卫与他人不同的观点等——最终离开父母的家，完全学会自立。想象一下，如果青少年不再胡思乱想，那将是历史的终结！

这种轻率的行为有很大的好处，但这并不意味着成年人应该听之任之，放任一切。相反，定期的调整对于青少年健康发展仍然很重要。它还提供支持。如果外部环境可以通过明确解释、一致的鼓励和劝阻、奖励和惩罚来调整青少年的行为，那就没问题了。部分归功于教育工作者不断的启发、支持和指导，青少年能够很好地发展自己的驾驭技能和情绪控制能力。在那之前，教育工作者必须要有耐心，这并不容易。与此同时，对青少年来说，不容小觑的同伴影响力正变得越来越重要，这些相互之间的影响力正在带来新的挑战。

良好的自我管理能力是光明未来的绝对先决条件

前额叶皮层是我们大脑中以目标和未来为导向的思考脑的一部分，它会在青春期逐渐发育完全。它建立在我们小时候接受的思维能力训练的基础上，然后这部分能力一直发展提升，直到可以独立和自主运作的程度。

在讨论前额叶时，我们谈到了它的驾驭技能（见第 150 页）。在青春期，这些功能会变得更强大、更完善，最重要的是，这些功能在此时会得到整合，从而越来越有可能将这些执行功能无缝地结合起来。这种发展一直持续到大约 25~30 岁，而对女孩来说，这个过程会稍微提前几年完成。

只要这些驾驭技能没有得到充分发展，孩子就会更加关注此时此地的当下。这就是为什么青少年比成年人更愿意追求即时满足（与朋友一起放松、玩游戏或发 Instagram）而不是长期目标（做作业，以便将来取得好成绩，从事好职业）。

对学习特别有用的一种驾驭技能（尤其是在学校）是注意力控制：集中注意力和保持注意力的能力。我之前解释过，注意力就像一块肌肉，你可以训练它、忽视它或直接把它弄得一团糟。科学明确表明，始终保持在线、不断响应手机信号会对有意识的持续注意力产生非常负面的影响。这反过来也会对我们不断需要的各种驾驭技能产生负面影响，最终导致碎片化的大脑。这种负面影响在青春期大脑的关键发育阶段最为明显。

然而，从科学的角度来看，长期效果仍不明确。在短期内，大量使用屏幕会导致一些驾驭技能（尤其是注意力）发展受阻，从而影响前额叶皮层及其与更深核的连接的发育（并可能导致近视）。许多科学家认为，经过充分的训练，大脑在成年以后也可以得到发展。然而，也有一些人认为，儿童和青少年持续接触屏幕会对负责注意力的大脑区域造成不可逆转的损害。为了找出答案，科学家们可以进行纵向研究，追踪一群同龄儿童直到他们成年。这不仅是一项非常困难的调查，而且耗资巨大。此外，如果所有的孩子都经常使用手机，你将找不到任何不使用手机或很少使用手机的孩子来进行比较。所以我们还没有一个确定的答案。

我认为大脑的可塑性可以发挥很大的作用，通过练习，孩子可以重新掌握驾驭技能。的确，随着年龄的增长，大脑的可塑性会降低。因此，我们越早停止"错误行为"，例如总是保持在线，可塑性大脑就能够更好地重新获得相关技能。用数字自由、数字智慧或数字技能（也是本书的真正目标），取代在很小的时候养成的坏习惯（例如与屏幕打交道）并不容易，尤其是当青少年已经沉迷于屏幕时。因此，作为父母和成年人，我们应该尽早培养孩子使用屏幕的良好习惯。

遏制冲动倾向和控制冲动，是实现目标的必要技巧。但是孩子不会自动学会这一点。成年人可以通过明确的规则和友好但坚定的执行来帮助他们。年幼的孩子首先是冲动地做出反应，然后才知道某事是否有用。如果没有成年人提供清晰的指导，他们不仅会冒更多的风险，而且也很难学会自我约束。

例如，如果年幼的孩子在很小的时候就得到了智能手机，你就不应指望他们自己能很好地使用它。从发展的角度来看，比尔·盖茨在他的孩子14岁之前不给他们手机是完全正确的，之后严格规定孩子们可以使用手机的地点和时间。例如，不在用餐等家庭活动期间，当然也不在他们的卧室里使用手机。

如今，无论是否拥有了足以驾驭手机的操控能力，大多数孩子都能在10~11岁左右得到他们的第一部手机。因此，从大约11岁开始，他们必须开始学习控制一次又一次拿起手机并一直黏在手机上的冲动。然而，这对于那个年龄段的许多孩子来说仍然很难。教育工作者应该首先自己树立一个好榜样，然后温柔但始终如一地限制孩子在特定时间和地点使用。

随着孩子年龄的增长，我们可以逐渐教孩子掌握真正的数字技能，这样到中学毕业时，他们将能够在有限的范围内管理他们的屏幕使用。

培养社交技能是青少年的首要任务。学校和朋友圈是一个理想的训练场，可以让他们理解自己的行为对他人产生的影响，以及如何处理来自环境的反馈，包括非语言的反馈。他们还可以学习如何修正自己的行为。这是一项艰巨的任务。如果孩子们避免那种困难的直接接触，而逃到更容易的数字媒体虚拟接触中，他们就会错过一个重要的方面：将驾驭技能完美结合的"训练"，而这种训练只有在与真人的真实接触中才能提供。幸运的是，也有许多青少年在屏幕之外找到对方，不是虚拟的而是面对面的，互相讨论他们在互联网上找到的东西或一起玩的游戏。

青少年需要培养的另一项技能是情绪控制。恐惧和快乐对于学习自我控制很重要。他们不会因为害怕而去做某件事,也不会单纯为了找乐子就去做某事。尤其是在青春期阶段,这两种内驱力对于他们做出的选择具有决定性的作用。当孩子进行社会交往并想要归属于某个群体时,他们也必须处理这些情绪。孩子往往会看到此时此地的匆忙或恐惧,并且很容易忽视长期目标,因为其计划能力和组织能力还不够发达。所以孩子们需要建立起来的能力是能够明白"当下很重要,但是我们也会有能力从长期视角看待问题"。

因过度使用智能手机而受到负面影响的还有延迟满足的能力。

我前面提到了沃尔特·米歇尔的研究。他给年幼的孩子一个棉花糖,然后告诉孩子们如果他们不吃第一个,他们就会得到第二个。接下来研究人员离开房间两分钟(从镜子后面观察和拍摄)。四十年来,受试孩子每十年接受一次采访。那些在年幼时可以将他们的迫切需要推迟两分钟的人在学校和国家考试中取得了更高的分数,肥胖问题的发生率更低,毒瘾更少,离婚更少,并且情商更高。但是,这个故事最精彩的部分在于,许多在蹒跚学步时无法做到这一点的人在20~25岁时仍然学会了延迟满足,他们许多人都是通过发展更长远的眼光来习得这一能力的。这也很好地表明,这种能力也是一种可以在家里和学校习得的技能[23]。

当即时满足通过手机成为常态时,延迟满足就没有得到适当的训练:能够在适合的时间和地点立即与人联系,立即观看自己想看的电影,立即购买自己想要的东西并在24小时内送货上门,等等。如果人们在2秒内没有打开页面(四年前是4秒)时立即点击离开,你可能会怀疑延迟满足是一个问题。然而,到目前为止,科学研究还不能明确地证明这一点,主要是因为正如前面所述,这是一项非常困难和昂贵的研究。但是我们可以等吗?我们愿意冒这个风险吗？从科学的角度来看，我们已经知道了足够多的知识，为了谨慎行事，我们应该教导孩子从小就推迟满足他们的需求。

帮助孩子发展驾驭技能的方法取决于许多因素，尤其是年龄。大多数孩子都受益于充满爱心的教养方式，这种教养方式具有清晰的结构和规则以及可预测的措施。家长和教育工作者有时会错误地认为，可以通过无休止的谈话和说教来学习驾驭技能，而无须采取必要措施来明确限制不良行为。然而，仅仅从指导技巧的角度来看，说教根本没有意义，因为孩子必须在基本功能已经得到很好发展的情况下才能正确地遵循和内化教育者的谈话和推理，进而让它影响自己的行为。

顺便说一句，老实说：作为一个成年人，在阅读了一篇关于健康饮食、锻炼身体、充足睡眠、气候变化、不吸烟的重要性的文章后，你有多少次改变了自己的行为？

随着驾驭技能的发展，青少年可以逐渐掌握规则。此时，父母和教育工作者从外部引导行为的做法可以逐渐变得不那么严格，直到最终完全被忽略。只有这样，才能做到：只要我们解释清楚原因，孩子们就会改变自己的行为——而这是根本无法在更小的孩子身上实现的。

随着驾驭技能的发展，青少年的冒险驱动力（尝试新事物和社交关系、寻求感觉和地位……）可能会变得利大于弊。如果这之后能够保持这些冒险的驱动力，他们就可以像每一代年轻人一样，一次又一次成为那个时代的创造、创新和变革的驱动力量。

结论就像我之前写的那样：在孩子的驾驭技能有所发展之前，给孩子一部手机，而不教他如何使用，就像在你没有教会孩子游泳的情况下把孩子从桥上扔到水里，并希望他自己想办法靠岸一样。

孩子的情绪和他们的自我控制往往不一致

由于驾驭技能的发展与反射脑的发展之间存在差距，青少年可能会做出非常强烈的出乎意料的反应并导致情绪不稳定。在一定程度上，由于家庭和学校的教学环境提供了清晰的生活和学习结构，青少年能够逐渐学会更好地控制自己的情绪。

但与此同时，情绪会对社交媒体使用产生重大影响。例如，感到有点沮丧或对自我形象有怀疑的女孩开始使用 Facebook 或 Instagram，一开始效果很好。她们在问卷中表示，大脑的奖励机制使她们感觉良好。当然，社交媒体试图滥用这些信息来表明他们那些令人上瘾的应用程序没有任何问题。然而，从长远来看，它通常会产生负面影响，因为通过这些应用程序，女孩面临着向每个人呈现理想形象的压力——这使得她们对现实中的自己感觉不满意（另见"有毒的乐观"，第33页）。之后，她们就会更加热衷于寻找完美的图片并陷入恶性循环。我们还将看到，这种情况会造成更大的风险，因为社交媒体的算法非常擅长了解用户的情绪并呈现让用户更加沉浸于其应用程序的内容，从而不断加强用户的忠诚度。

这些不受控制的情绪也会影响青少年处理信息的方式。与成年人相比，青少年会将这些在虚拟世界体验过的、与情绪相关的信息视为"真实的"。这种现象早已为人所知，在一位好老师的手中，这些信息可以很好地用于教学，但它也可能在互联网上被滥用，出现虚假信息和假新闻。

当青少年（也适用于成年人）在互联网上看到扣人心弦的信息（尤其是以视频呈现）时，他们更有可能认为该信息是"真实的"

并将其牢记于心。有时他们甚至会忘记这是一个视频或者一部电影，这些信息在脑海中留下就像真的发生过一样的印象。

此外，正如我所言，研究者已经发现，社交媒体和搜索引擎的算法可以通过唤起愤怒和恐惧情绪的信息让用户上瘾（他们委婉地称之为"参与"）。这种情况实在是太普遍了，顺便提一句，哗众取宠的媒体和民粹主义者也非常善于利用我们大脑中这一早已为人所知的机制。

青少年是荷尔蒙炸弹吗？

青春期初始，大脑激素向女孩的卵巢和男孩的睾丸发出强烈信号并将两者传导至肾上腺，这导致他们的性激素快速增长。我们目前还不知道这种暴风式的发育在何处开始，以及如何开始。

在这本书中，我们只讨论可以帮助我们更好地了解青少年如何应对屏幕及其后果的激素。前文中我们已经举了一个很好的例子，来说明性激素如何通过调节昼夜节律周期来影响睡眠（见第40页）。

青春期最突出的一个变化是男孩睾酮和女孩雌二醇的突然猛增。例如，在青春期，男孩的睾丸激素会增加15倍，虽然个体之间的差异非常大，但是青春期的睾丸激素是青春期前的5~34倍之多。

男孩的主要性激素是睾酮和雄激素。而女性特征的发育主要依靠雌激素和雌二醇。这些激素会影响生殖器官、皮肤、肌肉、骨骼、头发、声音、脂肪分布以及最重要的大脑的生长和变化。

然而，除了性激素之外，还有其他激素在青春期发挥作用。例如，肾上腺雄激素DHEA在第二性征的发育中发挥重要作用，包括阴毛（女孩/男孩）和面部毛发（男孩）的生长。生长激素刺激身高的增长和骨骼的发育。

对于本书谈论的话题来说，性激素对大脑最重要的影响有两种。首先，性激素会导致细胞死亡、刺激神经元轴突的生长、修剪许多连接、制造其他连接以及进一步发展轴突周围的绝缘层（髓磷脂），从而刺激大脑结构发生永久性变化。结果，灰质减少，白质增加，整体变得更有效率。大脑各部分以不同的速度进行发育和成熟，例如额叶发育相对较晚，一般要到青春期末期才发育成熟。如果我们知道驾驭技能的发展晚于反射脑的发育，我们就可以预料到青春期性激素对孩子们的影响。

其次，性激素会促进特定行为。例如，性激素会促进对异性的兴趣和交配行为。它们还直接影响我们处理社交情感体验的方式，例如内疚感或尴尬感。

此外，女孩和男孩的变化不同，这导致了社会和认知发展的持续差异，包括记忆力、情感、对合作和竞争的敏感性等。

关于青春期的性激素中，对于睾丸激素的研究是最多的，并且由于被推测与攻击性有直接关系而受到媒体的广泛关注。你会在媒体上发现诸如"侵略性睾丸激素炸弹"之类的表述。尽管世界范围内男性的身体暴力都是比女性更严重的问题，但大众普遍认为对此无能为力是不正确的，因为侵略性只是存在于基因中而不是性别中，而睾丸激素有着和基因不一样的作用。

体内雌二醇的增加会增加青春期女孩患抑郁症的风险。这一事实受到的关注较少。不仅因为社会受此影响较小，还因为一旦女生开始来例假，雌激素和黄体酮的相关变化受例假的影响会很大，使得研究雌二醇对女孩的影响变得更加困难。

就性激素对青少年行为的影响而言，最好记住它们不能决定行为，但会产生某些行为倾向。我们的大脑具有很强的可塑性，这种先天倾向如何表现取决于社会环境，尤其是教养。而教养可以在年轻时得到培养，从而减少性别差异的影响。

正如我们在关于睡眠的章节中看到的以及稍后在关于攻击性的章节中看到的那样，一个相当小的生物学倾向可能会产生重大改变。

屏幕使用对男孩女孩不同的影响

在技术使用，尤其是媒体使用方面，男孩和女孩之间存在重要差异。因此，我们想知道大脑发育的差异是否可以帮助我们更好地理解这一点，并找到办法来帮助青少年以数字自由的方式来使用技术。

有时，一对男孩和女孩之间的差异与另外一对男孩和女孩之间的差异会不一样，这种直觉但不合逻辑的论点有时会掩盖这些差异。然而，一个群体即使内部的差异很大，也不能否定群体间差异的重要性。超高和非常矮的女孩以及非常高和非常矮的男孩的存在并不能反驳男孩平均比女孩高得多的事实。

有趣的是，科技公司的营销专家非常清楚其中存在的差异，他们对此进行了研究，并受其启发以不同于男性的方式向女性推销他们的产品。另外，在学校里，这些知识几乎没有被重视和利用，也甚至没有被用来以不同的方式向男生和女生传授。受一些陈旧观念的影响，真正的差异被掩盖了，这既错失了让孩子更好地适应各种优势和劣势的教育机会，也错失了主动调整一些先天倾向的机会。

为什么男孩喜欢玩游戏,而女孩喜欢用社交媒体?

男孩和女孩在认知和社会心理发展方面存在显著差异。我们从各种创造性实验中了解到,从婴儿期开始,男孩更专注于物体并操纵它们,而女孩则更专注于人和社会互动。女孩在语言、同理心和社交方面的发展比男孩更快、更强。相对应的是,产生的负面情绪对女孩的影响也更大,尤其是当她们面对社会活动中的暴力或干扰时。

这也会影响他们的屏幕使用。女孩使用手机更多是将其作为交流工具,互相交谈,她们相对更加依赖社交媒体。男孩更多的是把手机当作一个有趣的小玩意儿,可以用它做各种事情,互相竞争。他们更有可能对测试和体验各种应用程序感兴趣。

如果他们在社交媒体上遇到问题,男孩更有可能将其外化。这意味着他们把问题从自己身上推开,责怪别人,这样情绪就不会那么深入,伤害就会减少,他们会更快地忘记,同时也会让父母更快地从他们的行为中发现他遇到了问题。

相较于男孩,女孩受到的影响要大得多,且更有可能将其内化。这意味着她们更有可能责怪自己,把问题压在心里并反复思考,所以,女孩在遇到问题时不会表现得那么引人注目,父母也更难注意到。

女孩的青春期比男孩来得更早些,女孩也比男孩更关心自己在别人眼中的形象,更注重自己的外表。她们对此更缺乏安全感,应用程序开发商以及有影响力的网络达人非常乐意利用这一点来销售他们的商品。社交媒体通常会加剧这种不安全感:女孩对自己的外表越不自信,他们的生意就越有利可图。因此,年轻(尤其是13

岁以后）女孩越早拥有自己的手机，对她们的自尊心和行为就越不利，而这对男孩来说几乎没有什么影响[24]。无论如何，如果你的女儿正在经历这样一个不确定的时期，你最好留意她的屏幕使用情况。

我们从欧洲的一项研究中了解到，上不上课，男孩和女孩都会花很多时间在游戏上，但是男孩和女孩存在重大差异。在上学期间，21%的男孩从来不玩游戏，6%的男孩每天花6个小时以上的时间玩游戏。而对女孩来说，60%的女孩根本不玩游戏，仅有2.5%的女孩每天花6小时以上的时间玩游戏。在非上学日，12%的男孩根本不玩游戏，25%的男孩则每天花超过6个小时玩游戏。对于女孩来说，45%的女孩根本不玩游戏，仅有6%的女孩每天花超过6小时玩游戏。

这对父母很重要：你是选择让孩子自己玩（为了你自己的轻松）还是选择限制孩子玩并提供替代方案？这意味着，例如，我们必须监控这25%的男孩是否在周末，尤其是周日按时上床睡觉。

幸运的是，大多数男孩都是业余的游戏爱好者，没有任何严重的问题，只是像许多同龄人一样，他们为此而忽略了其他活动，例如，不学习、不睡觉和运动太少。

因此，父母通常可以将游戏视为一种令人兴奋和积极的爱好，特别是如果你的孩子在团队中玩游戏，尤其是当他们与在日常生活中真正互动的同龄人组成团队一起玩时。

调查显示，大约6%的男孩是"高危游戏玩家"。这群人每周平均玩游戏23小时，出现身心健康问题的频率是业余游戏玩家或非游戏男孩的5倍。值得思考的是，这些年轻人玩这么多游戏是为了掩盖或逃避他们的其他问题，还是这一切都是过度游戏的结果？这是我们非常熟悉的先有鸡还是先有蛋的故事。可以这么说，无论如何，关注年轻人的游戏行为并在这方面给予其足够的引导（如就持续时间达成明确的协议等）是值得的。

他们不是好斗，而是对地位敏感

一些青春期男孩经常花几个小时玩具有攻击性的电脑游戏，还有一些男孩有时非常具有攻击性，这一事实经常被大众和媒体解释为"他们只是睾丸激素分泌过多"，有些报道和文章甚至带着居高临下的轻蔑语气。科学并不支持这类说法。显然，青春期睾酮的大量增加本身并不会导致攻击性行为的增加。睾丸激素在人类和动物身上的作用都是增加竞争动力，即获得或保持更高社会地位的动力。然而，睾酮峰值对行为的影响还取决于社会环境。在一个反社交或具有身体攻击性的同伴群体或生活环境中，较高的睾丸激素水平会强化攻击性行为的倾向。在一个以亲社会为导向的群体中，睾丸激素会强化积极的行为倾向——亲善、公平、帮助弱者，从而提高自己的威望。

青少年的攻击性并不只是睾丸激素导致的，在女孩身上就可以证明这一点，因为女孩的睾丸激素要少得多。青春期女孩的身体攻击性不如男孩，但在有些情况下，她们也会通过残忍和攻击性的方式获得自己的地位，例如欺凌。通过这种方式，她们甚至可以毫不留情地将其他女孩子逼到绝境，甚至自杀。在青春期女孩中，雌二醇的含量会影响攻击性的冒险行为，这有点类似于男孩睾丸激素的影响，因为她们似乎也主要是在关注社交地位。女性青春期雌二醇升高也与行为抑制减少和冒险行为增加有关。雌二醇对行为的影响可以部分归因于它对愉悦网络的影响。然而，由于女性的性激素根据月经周期不断上升和下降，对雌二醇的研究也变得复杂。

无论如何，青少年对社交地位的需求很明显地受到其激素的影响，但这会导致亲社会行为还是攻击性行为取决于社会环境。

因此，除了反射脑的冲动和思考脑的控制之外，还有第三个因素决定了青少年的行为：他们体验社会环境的方式。青少年的一个重要特征是他们对社会环境具有更大的敏感性，这也为他们提供了成长的机会。

作为父母，你可以通过让孩子有机会在各个领域获得自我认可和社会认同来回应这一点，例如在学习、体育、技术使用、音乐、戏剧、创造力等方面。我们对中学压力的研究也表明，与尽可能避免竞争的学校相比，孩子对具有温和竞争氛围的学校的看法更为积极。

他们寻求新事物的刺激和风险

我们可以通过让孩子拥有尽可能多的不同体验来促进他们的大脑发育。可以鼓励孩子接触不同的环境和事物，例如接触成年人、同龄人、不同情境和各种体育运动等，这些都是他们一开始不会自己想到的事情。

稍加压力"试一试"不会有任何坏处。事实上，孩子的好奇心也会导致他们陷入危险境地，但这只是其中的一部分。

由于睾丸激素和雌二醇的突然增加，青少年愉悦网络的反应会变得更加敏感，因此他们比儿童和成人会更多地寻求紧张刺激的体验。

请放心，虽然研究文献和媒体都非常重视青少年行为问题，但实际上造成严重问题的群体仍然非常有限。

在青春期早期，出现这种问题的风险最大。那是驾驭技能和冲动之间差距最大的时期。在这一时期我们看到的主要是所谓的反应性、冲动性风险行为。随着年龄的增长，青少年的冲动行为越来越被日益增长的驾驭技能所抑制，我们会看到更多的目标导向、有准备、有计划和有动机的冒险行为。孩子们也会倾向于回避风险，当

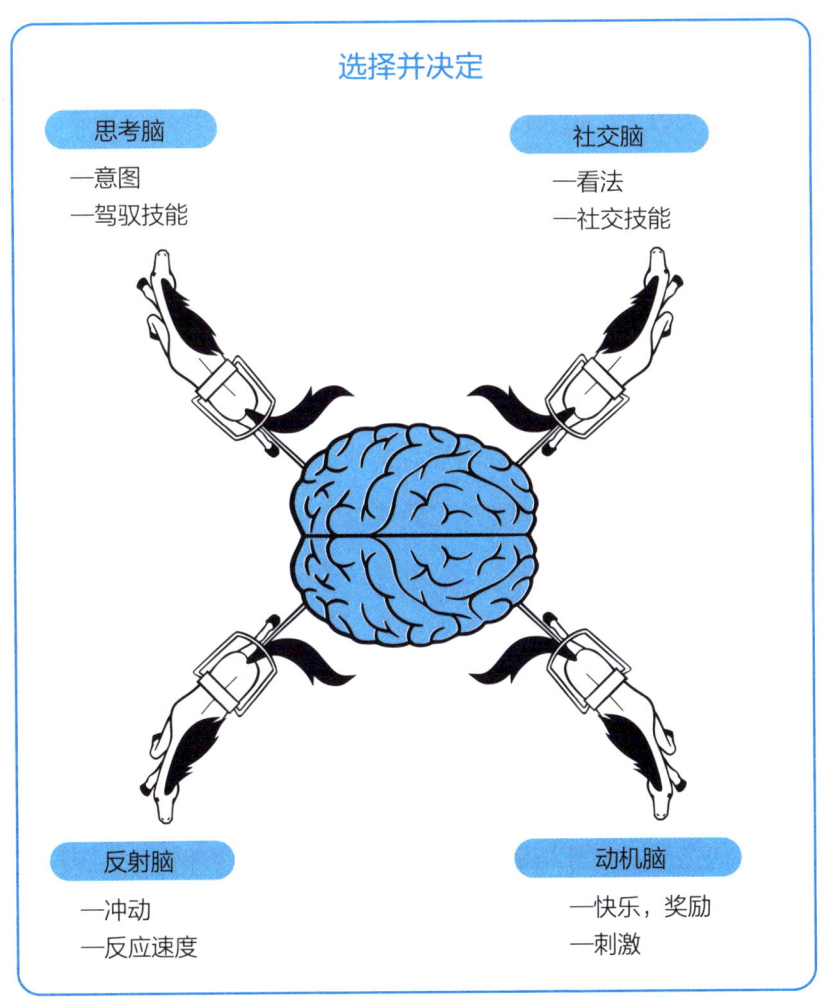

选择并决定

思考脑
—意图
—驾驭技能

社交脑
—看法
—社交技能

反射脑
—冲动
—反应速度

动机脑
—快乐，奖励
—刺激

社会对其认可减少,或者他自己对于获得更多认可的意愿减少时。

如果我们想教孩子处理风险的技术(这一点很重要),对青少年来说,必须越来越严格地从外部强加约束,只有这样,他们才能将这些明确的规范内化。年龄较大的青少年可以越来越多地学习如何管理自己,即使没有外部压力,也能够让自己保持更好的自律。我们还应该考虑,冒险行为更有可能在同伴面前和同伴压力下发生。通过引导他们选择学校、爱好和运动来影响其朋友圈的选择是值得的。

睡眠剥夺也与承担更多和更大的风险有关,包括酗酒、吸毒、吸烟、暴力行为、犯罪行为、交通冒险、性冒险和自杀风险等,这不足为奇。

同龄人对孩子的影响很大,但父母的影响同样重要

青少年大脑发展的一个方面是对生活环境、社交以及社会惩罚和奖励的神经生物学敏感性增加。这种更高的敏感性既具有积极影响,也可能具有消极影响。这主要取决于生活环境,包括家庭、朋友和学校等。

进入青春期的青少年,开始为他人着想,考虑他人的想法、需求,逻辑和情绪能力会迅速增强,而不是停留在只考虑自己想干什么的阶段。随着社交大脑的发育,他们也能够更好地处理复杂的社交问题并做出积极的社交决定(有时称为亲社会,而不是反社交)。他们开始为别人着想,支持朋友,并与青少年俱乐部和其他社会组织合作。

对青春期的青少年来说,成年人对他们的影响不如同龄人对他

们的影响大。这有时被称为青少年的社会"重新定位"。他们的这种自我重新定位，主要反映在对被同龄人接受、考虑他人的意见、对社会地位和受欢迎程度的敏感性增加。这种重新定位的过程，也受到社交技能的发展以及被同伴接受和拒绝的情绪影响。青春期，同龄人对他们的影响达到峰值，随后有所减弱。

然而，对青春期的青少年来说，同龄人的影响力增大并不意味着家庭不再重要。例如，孩子与父母的联系越紧密，父母越相信自己的孩子，孩子的表现就越好，抑郁情绪就越少。

本书要强调的是，父母和家庭对青少年仍然很重要，特别是在屏幕使用方面，父母仍然是帮助孩子缩小反射脑与思考脑接管的时间差，并最终更快进入理智状态的重要力量。

人们往往过分强调同龄人的负面影响，即使我们在下面指出了一些风险，但我们也不应忘记同龄人对青少年社会化的影响主要是积极的。

在积极的社会环境中，青少年会互相激发积极的社会行为，这可以起到提升社会认可的作用。还有一种亲社会风险行为，青少年会做出冒险的决定来帮助他人。

青少年与同龄人的互动主要通过手机进行，在那里，他们可以看到彼此，尽管通常是在精心挑选的环境中以最佳状态出现。在社交软件中，他们通过获得的点赞和评论来测试自己在同龄人中的接受度、地位和受欢迎程度。

在虚拟的互动中，获得"赞"会激活他们的奖赏大脑区域，这些区域与在现实世界中接受物质奖励或愉快体验时所激活的大脑区域相同。如果你向青少年展示已经从其他人处获得很多"赞"的他们的照片，相较于你展示相同但很少"赞"的照片而言，相应大脑

虚拟社交世界　　　　　　真实社交世界

区域的反应会更加强烈。然而，在抑郁的青少年中，对积极事件的反应是微弱的。

虚拟关系的影响不如真实关系大，但我们也不应低估它们。青少年倾向于通过相互比较来确定自己的角色和地位。社交媒体通过让他们面对一个虚拟的美好世界来抓住他们的注意力，在这个世界里，每个人都在展示一个不真实的夸张的正面形象。

对青少年来说，在虚拟世界中被排斥的打击几乎与在现实生活中感觉一样严重，而且他们现实中的朋友越少，这种打击就会越严重。它还可以更激烈，因为网络信息的传递是非常迅速且广泛的。对成年人来说，通过电子邮件被解雇也比当面被解雇更糟糕。试想一下，如果关于你被解雇的电子邮件被发送给所有同事以及你的家人和朋友圈中的每个人，你会作何感想。青少年在社交媒体上被欺负的感受也是如此。

显然，企业和商家很快发现，对青少年而言，同伴的意见对他们欣赏和购买各种产品的行为也有重大影响。因此，在互联网上自发发展成为"影响力者"的青少年会被企业选中，有时还会得到丰厚的报酬来推荐企业的产品。

随着他们逐渐学会以更有目的性和更长远的方式思考和计划，青少年逐渐形成了自己的判断，并学会独立于同龄人做出选择。然而，在达成"自我智慧"之前，他们可能已经养成了顽固的习惯，部分原因来自同龄人的压力，这使得他们更难自律。

拥有朋友和好友是如此理所当然，以至于青少年自己常常没有意识到与真正的朋友接触的重要性。新冠大流行让他们更加意识到这一点，他们也发现了真实朋友和虚拟朋友之间的巨大差异。研究也证实了这种差异。

——当你遇到困难时，朋友会让你感觉到被支持。在Facebook上，你不会说你感觉不好。

——真正的朋友可以用最少的（非语言）信号支持你，真正的朋友才能分享你的爱与悲伤，而虚拟朋友只能分享Instagram上的"虚假快乐瞬间"。

——朋友的存在会弱化你对负面情绪的感受，在有朋友陪伴、有责任要承担、有任务要完成的情况下，你的感觉会不那么沉重。

——朋友不断地为你提供大大小小的帮助，例如解释你不明白的事情。

——朋友会主动帮助你，你甚至无须主动开口。

——你可以和朋友一起开怀大笑。

——朋友的存在可以减轻你的负面压力。

——朋友给你积极的社会压力，例如学习、跑步（不过，当目标不是学习或运动等积极性的事情时,这种压力也会带来消极后果)。

——朋友能增加你的幸福感。

——朋友会增加你对其他人的整体信任。

太过忙于与社交媒体的虚拟朋友的互动,有可能会对青少年的幸福、健康以及对他人的信任感产生负面影响,还有可能导致孤独、情绪化、嫉妒心、被亏待感、受委屈感、愤怒和焦虑。可以说,过于专注于虚拟朋友会对现实友谊产生负面影响。然而,如果使用得当、适度,社交媒体也可以促进人们与真实朋友的联系。

绝非巧合:抑郁症和饮食失调在沉迷网络的女孩中更为常见

相较于男孩,女孩更常见的失调症状主要包括抑郁症状、身体形象问题和饮食问题。然而,部分由雌性激素引起的行为在科学上受到的关注并不多。原因在于:一旦女孩开始来月经,由于其周期和血液中激素的强烈变化,生物学检查变得非常困难。

在雌二醇的影响下,乳房发育较早的女孩,患抑郁症的风险更高,即使在青春期之后。请注意,男孩的抑郁症与青春期提前和延迟之间也存在关系。遗传因素,尤其是雌性激素雌二醇产生影响的假设同时也遭到了一些怀疑,因为饮食失调在青春期前后不那么普遍。这一观点在研究不同家庭中长大的双胞胎中得到了支持。

社会和心理因素自然而然也会对此产生影响,因此激素分泌也会因社会环境的变化而减少或增加。例如,我们生活的世界对女性的美丽有着不切实际的假想，而蓬勃发展的美容和时尚产业也在培育和传播这种观念。因此，许多女孩在青春期都会经历一段对自己的外表非常不自信的时期，这是很正常的。然后，当她们上网时，她们还会遇到经过优化包装的 Instagram 和 TikTok 的达人。当她们寻找疑惑的答案时，社交媒体的人工智能会向她们提供信息，从而强化她们的不安全感、消极的身体形象和沮丧的情绪。

Facebook 的研究已经由一名举报人向公众发布，该研究表明 Instagram 加剧了三分之一青春期女孩对自己身体形象的怀疑，并且 6% 的青少年将自杀的念头与 Instagram 联系到一起。

还有一个问题是超重。儿童和青少年超重会带来许多健康风险，例如胆固醇升高、血压升高、糖尿病和免疫系统功能受损。除了在电视机前打瞌睡外什么都不做，吃了很多零食和其他垃圾食品，变得太胖而且不健康——我们称之为"马铃薯教练"，这是电视时代的一个概念，仍然适用于科技时代。

遗传因素对肥胖有影响，但主要是生活方式的问题。错误的屏幕使用对它更明显的负面影响：不仅因为缺乏运动，还因为许多诱人的不健康食品广告。

调查还显示，与男孩相比，家长更担心女孩使用屏幕的情况。这也是有道理的，但无论如何，也请不要忘记关注您年幼的儿子。

第五部分　屏幕上瘾的社会成因和后果

学习如何正确使用屏幕和防止成瘾的责任不仅在于孩子自己、父母和学校，也在于开发高度上瘾的社交媒体和游戏的公司，以及应该对其进行监管的政府。或许我们可以举个尼古丁成瘾的例子，通过医生和政府的教育和宣传相结合，尼古丁成瘾率从近90%（男性）降低到了12%。

作为一个"老顽固"和技术爱好者，我近距离见证新技术的加速发展。我记得我家里的第一台收音机，也是我的第一台收音机（水晶牌收音机），有啤酒箱那么大；电器商店橱窗里的第一台电视机，只有一个模糊的黑白小屏幕；我的第一台晶体管收音机，是一包香烟的大小，只有一个听筒；我的录音机，我的磁带录音机，我的随身听，你可以用它们在任何地方听音乐；我工作时的录像机重15公斤，相机也太重了，不能长时间拿在手里；还有像橱柜一样大的电脑，像钢琴一样大的文字处理器，我的第一台个人电脑：AppleII，我用它来写我的论文，我的Palm（老式平板电脑），我的第一次拨号上网，和当年Alta Vista（第一个互联网搜索引擎）的奇迹，它让如此多的信息突然变得唾手可得；我的诺基亚，我的黑莓，我的智能手机，所有这些功能和工具都不断出现，逐渐都集中在了我的手机中，包括最后出现的非常有用的人工智能。

所有的技术革新不仅给我带来了极大的乐趣，而且对我的工作也非常有用，提高了我的智力生产力。我非常感谢技术给我带来的一切，没有它们，我将寸步难行。

互联网是一个很好的信息来源。我每天都在享受它带来的乐趣。我几乎可以在那里找到我需要的所有信息。单击鼠标，我就可以搜索天气预报、我孙子在"骑行英雄"比赛中的照片，我甚至试图查找诺贝尔奖获得者的地址，收到度假时家人发来的短信，了解乘坐公共交通工具的最佳方式，从照片中找到一座漂亮办公楼的建筑师的名字，观看一段关于如何修复漏水的散热器的视频，等等。

最后，对本书来说很重要的一点是，我只需点击几下鼠标，就可以在屏幕上快速获取科学出版物的全文，并且完整阅读它们。感谢蒂尔堡大学，他们允许我继续使用他们的电子科学数据库。

高速发展的技术：从迷人到沉迷

前面详细描述过屏幕使用不当对孩子的智力、创造力、记忆力和健康产生不良影响的前因后果，也会在社会层面产生非常深远的影响。屏幕成瘾以及我们和孩子的大脑碎片化不仅是个人问题，也是社会问题。

技术的发展有利于社会的发展和经济的增长，但是也使得父母更难管理自己和孩子的屏幕使用行为。认识技术发展的两面性有利于孩子和大人一起共同应对技术的发展，用好其有利的一面，避免其带来的不好的一面。

技术演进，尤其是智能手机的迅猛发展和普及的速度是如此之快，以至于大多数父母几乎没有时间自己学习如何使用这项技术。他们自己被技术尤其是数字媒体所淹没、迷住并被剥夺了自由。因此，他们自己也常常不知道如何与子女解决这个问题。

大脑碎片化问题的核心可以概括为以下几点。

1.为了充分利用思考脑，我们必须保持不间断的注意力。

2.为此，我们必须将任务跳转保持在绝对最低限度，因为每次跳转，大脑都必须经过4个步骤（参见第174页），因此我们会花费更多时间，犯更多错误，记忆力更差，并且体验到更多压力。

3.每一次中断，即使是短时间的中断，都会迫使我们的大脑经历两次上述的 4 个步骤：首先是从任务到中断，然后是从中断回到任务。

4. 自从黑莓手机，尤其是智能手机普及以来，我们每日每夜都跟手机在一起。

5. 哪怕是在黑莓手机时代，仅仅是电子邮件和短信就足以令人上瘾。

6. 持续不断的打扰会对思考脑和智力生产力产生负面影响，因为它会分散注意力，进而导致"碎片化的大脑"，使得注意力几乎不再能够持续专注一项任务。

7. 在我们的智能手机上，很多应用程序不断争夺我们的注意力。我们的注意力是企业商业模式的黄金核心。通过点击、滑动和分享，我们不断地免费为它们提供有价值的信息。我们可以将这些公司和应用程序分为四类，它们具有不同的成瘾风险（见第 262 页）。

8. 科技公司利用科学手段使其应用程序尽可能地让人上瘾。

9. 最狡猾的是 Meta（原 Facebook），它有的是办法规避道德、法律和规则的限制，从而使青少年接受平台的信息采集规则。

幸运的是，它们对大脑的影响不是不可逆的，我们可以通过学习分时间模块工作来重新获得我们的数字自由、注意力和智力生产力，不受干扰的时间模块是最重要的，避免大量无用信息的干扰也是最困难的。

保持注意力的最好方法是正确应对反射脑的动物性需求，并让思考脑发挥作用。

有位前谷歌工程师写道："科技公司的人会说'当我问你想要什么时，你说你想去健身房。但后来我给了你一盒饼干，你就去吃饼干了，所以你会觉得，饼干就是你真正想要的'。科技公司通过合适的方法转移你的注意力，并使得你相信他们所引导的目标是你想要的。这就是 Facebook 员工的真实想法。我们（科技公司）为人们提供了他们原来目标以外的其他材料，然后他们就会因为（我们所引导的）愤怒的情绪或因为视频自动播放而进入我们设置的内容，然后还会相信，我们所引导的目标是他们自己最真实的偏好。"

从信息经济到注意力经济

我希望第三部分关于大脑的知识能够说服你,我们需要告诉青少年不间断的注意力是多么宝贵,我也希望他们知道,他们可以通过持续集中注意力学习、发明和创造是多么美妙的一件事情。然而,在我看来,青少年及其父母和老师对社会层面正在发生的事情有所了解也很重要,这些事情不断吸引和操纵他们的注意力,而这是以牺牲孩子的学习力、创造力、记忆力和身体健康为代价的。我们都需要意识到,社交媒体出于商业的目的劫持了我们的注意力,并不断收集我们的隐私信息,这会带来相应的社会影响。

为了让孩子们获得他们在 21 世纪取得成功所需的数字自由,我们必须尽可能向他们解释为什么互联网如此令人上瘾以及为什么他们(和我们)总是保持在线而不是真正的自由选择。

由于互联网搜索引擎的发明,我们第一次能够随时随地连接到任何信息源。最初,全球信息交换是互联网的唯一功能。那个时期的活动被描述为信息经济或知识经济。后来,互联网逐渐变得商业化,重点越来越转向销售服务和产品。智能手机的快速普及成为销售服务和产品的助力。现在企业可以随时随地向任何人提供他们的产品。企业面临的关键问题是:作为互联网上成千上万的企业之一,企业如何才能将数百万潜在买家的注意力吸引到自己的网页、广告和产品上？如何确保自己的网页在搜索引擎中排在前面？一场争夺网民注意力的恶战由此展开。

正如诺贝尔奖获得者赫伯特·西蒙（Herbert Simon）和迈克尔·戈德哈伯（Michael Goldhaber）所说，我们现在生活在"注意力经济"中，注意力值很多钱。

西蒙所说的"注意力经济"是指注意力是人类思维的"瓶颈"或"漏斗"，它影响了我们在复杂环境中的感知能力和行为能力。在第三部分中，我解释了大脑一次只能注意一件事。西蒙将注意力比作资源。他写道："……但是这种注意力就像一种资源：你只能使用它一次，无论是为了这一件事还是另一件事。它是二元的，非黑即白：如果你关注这一件事，你就不能同时关注另一件事。"从这个意义上说，我们思考脑的注意力也像舞台上的聚光灯一样一次只针对一个地方（一件事），而其余的地方在黑暗中保持不可见。

父母、老师、科技公司和数字媒体都在争夺注意力，尤其是孩子的注意力。

对于像Facebook、微软、推特和谷歌这样的大科技公司来说，它们从一次点击中获得的信息是微不足道的。然而，它们从一个人的每日一百次点击和所有客户的数十亿次点击中收集到的信息量是巨大的，价值数十亿美元。因此，数字媒体将它们的客户称为"眼球"，它们唯一关心的是尽可能多地、尽可能长时间地吸引这些眼球。

因此，为了能够持续收集这些信息，它们用人工智能来设计和创造有吸引力的信息持续吸引我们的注意力。

从注意力经济到间谍经济

你的上瘾和注意力不集中是他们的目标,而不是副作用

我已经描述过黑莓手机,它是一款可以阅读电子邮件的手机,除此之外没有其他功能,没有互联网,也没有社交媒体。用户随后发现,仅仅是持续接收电子邮件和短信就会让人上瘾,以至于黑莓手机在美国被称为"Crack Berry"("瘾莓",指沉迷使用黑莓

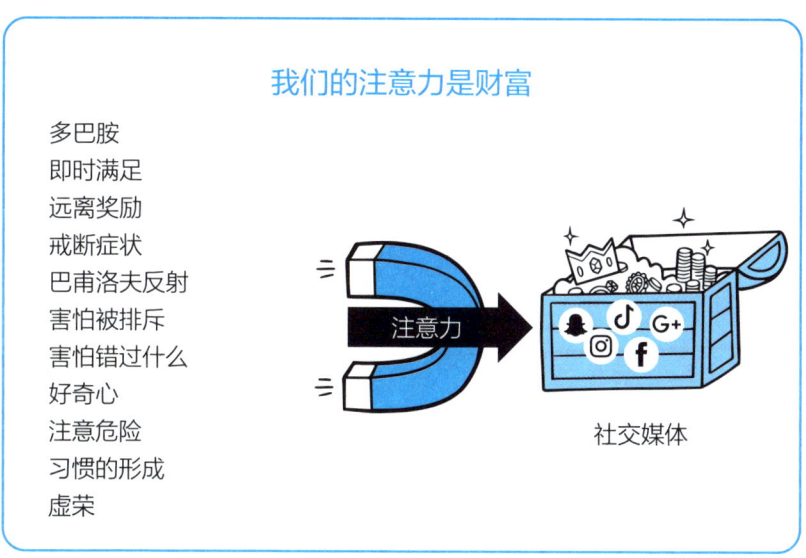

手机的人）。那种上瘾，或者至少是那种顽固的坏习惯，就当时而言是一项美妙技术的意外副作用。

然而，随着智能手机的广泛普及和互联网的商业化，成瘾和注意力不集中不再是意想不到的副作用，而是社交媒体的目标所在。这是为了争夺我们的注意力，不断收集详细的个人信息而进行的激烈、无情的斗争的结果。我们的注意力对于社交媒体来说真的很值钱。因此，他们投资了数十亿美元，将我们的注意力从我们实际做的事情和对我们重要的事情上转移到为他们赚钱的事情上。我们得到的不是最需要的信息，而是能为他们带来更多点击、信息和金钱的信息。他们"劫持"了我们的注意力。

四类公司和应用程序正在争夺我们的注意力

首先是私人消息应用程序，它可以帮助我们与家人、朋友、熟人和工作中的同事进行交流。它们不太容易上瘾，因为没有任何信息是未经请求就强加给你的。例如旧的电子邮件或 SMS 以及其他应用程序或 WhatsApp、Signal 和 Telegram。最初它们没有为广告商收集私人信息，但 WhatsApp 最近更改了用户协议，无论如何都要这样做。数千万用户随后转而使用 Signal 和 Telegram，因为后者不会通过窃取有关用户的信息来赚钱。Signal 是一家靠赞助为生的非营利组织，Telegram 则由一位俄罗斯亿万富翁赞助。Telegram 原则上反对任何形式的审查，可以创建最多 200 000 名成员的群组，这个优势其实创造了水军作恶的环境，使得他们能传播假新闻和阴谋论等错误的信息。WhatsApp 和 Signal 通过限制群组的规模使此类信息难以传播[25]。

这些应用程序不太容易上瘾，但从你的经验中就不难发现，有时，要控制自己时不时拿起手机查看新消息的欲望仍然非常困难。

对一些青少年来说，浏览器和搜索引擎，尤其是 YouTube 和新闻网站，也很容易让人上瘾。相比社交媒体，它们的吸引力要低一些，但它就像电子邮件一样，一旦登录，它们吸引注意力的时间比你预期的要长得多。乍一看，查找信息是一项有趣、有用且无害的活动。比如，当我的散热器漏水时，我很高兴 YouTube 上的一位水管工给了我一段修理散热器的视频，而且在我写这本书时，我几乎一直开着谷歌学术搜索，以便我可以快速查看一些科学文献。

在人工智能的帮助下，来自世界各地的搜索引擎可以为我们提供所需的最佳信息。但是，你通过谷歌获得的信息也许并不是最适合你的信息，而是给谷歌带来最多点击的信息，你同时也不得不"送出"一些与你自身相关的信息。谷歌和许多其他公司为此使用"跟踪器"。"跟踪器"是一种用来跟踪、记录、存储、重新排列和打包你的浏览历史和习惯的工具，以深入了解你在网上做了什么。科技公司可以将该数据出售给第三方，通常是广告商。每当你访问网页、进行搜索、发送电子邮件、观看视频或在线购物时——哪怕只是快速浏览一下——都有几家公司借助隐藏在这些网页上的跟踪器记录下来。如果带有捏造信息和彻头彻尾的谎言以及煽动恐惧、愤怒甚至仇恨的信息的网站（例如，由煽动者运营的网站）获得的点击次数最多，那么你将自动获得类似网站更多的信息。

调查显示，三分之二的网站包含隐藏的谷歌跟踪器，四分之一的网站包含隐藏的 Facebook 跟踪器。我们在网上所做的几乎所有事情都被科技公司通过大数据算法进行跟踪、存储和处理，以便将该信息出售给广告商。

尽管谷歌（和 YouTube）逐渐开始比社交媒体更重视新闻报道的准确性，但它仍然不仅从你的 Chrome（谷歌浏览器）搜索中收集信息，还从你的浏览行为——Gmail（谷歌电子邮件）和 YouTube 活动、位置历史记录、在线购买和安卓手机上的应用程序中收集信息。

我还将 Spotify（流媒体音乐服务平台）归入此类别，作为一款音乐搜索引擎，还有什么比随时随地收听你喜爱的音乐和播客更令人高兴的呢？然而，Spotify 还发现，通过人工智能，它可以收集很多关于用户的非常私密的信息，例如他们的心情，广告商可以借此赚钱。由于 Spotify 也全力投资播客，它们完全走上了社交媒体一样的道路，因为它们现在也发现，它们可以用荒谬甚至危险的假新闻吸引很多人。

最容易上瘾的是公共社交媒体，这些平台会向广告商出售我们的注意力。在此过程中，它们出售的不仅是我们的注意力，还有它们直接或通过我们的"朋友"秘密收集的非常广泛和非常私密的个人信息。利用这些信息，它们赚取了数十亿美元，而它们几乎不为此纳税。不仅通过我们的点击，而且通过面部识别、语音识别甚至情绪识别，它们知道什么时候提供什么信息来吸引我们的注意力，而丝毫不尊重我们和朋友的隐私。苏珊娜·左博福（Shoshana Zuboff）教授在哈佛花费了半辈子的时间研究这个主题，他认为这会导致"间谍经济"或"间谍资本主义"，在这种经济中，我们做的和不做的一切都被记录下来，以便尽可能多地影响我们的购买行为和政治行为[26]。Facebook、Instagram、Twitter（推特，社交网络平台）等就是其中的代表。

"公共社交媒体"中的"公共"一词是指你可以从数百万个来

源获取信息，并且你的信息可以到达数百万的接收者。发件人自己不知道他的消息在哪里结束，接收者也不知道消息从哪里来。这些公司的理想选择是当一条消息像病毒一样传播时——不仅是为了卖东西，还能在几分钟内在全世界传播谎言、危险的胡言乱语和阴谋论。事实上，这些公司不仅从我们的所有点击中赚取了数十亿美元，而且它们通过利用我们的反射脑中最消极、最糟糕的冲动来做到这一点，因为它们的算法表明，这会得到最多的关注和点击以及最多的钱。LinkedIn（领英，职业社交网站）通过不允许匿名用户并尽可能核实他们的身份来阻止这种乱象。

最后是游戏行业。你可能已经亲身体验过"糖果粉碎"和"愤怒的小鸟"等简单的电脑游戏如何吸引你的注意力，使你玩得更久。

有些事情是超出你的预期的。现代电脑游戏不仅吸引你的反射脑，也吸引你的思考脑：你必须预见、计划、演绎推理，培养空间意识，并能够长时间保持专注。这是一个真正的智力运动。所以你可以用它们训练一些认知技能，但它们也可能会让人上瘾，部分原因是它们会持续刺激肾上腺素和多巴胺。这会使玩家玩游戏后难以入睡。还有一些游戏需要团队合作，为此你还必须具备社交技能。这样做的一个缺点是，玩游戏的同伴压力可能会让青少年忽视家庭作业并玩到深夜。

此外，游戏平台现在也正在收集越来越多用户的私人信息，然后将其出售给其他公司。这样，它们也越来越多地成为反社会媒体群体的一部分。

终极数字枷锁：注意力陷阱和权威陷阱

如果极端的信息，尤其是引起恐惧、愤怒和仇恨的信息，引起了最多的关注，而这些信息的真实性又无从考证，那么不可避免的结果是精明的人会编造出比现实更糟糕的信息。这样他们就可以吸引注意力。他们还可以出于政治目的、为了推销东西或仅仅是为了从大量点击中赚钱而挑起或加剧冲突。

一旦你点击了这样的假新闻链接，反社会媒体和搜索引擎的人工智能就会让你收到更多这样的消息，因为系统知道它们显然吸引了你的注意力。

在我准备这本书时，也就是在新冠大流行的前几年，我想通过向谷歌询问疫苗接种的危险来亲自测试这种现象。除了数百页的胡说八道和公然的谎言之外，我几乎什么都没有看到。在这些废话中，其不乏有一些科学可靠的信息来源，这些信息清楚地表明，对儿童来说，不接种疫苗比接种疫苗的危险大数千倍。

此外，在点击几下之后，我最终看到了带有完全疯狂的阴谋论的网页，这些阴谋论声称儿童接种疫苗是世界范围内的阴谋。一旦我点击了这样一个阴谋网站，我就会自动看到越来越多的其他阴谋，这些阴谋得到了完全不合逻辑的支持，这些阴谋声称世界范围内存在着当权者的恋童癖网络，世界贸易中心的破坏是由中央情报局、犹太人甚至外星人策划的，奥巴马不是在美国出生，甚至政府正在通过喷气式飞机的尾迹传播化学品用于最荒谬的目的。乍一看这些说法都荒谬又有趣，但非常让人觉得悲哀。

最糟糕的是，如果我在几天或几周后问另一个关于疫苗接种的问题，我会立即得到同样的胡言乱语。显然，我只点击了两三下就陷入了陷阱。有些人不再关注专业媒体，因为根据他们的假新闻来源，专业人士都参与了阴谋。专业人士参与虚假信息的捏造引起了更多的恐惧，用户不得不更深入分析信息的真假，从而在完全虚假信息的陷阱中越陷越深。安贞·鲁巴（Arjan Lubach）称其为"权威陷阱"（借助专业人士的权威性所带来的信息陷阱），他在自己的周日节目中详细解释了"权威陷阱"是如何工作的，一旦你点击了这样一个充满无稽之谈的网站，你就会通过算法陷入假新闻网络。

> 最近，一位全科医生问我她还能做些什么来说服她的病人利昂娜，她拒绝为她和她的孩子接种所有疫苗，这是在做错误和危险的事情。全科医生以易于理解的方式为她列出了所有的科学论据和数据，但没有任何帮助。相反，利昂娜最近凑够了500欧元，在路边的一家餐馆里从一个不知名的人那里购买了抗新冠病毒的"神药"，这个人在其中一个阴谋网站上被人大力推荐。她陷入了反社会媒体的陷阱，她更相信一个让她支付了500欧元的不知名的外国人，而不是全球科学家的意见。然而，科学家们在宣布免费疫苗是安全的之前，已经参考了全球的数千万次疫苗接种安全记录。

为了应对新冠病毒大流行，世界卫生组织甚至谈到了关于新冠病毒的"信息瘟疫"，世卫组织、科学家和许多大学都无法用其科学可靠的信息来抵御这种"信息瘟疫"。截至2021年4月，美国有82个活跃的网站正在散布有关新冠病毒的易于反驳的谎言。他们在Facebook上的总浏览量达到了50亿次，而排名前十的卫生组织只有 7000 万次。因此，左博福称 Facebook 为"真相的杀戮场"和"真相的墓地"。当我们看到有些成年人甚至相信比尔·盖茨将芯片放入抗新冠病毒疫苗中并且新冠病毒通过 5G 传播的信息时，我认为这并不夸张，虽然任何生物或物理老师都可以轻松地向你解释为什么这纯粹是胡说八道。

一些公司完全无视基本的伦理道德，明确地以青少年为目标群体

问题的症结在于，少数几家科技公司创建了一个全球信息系统，他们丝毫不关心信息的真实性，他们关心的（优先考虑的）只是如何劫持我们的注意力并诱使我们"参与"（他们对成瘾的委婉说法），以达到为他们赚取更多利润的目的。对 Meta（Facebook、Instagram 和 WhatsApp 的母公司）这样的公司来说，它们根本不关心自己的做法是否会导致屏幕成瘾，是否会引起青少年对正常生活的怀疑和敏感，他们关心的只有钱。

我们每天都从举报者那里了解到，这些公司的研究人员和董事都知道自己的做法对青少年产生的负面影响，但对他们来说，社会和道德考虑必须让位于最大利润。

为了说明这一点，我认为在这里有必要呈现一个令人心酸的例子——一个丧失基本诚实、缺乏道德和社会责任的典型案例。Techcrunch（美国科技类博客）的调查记者发现，Facebook 招募儿童并付钱让他们安装一款应用程序（Onavo），该应用程序可以记录他们手机上的所有活动（root 访问权限）并将其转发给 Facebook。由此，不仅这些孩子们在 Facebook 应用程序上的活

动，还有来自所有其他应用程序的活动，都将被 Facebook 了如指掌。得益于这些间谍性质应用程序，Facebook 发现，例如，用户通过 WhatsApp 发送的消息是通过 Facebook Messenger 发送的消息的两倍。这就解释了为什么他们愿意以 190 亿美元的价格收购 WhatsApp，这在当时对于一个普及率相对较低、没有任何利润的应用程序来说是一笔天文数字。因此，这次收购并不是前瞻性的战略举措，而是纯粹基于间谍活动的决定，他们利用了青少年的轻信。当这起间谍丑闻曝光时，Facebook 首先予以否认，甚至将其关闭，然后继续进行同样的间谍活动，但换了一款名为 Facebook Research 的新应用程序。

这就是 Facebook 对丑闻的回应方式：一半承认，一半辩解，然后继续他们正在做的事情。同样在最近，当管理层认为 Facebook 的名字因被揭露其不道德的策略而变得过于负面时，他们选择将公司名称从 Facebook 更改为 Meta。这实在是很荒谬。然而，Meta 的"元宇宙"最终目标是创建一个虚拟世界，我们可以在其中通过化身（虚拟中介）"免费"做各种令人兴奋的事情，花更多的时间在那里，助力公司的发展，从而为他们的真正客户——广告商创造更大价值。

另一个例子是，谷歌不愿意删除对一个网站的引用，该网站引诱和支持处于低迷状态的年轻人自杀，甚至鼓励他们使用市售的商业毒药。这个网站在美国的点击量是所有自杀热线加起来的四倍。令人费解的是，出现裸露胸部的网站，即使是艺术作品中的裸露，也会被屏蔽，但自杀网站却不会。

关于免费应用程序的一句众所周知的声明是这样的："如果你在互联网上免费获得一项服务，你就不是客户，而是被出售的产品。"当然，你并不是真的被出售，但你提供的所有信息都会被他们收集。Facebook 的年营业额为 860 亿美元，YouTube 为 300 亿美元。2019 年，社交媒体仅从广告收入中就赚取了约 500 亿美元。同时，他们本身也不是完全免费的。2019 年，Facebook 从每位用户身上赚取 31 美元。

反社会媒体不是真正的媒体，与传统媒体不同的是，它们不对自己传播的内容负责，即使它们知道谎言和传播谎言的方式会给人们带来严重的、有时甚至是危及生命的影响。它们唯一的兴趣是隐蔽地收集尽可能多的关于用户的免费信息，然后将其出售给它们的真实客户：出价最高的广告商，或者为政客达到收集选票和打击政治对手的目的。

无论是真实的和经过验证的新闻，还是赤裸裸的谎言，抑或充满仇恨的"毒泥"，反社会媒体根本不在乎。相反，信息越有毒，传播得越快，对反社会媒体越有利。人们一看到标题便立即愤怒地转发，甚至通常没有阅读正文。因此，这样的标题也称为"点击诱饵"或"标题党"：诱使尽可能多的点击。这些网站从点击中获利，有时从销售产品中获利，而反社会媒体从它们为客户收集的信息中获利。

反社会媒体通过煽动争论来获得关注

反社会媒体和煽动者采用挑拨离间的方法来获得流量，它们所引起的争论越来越没有事实依据，越来越极端、粗暴、充满敌意。

这也影响到家庭、朋友圈和工作场所的日常关系。它破坏了人们对彼此的信任。你面对身边那些坚信毫无根据的无稽之谈和谎言的人，你又能怎么办呢？充其量，你可以避免一些话题。有时，你不得不避开某些人，甚至避开与家人和朋友的聚会，因为争吵的可能性太高了。但是，如果你不得不与一个完全被蒙蔽、不断传播极端谎言和谣言的人一起工作，你在工作场所能怎么办呢？当你小时候在学校了解到疫苗接种的坚实科学基础时，你的父母却被庸医蛊惑了，他们在不了解事实的情况下散布荒谬和危险的言论，你该怎么办？当你朋友的父母陷入这样的陷阱，并且他忠实地听从父母的荒谬意见时，你又能怎么办？

然而，这种两极分化也会产生更广泛的社会后果，这使得对生活中同一事实有不同理解的人们之间的对话变得很困难，可是这种对话至关重要，它可以弥合分歧、尊重少数人的观点并达成妥协，从而形成共同目标，最终实现团队的共同合作，这对我们来说非常重要。

反社会媒体使对话变得困难重重，甚至变得无法实现，因为它们对传播的信息的真实性不感兴趣。事实上，传播谎言对它们更有利，因为谎言最受关注。它们当然对促进协商和妥协没有兴趣，因为它们通过挑起矛盾甚至激起愤怒和仇恨可以获取更大的经济利益。这大大放大了正常的矛盾：意见不同的人立即成为敌人，谈话也立即变成辱骂。

反社会媒体根本不关心这一事实，它们允许甚至鼓励的虚假信息并不局限于虚拟世界的范围，在现实世界中也在蔓延，可是整个社会完全没有意识到这一事实的危害。在虚拟世界里，这种虚假信息会极大地加剧现有差异并煽动群体相互攻击，从而破坏民主[27]。在我们国家，它们不仅导致大脑碎片化，而且加剧了社会分裂。

反社会媒体不想冒收入减少的风险，所以它们无意彻底调整自己的商业模式来防止这些过度行为。只要有钱进来，它们就会继续让自己的应用程序尽可能地让人上瘾，并允许不怀好意的人操纵它们的信息渠道，继续创建假账户、假页面和假网络。

当被问责时，反社会媒体一再宣称这些可怕的后果从来都不是故意的，而是它们美好的数字技术意外产生的副作用。这是一个公然的谎言，这些公司的数十名员工和经理证实了这一点。煽动、传播无稽之谈和制造两极分化是它们商业模式的重要组成部分。只要政府不直接干预这种操作，它们就会继续这样做。

上述说法并非偏执狂、阴谋论或道德恐慌。这些公司的营销人员自己也在出版物和书籍中描述了它们狡猾的令人上瘾的技巧。在过去四年中，随着来自顶级反社会媒体和搜索应用程序的举报人的证实以及大量内部电子邮件的曝光，这一点变得更加清晰。

2021年秋天，Facebook的产品经理弗朗西斯·豪根（Frances Haugen）公开了数千封内部电子邮件，揭露了Facebook的不道德行为。这些邮件表明Facebook的员工、经理和研究人员非常清楚他们的做法有时会对儿童和成人以及整个人群造成极端的负面影响。我们还从电子邮件中了解到，管理层不想做出任何重大改变，因为关注度降低、沉迷度降低会对公司的增长和利润产生负面影响。

在我的个人网站，我收集了近几年来自举报人的大约20份陈述。有趣的是，这些举报人中的许多人最初都参与了这些科技公司的工作，但当他们自己的孩子到了对屏幕感兴趣的年龄时，他们就"改邪归正"了。来自硅谷的一些顶级员工将他们的孩子送到没有屏幕滥用的昂贵私立学校，或者将所有屏幕都放在孩子的视线之外，甚至通过合同禁止家里的保姆和照护人员在孩子在场的情况下使用手机、平板电脑、笔记本电脑或电视[28]。

> "Facebook 自己的研究表明，Instagram 对青少年有害，而且明显比其他社交媒体更糟糕。"
>
> "对公众有利的事情和对 Facebook 有利的事情之间存在利益冲突。一次又一次，Facebook 选择了自己的利益，比如赚更多的钱。"
>
> 2020 年 10 月，Facebook 的前产品经理弗朗西斯·豪根（Frances Hangen）揭露了数千份内部文件，她说："Facebook 正在为儿童（12 岁以下）开发更安全的 Instagram。"披露的信息表明，Facebook 正将年轻用户视为尚未开发的增长源，并正在想方设法吸引新一代用户，使他们也上瘾。
>
> ——《金融时报》记者蒂姆·布拉德肖对弗朗西斯·豪根的采访

游戏公司和 Spotify 正在效仿反社会媒体

正如我之前所描述的，哪怕是只有电子邮件的黑莓手机，也可能会使人沉迷。游戏 Everquest 的玩家也将他们的游戏称为"Evercrack"，尽管它是一款相对原始的游戏，还没有像 Candy Crush 和现代复杂的射击游戏那样使用复杂的成瘾技术。游戏开发商也越来越多地朝着让人上瘾的方向发展，导致游戏成瘾性增加。这种上瘾如此之多，以至于世界卫生组织已将游戏障碍视为一种疾病，并将其添加到其疾病和障碍目录，即国际疾病分类（ICD）中。

虽然游戏本身通常是"免费增值"——这意味着基本版本大部分是免费的，但你必须为扩展付费——这种扩展付费产生的收入是惊人的，2021年全球付费游戏收入达到1803亿美元，其中75%来自在游戏中购买额外的虚拟生命、武器、道具、衣服等[29]。为了让你留在游戏中，有些游戏会在你离开太久时惩罚你，或者，如果一个团队成员断开连接的时间太长，整个团队都会失败。如果可能的话，游戏中还流通着可以用真实货币购买的虚拟货币，因为研究表明，人们花的虚拟货币比真实货币多得多，即使是他们用真实货币购买的虚拟货币。

幸运的是，大多数玩家都没有花太多钱，只有一小部分"大款"花得最多[30]。

不幸的是，我们现在必须将Spotify归入不道德的反社会媒体组，尤其是因为它们不再仅仅销售音乐，还通过播客销售内容。与所有反社会媒体一样，它们很轻易地在负责任的道德行为和金钱之间做出选择。它们付给前格斗运动员和喜剧演员乔·罗根1亿美元，因为他有1100万固定听众，而罗根却不断向世界传播性别歧视、种族主义和两极分化的言论、危险的假新闻和阴谋论。270名医生、科学家、医疗保健提供者和教授写了一封致Spotify的公开信，表达了他们对虚假和危险信息的担忧，包括关于新冠疫苗接种和治疗的信息。当尼尔·杨（Neil·Young，加拿大知名歌手）向Spotify提出一个选择：是在平台上保留自己的音乐还是留下传播错误的新冠疫苗信息的罗根时，音乐平台选择了罗根。尼尔·杨于是下架了他所有的音乐。他写道："音乐平台Spotify占我音乐总流量的60%……（下架所有我的音乐是）我的唱片公司无法承受的巨大损失。但我在华纳兄弟的朋友们都支持我，他们也认识到通过 Spotify 传播的有关新冠疫苗接种和治疗的错误信息对世界，特别是对我们的年轻人构成威胁，他们认为自己在 Spotify 上听到的一切都是真实的，不幸的是，这不是（我认可的）。"[31]乔尼·米切尔也离开了 Spotify："不负责任的人散布谎言，使人们付出生命的代价。在这个问题上，我与尼尔·杨以及科学界和医学界站在一起。"[32]

希望有更多年轻的明星能效仿这两个勇敢的老家伙。

非间谍社交媒体

如果科技公司愿意，当你提出有关某个话题的问题或通过你的点击行为表现出对它的兴趣时，它们完全可以为你提供较好和可靠的信息，帮助你实现自己的目标。开发真正的"社交媒体"是可能的，它具有更社会化、更道德的商业模式，它不会到处跟随我们，不会一直分散我们的注意力，也不会收集我们的私人信息，除非我们明确同意提供部分授权。

这样的公司也可以盈利，尽管它们的盈利比没有道德顾忌、不惜一切代价纯粹专注于利润最大化的公司要少。例如DuckDuckGo（美国搜索引擎）搜索应用程序和 Signal 通信应用程序，以及出色的 Vivaldi（极客浏览器，我自己也在使用）和 Firefox（火狐浏览器），它们不会监视用户或存储信息，而其他公司的那些跟踪器会关闭。LinkedIn 和 Vivaldi 博客通过账户实名制解决了无休止地传播谎言的问题。此外，LinkedIn 还正在尝试禁止和删除所有政治帖子和阴谋论。

事实上，苹果现在非常聪明地将保护用户隐私变成了一种战略优势。因此，Facebook 和 Instagram 无法再通过苹果公司的产品窃取私人数据。Facebook 的股票价值下跌了 2860 亿美元，部分原因就在于此，这一事实表明这些信息的价值有多大。

欧洲政府在这方面的起步过于谨慎和笨拙，如果政府强制数字媒体不允许在未经用户身份验证的情况下使用账户，真正做到更好地尊重我们的隐私，并要求它们收集的信息百分之百透明，严格厘清信息的内容、方式、用途和使用人，那么许多问题一开始就不是问题。

现在欧洲政府还应该采取更严厉的行动，来打击反社会媒体虐待儿童和青少年的行为。英国才刚刚开始启用更严格的法律保护儿童免受反社会媒体的影响，欧洲大陆也该行动起来了。

简而言之，反社会媒体仍在争夺我们和我们孩子的注意力。此外，它们可以确定我们获得哪些信息，无法获得哪些信息。这使它们对人们的想法和行为产生了巨大的影响。作为一种重要的力量，我们必须扪心自问，政府是否应该限制它。然而，这需要一些时间，因为这些公司赚钱如此之快，以至于它们也迅速获得了巨大的政治影响力和权力，而现有的立法根本还没有为这种新情况做出规定。只要可以，反社会媒体将继续利用其影响力来阻止更好的监管和更好地保护公民。

幸运的是，潮流正在转向。非间谍数字媒体正在兴起，政府正在尝试更好地规范反社会媒体并更好地保护青少年儿童。这些是与反社会媒体斗争的有希望的进展，也许最终我们将能够像万维网发明者最初设想的那样，自由使用信息技术，而不是只能接触反社会媒体设计各种陷阱的信息。然而，作为父母，我们不必等待。即使在困难的情况下，我们自己也可以做很多事情来保护我们的隐私并夺回我们自己以及孩子的注意力。

结束语：数字自由儿童的父母的特征

想要防止孩子大脑碎片化或让孩子碎片化的大脑重新集中注意力的父母有哪些特征？

——你对出现在屏幕上的现代技术持积极态度。你可以看到技术给你自己和孩子带来的巨大好处。

——你给孩子树立了好的榜样：不滥用，而是以积极、创造性的方式利用电子设备。

——你偶尔会与孩子一起使用某个应用程序。

——你知道孩子经常与外界保持联系是有好处的，但你也很清楚，始终保持在线会导致大脑效率低下、支离破碎。

——你知道，不管是在屏幕的虚拟世界中还是在现实世界中，孩子的成功很大程度上取决于他们持续专注于一项任务的能力。

——你知道，远离屏幕是成为拥有数字技能和数字自由能力不可或缺的条件。数字自由意味着孩子可以自己决定何时、何地以及多长时间使用技术，而不是被技术所裹挟。这意味着孩子真正成为注意力的主人，无须连接到互联网即可完全放松。

——你非常清楚这对孩子来说极其困难，因为在注意力经济中，反社会媒体公司投入数十亿美元来吸引我们的注意力。

——你意识到，部分原因是盲目相信，孩子在这方面天真（或懒惰）。释放孩子的大脑不仅需要你定期与孩子谈论屏幕使用并达成明确的协议（可定期调整），还需要你指导和监督屏幕使用，并在必要时友好但坚定地纠正他们。

——你只关注屏幕总的使用时间太简单粗暴了，你还应该关心孩子在做什么以及孩子如何使用他们的屏幕。

——你选择了和孩子一起商量所有活动，尤其是动手的活动，你跟孩子一起安排每项活动需要的时间。在此基础上，你可以决定剩余多少时间用于屏幕使用，以及如何使用屏幕。

——你教孩子分时间模块安排他自己的屏幕使用，这样在一天中有足够的数字自由时间，孩子不接触屏幕也不会考虑它。

——你考虑到充足的运动不仅对孩子的大脑非常有益，而且对他的健康和睡眠也有好处。

——你深知充足的睡眠对孩子思考脑的正常运作至关重要，因此你会竭尽全力让孩子保持充足的睡眠。

——你使用格蒂·威瑞克的六项大脑原则来帮助孩子完成家庭作业。

——你和孩子会一起使用屏幕进行娱乐，有时还会因此开怀大笑。

结果是：孩子不再拥有碎片化的低效大脑，也不再是屏幕的奴隶，而是以专注的方式学习、消费和娱乐。

从碎片脑到聚焦脑

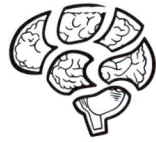

碎片脑

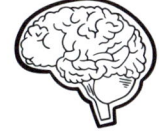

聚焦脑

☹ 孩子始终处于连接状态：
学习效率低下
受到 ICT 的诱惑
☹ 漫无目的地浏览不相关的信息
☹ ICT 引领孩子并做出决定：内容、时间、时间长短和目的
☹ ICT 正在挟持孩子反射脑的注意力
☹ 孩子成了 ICT 的奴隶

☺ 孩子不受数字束缚，具有数字技能和数字智慧
高效学习
☺ 孩子有目的地使用 ICT 查找相关信息，选择并处理这些信息
☺ 孩子主导 ICT 并自己决定：内容、时间、时间长短和目的
☺ 孩子全神贯注用思考脑去思考
☺ 孩子成了 ICT 的主人

ICT= 信息通信技术，例如电脑、手机以及在这些设备上面运行的软件和应用程序

参考文献

1 Van brokkelbrein naar focus, Gerjanne Dirksen, Theo Compernolle, Gertie Verreck.Uitgeverij Synaps, 2021.
2 The Lower the Age, the Greater the Concerns About Social Media Effects on Health, 2017 | APA. https://www.digitalmarketingcommunity.com/indicators/48-us-millennials-worry-negative-effects-social-media-2017-apa/
3 Rapporten te vinden op https://www.ofcom.org.uk/ en www.commonsense.org
4 https://wij-leren.nl/21st-century-skills-21e-eeuwse-vaardigheden.php https://www.intermediair.nl/persoonlijke-groei/competenties/alles-wat-jewilt-weten-over-21ste-eeuwse-vaardigheden
5 Twenge, J. M., Haidt, J., Blake, A. B., McAllister, C., Lemon, H., & Le Roy, A. (2021). Worldwide increases in adolescent loneliness. Journal of adolescence, 93, 257–269.
6 Peper, Erik, et al., 'Avoid Zoom fatigue, be present and learn', NeuroRegulation 8.1(2021): 47–47.
7 Allcott, H., Braghieri, L., Eichmeyer, S., & Gentzkow, M. (2020). The welfare effects of social media. American Economic Review, 110(3), 629–76.
8 Voor de internetadressen hierover, zie www.compernolle.com tab: references
9 Grootschalig onderzoek aan de Wharton Business School (S. Melumad, 2017).
10 Facer-Childs, E. R., Middleton, B., Skene, D. J., & Bagshaw, A. P. (2019). Resetting the late timing of 'night owls' has a positive impact on mental health and performance. Sleep medicine, 60, 236–247.
11 https://www.pewresearch.org/internet/2018/08/22/how-teens-and-parents-navigate-screen-time-and-device-distractions/https://www.slideshare.net/DavidChan21/lookout-mobilemindset2012 https://uk.norton.com/norton-blog/2015/08/nomophobia_why_you.html
12 Oviedo-Trespalacios, O., Nandavar, S., Newton, J. D. A., Demant, D., & Phillips, J. G. (2019). Problematic use of mobile phones in Australia… is it getting worse?. Frontiers in psychiatry, 10, 105.
13 Mischel, W., Ayduk, O., Berman, M. G., Casey, B. J., Gotlib, I. H., Jonides, J., …& Shoda, Y. (2011). 'Willpower'over the life span: decomposing self-regulation.Social cognitive and affective neuroscience, 6(2), 252–256.
14 https://www.medianest.be/onderzoek

15 Als je het eens wil uitproberen met een Android: Open Instellingen, tik Digitaal Welzijn en ouderlijk toezicht/. Scroll naar Bedtime en tik dat aan. PAS OP: je telefoon is dan ook uitgeschakeld. Je kunt echter de bedtime app aanpassen voor gebruik in grijstinten gedurende de dag, omdat die gebaseerd is op de do-not-disturbfunctie. Settings/notifications/do not disturb/allow exceptions/calls. Als je daar alleen telefoonoproepen toelaat, en daarna bedtime inschakelt, blijft alles grijs maar hoor je wel je telefoon. Als je overtuigd bent van het afremmende effect van grijstinten maar zelf wil beslissen dat je telefoon en eventueel andere waarschuwingen blijven werken of als je merkt dat je te gemakkelijk de verleidelijke kleuren weer inschakelt, dan kun je het ook moeilijker maken om terug te keren naar kleuren door het systeem in te stellen op grijstinten: stap voor stap uitgelegd in het Engels, met plaatjes: https://techcult.com/enable-grayscale-mode-on-android/ Voor iPhone of iPad: Ga naar de Instellingen-app op je iPhone of iPad. Kies Toegankelijkheid > Weergave en tekstgrootte/ Kies Kleurfilters en zet de schakelaar aan/ Kies Grijstinten

16 Gerjanne Dirksen, Breindidactiek. Helpen leren met breinkennis. Uitgeverij Synaps.

17 Als je zijn berekening wilt zien, ga dan naar www.compernolle.com, tab: free texts.

18 How many atoms are there in the universe that can be seen? https://www.eduplus.club/2021/08/26/how-many-atoms-are-there-in-the-universe-that-can-be-seen/

19 Ik geef hiervan een voorbeeld in mijn boekje 3 Myths about Artificial Intelligence, the Human Brain and Autonomous Cars. https://bit.ly/3mythsaibraincar

20 Bernhardt, P. C., Dabbs Jr, J. M., Fielden, J. A., & Lutter, C. D. (1998). Testosterone changes during vicarious experiences of winning and losing among fans at sporting events. Physiology & behavior, 65(1), 59-62.

21 Meer over het gevaar van je intuïties of buikgevoel te volgen in Ontketen jebrein, of in een tekst hierover te vinden op http://www.comnpernolle.com" www.comnpernolle.com, tab: free texts

22 Hoeveel passes tussen spelers van het witte team: https://www.youtube.com/watch?v=mXm99a8FuoM Als je een beetje Engels begrijpt, kijk dan naar deze interessantere versie, zelfs als je de klassieker al eerder gezien hebt, zul je er nog iets uit leren: https://www.youtube.com/watch?v=t4svQ-CGpII

23 Mischel, W., Ayduk, O., Berman, M. G., Casey, B. J., Gotlib, I. H., Jonides, J., ... & Shoda, Y. (2011). 'Willpower' over the life span: decomposing self-regulation. Social cognitive and affective neuroscience, 6(2), 252-256.

24 http://www.espad.org/sites/espad.org/files/2020.3878_EN_04.pdf

25 https://www.wired.com/story/how-telegram-became-anti-facebook/

26 Zuboff, S., Möllers, N., Wood, D. M., & Lyon, D. (2019). Surveillance Capitalism: An Interview with Shoshana Zuboff. Surveillance & Society, 17(1/2), 257-266.

27 Een recent voorbeeld van hoe een waanzinnige complottheorie uit de virtuele wereld kan misbruikt worden voor politieke redenen en geweld uitlokt in de echte wereld en leidt tot de sluiting van een vlinderreservaat https://nyti.ms/3LoYx2j (in het engels)

28 'A Silicon Valley School That Doesn't Compute', Matt Richtel, oct 22, 2011. 'Silicon Valley Nannies Are Phone Police for Kids', Nellie Bowles. New York Times, oct. 26, 2018. 'The Smartest People in the Room? What Silicon Valley's Supposed Obsession with Tech-Free Private Schools Really Tells Us', Morgan G. Ames. Los Angeles Review of Books, oct. 18, 2019. 'Why the Silicon Valley titans who got our kids addicted to screens are sending their own children to tech-free Waldorf schools', Danny Fortson. The Sunday Times, nov. 18, 2018.

29 https://newzoo.com/insights/articles/the-games-market-in-2021-the-year-innumbers- esports-cloud-gaming/

30 https://www.economist.com/international/2022/01/01/are-video-games-reallyaddictive? utm_campaign=the-economist-this-week&utm_medium=newsletter& utm_source=salesforce-marketing-cloud&utm_term=2021–12-29&utm_ content=ed-picks-article-link-3&etear=nl_weekly_3

31 Neil Young zelf: https://neilyoungarchives.com/news/1/article?id=Spotify-In-The-Name-Of-Truth https://www.musicbusinessworldwide.com/neil-youngs-spotify-exodustest- case-for-artists-who-dare-question-music-industry-dogma/ https://www.wired.com/story/spotify-tracking-how-to-stop-it/ https://evgenverzun.com/spotify-plans-to-recommend-music-basedon- emotion-and-speech-of-users/https://www.thewrap.com/joe-rogan-slammed-for-deeply-irresponsibleanti-vaccine-comments/https://middleeasy.com/mma-news/rogan-spotify-misinformation/https://www.instagram.com/p/CZPAIMXobUq/?utm_source=ig_embed&ig_rid=ae732682–5b8c-4362–9fac-ecfc6ad16e9c https://www.theverge.com/2022/1/28/22906722/neil-young-spotify-soundquality-amazon-apple-music

32 https://www.rollingstone.com/music/music-news/you-cant-please-em-alljoni-mitchell-pulls-catalog-from-spotify-1292397/ https://news.in-24.com/lifestyle/news/270158.html

注：此处所列所有参考文献来源于原版图书。

致谢

首先，我要感谢许多家长，他们提出了迫切的问题，鼓励我写这本书。这甚至会在完全不同主题（例如针对经理或教师）的研讨会中发生。

其次，感谢数百名富有创造力的科学家，我借鉴了他们的研究成果，还要感谢蒂尔堡大学，是他们让我能够在他们的数字科学数据库中迅速找到这些文献资料。

优提特格利·拉农（Uitgeverij Lannoo）、马腾斯·蒂尔尔伯格（Maarten Van Steenbergen）和安娜·哈格曼（Anne Haegeman）鼓励我把这本书放在我的优先事项清单的首位，并在最后期限前完成。感谢大家，我们总算按时成功了。

还要感谢格杰娜·德克森（Gerjanne Dirksen）和格蒂·威瑞克（Gertie Verreck），我和他们一起写了《释放你的大脑》一书。我们深入的讨论也对本书产生了影响。在这里我要特别感谢格蒂写的关于家庭作业的章节。

一本书的好坏和吸引力，文字、排版和插画的影响至关重要。这主要归功于主编罗斯·嘉格（Jos Jägers）、设计师史蒂夫·瑟尼（Steven Theunis）和插画家卡罗琳·科克（Caroline De Cock）。

最后，我要感谢那些曾读过本书初稿的朋友，他们按我的要求给我提了"无情的批评意见"，我也采纳了很多有用的建议，一些建议甚至改变了本书的结构。感谢菲利普·奎斯特（Flip Quist）、乔·乔伊（Joep Choy）、格蒂·威瑞克（Gertie Verreck）、马尔腾·范霍克（Marten Vanhoucke）、安玛丽·雷辛（Ame Lauwers），尤其是来自巴朗（Balans）的米丽娅姆·达米恩（Mirjam Damen）和来自齐特施蒂尔（Zitstil）的格里特·赫森斯（Greet Herssens）、南斯·德格里夫（Nans De Greef）和琳达·范哈弗贝克（Linda Vanhaverbeke），他们持续地关心患有先天性大脑疾病的儿童，也因此对后天性大脑碎片化的儿童有着独到的看法。